高等职业教育建筑工程技术专业规划教材

总主编 /李 辉
执行总主编 /吴明军

建筑技术经济

主 编 胡 瑛 陈 勇
副主编 张 锋 陈丛佳 韩 远
主 审 时 思

重庆大学出版社

内容提要

本书是高等职业教育建筑工程技术专业规划教材之一。全书共 10 章,主要内容包括绪论、建设项目经济评价、资金的时间价值与等值计算、技术经济的评价方法、工程项目财务评价、国民经济评价、价值工程、经营预测与决策、建筑工程技术经济分析、建筑设备更新的技术经济分析。通过本课程的学习,学生能够掌握建设项目的财务评价和国民经济评价的方法、编制简单的可行性研究报告,并且会用技术经济的分析方法解决在实际工作中遇到的问题。

本书主要作为高等职业教育建筑工程技术、工程造价、工程项目管理等专业的教学用书,也可作为岗位培训教材或供土建工程技术人员学习参考。

图书在版编目(CIP)数据

建筑技术经济/胡瑛,陈勇主编. —重庆:重庆
大学出版社,2014.8
高等职业教育建筑工程技术专业规划教材
ISBN 978-7-5624-8286-4

Ⅰ.○建… Ⅱ.①胡…②陈… Ⅲ.①建筑经济—技
术经济学—高等职业教育—教材 Ⅳ.①F407.937

中国版本图书馆 CIP 数据核字(2014)第 129074 号

高等职业教育建筑工程技术专业规划教材
建筑技术经济

主　编:胡　瑛　陈　勇
副主编:张　锋　陈丛佳　韩　远
主　审:时　思
责任编辑:范春青　　版式设计:范春青
责任校对:关德强　　责任印制:赵　晟

*

重庆大学出版社出版发行
出版人:邓晓益
社址:重庆市沙坪坝区大学城西路 21 号
邮编:401331
电话:(023)88617190　88617185(中小学)
传真:(023)88617186　88617166
网址:http://www.cqup.com.cn
邮箱:fxk@cqup.com.cn(营销中心)
全国新华书店经销
万州日报印刷厂印刷

*

开本:787×1092　1/16　印张:15　字数:374 千
2014 年 8 月第 1 版　　2014 年 8 月第 1 次印刷
印数:1—3 000
ISBN 978-7-5624-8286-4　定价:29.00 元

编审委员会

序　言

　　进入 21 世纪,高等职业教育建筑工程技术专业办学在全国呈现出点多面广的格局。截止到 2013 年,我国已有 600 多所院校开设了高职建筑工程技术专业,在校生达到 28 万余人。如何培养面向企业、面向社会的建筑工程技术技能型人才,是广大建筑工程技术专业教育工作者一直在思考的问题。建筑工程技术专业作为教育部、住房和城乡建设部确定的国家技能型紧缺人才培养专业,也被许多示范高职院校选为探索构建"工作过程系统化的行动导向教学模式"课程体系建设的专业,这些都促进了该专业的教学改革和发展,其教育背景以及理念都发生了很大变化。

　　为了满足建筑工程技术专业职业教育改革和发展的需要,重庆大学出版社在历经多年深入高职高专院校调研基础上,组织编写了这套《高等职业教育建筑工程技术专业规划教材》。该系列教材由住房和城乡建设职业教育教学指导委员会副主任委员吴泽教授担任顾问,四川建筑职业技术学院李辉教授、吴明军教授分别担任总主编和执行总主编,以国家级示范高职院校,或建筑工程技术专业为国家级特色专业、省级特色专业的院校为编著主体,全国共 20 多所高职高专院校建筑工程技术专业骨干教师参与完成,极大地保障了教材的品质。

　　系列教材精心设计该专业课程体系,共包含两大模块:通用的"公共模块"和各具特色的"体系方向模块"。公共模块包含专业基础课程、公共专业课程、实训课程三个小模块;体系方向模块包括传统体系专业课程、教改体系专业课程两个小模块。各院校可根据自身教改和教学条件实际情况,选择组合各具特色的教学体系,即传统教学体系(公共模块 + 传统体系专业课)和教改教学体系(公共模块 + 教改体系专业课)。

课程体系及参考学时

模块类型	课程类型	课程名称	参考学时	备 注
公共模块	专业基础课程	建筑力学	220	
		建筑材料与检测	60	
		建筑识图与房屋构造	80	
		建筑结构	180	含结构施工图识读
		建筑CAD	45	
		建筑设备工程	40	含水、电施工图识读
		建筑工程测量	60	
		建设工程监理	45	
		建设工程法规	30	
		合　计		760
	公共专业课程	建筑抗震概论	45	
		建筑工程施工组织	60	
		建筑工程计量与计价	70	
		建设工程项目管理	60	
		工程招投标与合同管理	50	
		工程经济学	35	
		合　计		320
	实训课程（10周）	施工测量综合实训	2周	含地形测绘、施工放线
		建筑制图综合实训	1周	含建筑物测绘
		建筑施工综合实训	5周	含施工方案设计、预算、施工实操
		施工管理综合实训	1周	含造价确定,投标书编制,计算和审核工程进度、产值
		建筑工程资料管理综合实训	1周	含建筑工程资料填写、整理、归档,建筑工程资料软件应用
		合　计		10周
体系方向模块（二选一）	传统体系专业课程	建筑工程质量与安全管理	60	
		土力学与地基基础	60	
		建筑施工技术	240	含高层建筑施工技术
		合　计		360

模块 类型	课程 类型	课程名称	参考 学时	备 注
体系 方向 模块 (二选 一)	教改 体系 专业 课程	混凝土结构工程施工	80	含高层混凝土结构施工
		砌体结构工程施工	50	
		地基与基础工程施工	60	
		钢结构工程施工	70	含高层钢结构施工
		装饰装修工程施工	60	
		屋面与防水工程施工	40	
合 计			360	

本系列教材在编写过程中,力求突出以下特色:

(1)依据《高等职业学校专业教学标准(试行)》中"高等职业学校建筑工程技术专业教学标准"和"实训导则"编写,紧贴当前高职教育的教学改革要求。

(2)教材编写以项目教学为主导,以职业能力培养为核心,适应高等职业教育教学改革的发展方向。

(3)教改教材的编写以实际工程项目或专门设计的教学项目为载体展开,突出"职业工作的真实过程和职业能力的形成过程",强调"理实"一体化。

(4)实训教材的编写突出职业教育实践性操作技能训练,强化本专业的基本技能的实训力度,培养职业岗位需求的实际操作能力,为停课进行的实训专周教学服务。

(5)每本教材都有企业专家参与大纲审定、教材编写以及审稿等工作,确保教学内容更贴近建筑工程实际。

我们相信,本系列教材的出版将为高等职业教育建筑工程技术专业的教学改革和健康发展起到积极的促进作用!

2013 年 9 月

前　言

建筑技术经济是高等职业教育建筑工程技术专业及其他相关土建类专业的一门专业主干课程,是工程经济学的理论和方法在建筑工程技术政策以及技术方案中的具体应用。本书主要阐述了建筑工程经济的基本理论、评价方法以及工程经济分析方法在建筑工程中的实际应用。

本教材是依据《高等职业学校专业教学标准(试行)》中"高等职业学校建筑工程技术专业教学标准"对"建筑技术经济"课程的要求进行编写。在编写的过程中,参照了国家发展与改革委员会和建设部颁布实施的《建设工程项目经济评价方法与参数》(第三版)、国家计划委员会办公厅发文试行的《投资项目可行性研究指南》,国家和行业最新办法的新规范、新标准。本教材针对高等职业教育的特点,注意与相关学科基本理论和知识的联系,突出实用性和对解决工程实践问题能力的培养,力求做到特色鲜明、层次分明、条理清楚、结构合理。

本教材由昆明冶金高等专科学校胡瑛、昆明理工大学城市学院陈勇担任主编,昆明冶金高等专科学校时思教授担任主审,昆明冶金高等专科学校张锋、昆明理工大学津桥学院陈丛佳、韩远担任副主编。全书共10章,其中第2,4章由胡瑛编写,第5,6章由陈勇编写,第1,7章由张锋编写,第9,10章由陈丛佳编写,第3,8由韩远编写,胡瑛承担了全书的统稿和校订工作。

本教材在编写的过程中,引用了大量的规范、专业文献和资料,在此,对有关作者表示诚挚的谢意。由于时间仓促,编者水平有限,书中难免存在缺点和疏漏,恳请广大读者批评指正。

编　者

2014 年 5 月

目　录

第 1 章

绪 论

本章导读

- **基本要求** 了解工程经济学的含义和性质、发展过程,以及工程经济的主要特点;熟悉工程经济学与自然科学和社会科学的联系、工程经济学所研究的工程技术的内涵,以及工程技术与经济表现的辩证关系;掌握建设工程经济研究的一般程序。

- **重点** 理解工程经济与自然科学和社会科学的关系、工程经济学研究对象——工程技术的内涵,以及与经济的辩证关系。

- **难点** 工程经济表现之间相互关系,以及工程经济研究的一般程序。

1.1 技术与经济的概念

1.1.1 工程

工程泛指一切建设工程,如土木工程、机械工程、交通工程、化学工程、采矿工程、水利工程等,其范围和内涵具有很大的不确定性。

商业社会里,一项工程能被人们所接受必须具备两个基本条件:一是技术上的可行性,二是经济上的合理性。技术上的可行性意味着,该项目在当前是可以实现或建成的,在技术上无法实现的项目是不可能存在的;而一项工程项目技术可行,但是不一定值得建设或实施,即使在考虑技术可行的同时,经济合理性也同样不能被忽略。事实上,人们发展技术、应用技术的根本目的,正是在于提高经济活动的效率和效果,即经济效益。因此,为了保证工程技术更好地服务于经济,最大限度地满足社会需要,就必须研究、寻找技术与经济的最佳平衡点,在满足具体目标和条件下,获得投入产出的最大效益,即在经济合理的情况下,采用一定的技术能实现的项目才是满足当前的特定工程项目。

1.1.2　技术

技术是人类在利用和改造自然的过程中积累起来的,并在生产劳动中体现出来的经验和知识。或者可以理解为,技术是生产和生活领域中,运用各种科学所揭示的客观规律,进行各种生产和非生产活动的技能,以及根据科学原理改造自然的一切方法。它具体表现为产品(或结构、系统及过程)开发、设计和制造中所采用的方法、措施、技巧,运用劳动工具(包括机械设备等),正确有效地使用劳动对象和保护资源与环境,有目的地加工生产,更好地改造世界,为人类造福。

技术一般包括自然技术和社会技术两方面。自然技术是根据生产实践和自然科学原理发展形成的各种工艺操作方法、技能和相应的生产工具及其他物质装备。社会技术是指组织生产及流通等技术,比如各种项目管理技术等。

1.1.3　经济

经济指的是整个社会的物质资料的生产和再生产,指社会物质生产、流通、交换等活动。经济是人类社会的物质基础,是构建人类社会并维系人类社会运行的必要条件。其具体含义随语言环境的不同而不同,大到一个国家的国民经济,小到一个家庭的收入支出,有时候用来表示财政状态,有时候又会用来表示生产状态。

关于"经济"一词的由来,唯物主义代表色诺芬在他的《经济法》中将"家庭"及"管理"两词的结合理解为经济。严复曾将经济一词翻译为生计。日本人将其正式翻译为经济,后由孙中山先生从日本将这一说法引入中国。事实上,"经济"是一个多义词,通常有4个方面的含义:

①经济是指生产关系。经济是人类社会发展到一定阶段的社会经济制度,是生产关系的总和,是政治和思想意识等上层建筑赖以建立起来的基础。按生产资料的所有制不同,经济可划分为国有经济、集体经济和私有经济;按资源的配置方式不同,经济则可划分为小农经济、市场经济、计划经济等。

②经济是指一个国家国民经济的总称,或指国民经济的各部门,如工业经济、农业经济、第三产业经济等。

③经济是指社会生产和再生产过程及其各个环节。即包括生产、交换、流通、分配及消费等社会活动,都属于经济的范畴。

④经济是指节约或节省,即以尽可能小的投入,获取尽可能大的产出。例如某个投资项目,以比较小的资金投入,却每年获取丰厚的利润,人们就可以说这项投资很经济或经济效益好。

工程经济学中"经济"的含义,恰恰指的是第4种含义,即节约、效益,即如何从有限的资源中获得最大的利益。

1.1.4　技术与经济

由于对经济的概念有不同的理解,因此,技术与经济的关系可以表现为不同的形式。在本门课程中,经济与技术的关系主要表现为科技活动与经济可行性的关系。所以,技术活动主要是指生产要素组合的投入产出过程,必须投入相应的人力、物力和财力,才能保证技术活动的正常进行。为使经济持续稳定地发展,必须以经济效益为中心、以技术进步为动力、以不断增强综合国力和改善人民生活为目的,实行注重效益、优化结构、提高质量、稳定增长的经济发展战略。对企业来说,项目选择决策时,必须以技术上的可行性以及满足合理预期的经济效益为前提。

由于技术活动与经济特性不同,在特定的背景下,二者具有相互制约和矛盾的一面。比如技术活动效益的滞后性及潜在性与应用者渴望现实盈利的矛盾;技术研究开发应用效益与风险的矛盾;技术的成本与新增效益的矛盾:技术越先进,往往支付的代价越高昂,从而出现支付成本与预期效益的矛盾,先进技术开发应用的成本一定要低于预期效益,否则再先进的技术也难以推广应用。技术先进性与经济性的对应关系,往往决定着技术方案的选择,这种矛盾或制约关系如表1.1所示。

表 1.1 技术项目的抉择

方 案	技术先进	经济合算	决 策
1	√	√	可行
2	√	×	不可行
3	≠	≠	一定背景下可行
4	×	×	不可行

注:"√"表示是;"×"表示否;"≠"表示不够完善,有待改进。

在技术与经济的关系中,经济起决定作用。技术进步是为经济发展服务的,技术是人类进行生产活动和改善生活的手段,它的产生就具有明显的经济目的。因此,任何一种技术,在推广应用时,首先要考虑其经济效益问题。一般情况下,技术的发展会带来经济效益的提高,技术的不断发展过程也正是其经济效益不断提高的过程。随着技术的进步,人类可以用越来越少的人力、物力和时间消耗获得越来越多的产品和劳务。在这个意义上,技术和经济是统一的,技术的先进性和其经济合理性是相一致的。绝大多数先进技术大都具有较高的经济效益,恰恰是较高的经济效益才决定着其技术的先进性。但是,有时新技术缺少社会条件的经济适应性,与经济又是相矛盾、相对立的。

工程是国民经济发展过程中主要的一种技术活动表现形式。通常用工程经济学概括研究工程与经济效益之间关系。

1.2　工程技术经济学的产生与发展

我国于20世纪50年代开始从苏联引进技术经济分析和论证的方法,其发展过程大致分为3个阶段,如表1.2所示。

表 1.2 我国工程经济学的发展过程

时 期	学科阶段	发展状况
2C 世纪 50 年代初	萌芽阶段	引进苏联的技术经济分析和论证的方法,在计划工作、基本建设工作和企业管理中得到了比较广泛的应用
20 世纪 60 年代初—70 年代初	初创阶段	经济效果学阶段。经济分析方法在工程建设和许多领域得到广泛应用。"文革"时期,由于当时的国内环境,技术经济工作遭到破坏,技术经济学受到批判,技术经济研究机构全部被撤销,技术经济学科的发展全部停顿
1978 年改革开放以后	发展和繁荣阶段	研究队伍不断壮大,学科体系不断发展和完善。具体表现在工程经济学的原理和方法在经济建设的项目评价中得到系统、广泛的应用;学科体系、理论与方法、性质与对象的研究不断深入,形成了较完整的学科体系

现在,在项目投资决策分析、项目评估和管理中,已经广泛地应用工程经济学的原理和方法。

1.3 工程技术经济的研究对象、内容、方法和程序

1.3.1 工程经济学及其特点

工程经济学(Engineering Economics)是工程与经济的交叉学科,是研究如何有效利用资源,找出技术活动与经济协调发展的规律,提高经济效益的学科。

工程经济学是利用经济学的理论和分析方法,研究经济规律在工程问题中的应用,是分析工程项目方案、技术方案和技术政策等经济效果的一类应用经济学的分支。其基本假设是资源具有稀缺性。资源的稀缺是相对的,指与我们所需要的东西相比,满足这些需要的东西是非常有限的。资源稀缺决定资源的价值,也要求人类从事经济活动时,对资源进行合理配置,因此,需要对各种资源配置方案进行评价,本学科的任务就在于通过一定的判据标准选择恰当的方案。

工程经济学必须以客观的自然规律为基础,但不同于技术科学研究自然规律本身,又不同于其他经济科学研究经济规律本身,而是以经济科学作为理论指导和方法论,以技术活动为对象,研究技术活动的经济表现。工程经济学的任务不是创造和发明新技术,而是对拟要采用或投入使用的技术和新技术进行经济性分析、比较和评价,从经济的角度为技术的采用和发展提供决策依据;工程经济学也不研究经济规律,它是以客观规律为前提,对工程方案的经济效果进行分析和评价。

工程经济学具有如下特点:

①工程经济学强调技术可行性基础上的经济分析。工程经济学的研究是在技术可行性研究的基础上,进行经济合理性的研究与论证工作。它为技术可行性提供经济依据,并为改进技术方案提供符合社会采纳条件的改进方案和途径。

②工程经济学对技术方案进行系统地综合评价。技术方案的择优过程必须受到自然环境和社会环境的客观条件制约。工程经济学是研究技术在某种特定的社会经济环境下的效果的科学,是把技术问题放在社会的政治、经济与自然环境的大系统中进行综合分析、综合评价的科学。

③工程经济学对各种可行方案的未来"差异"进行经济效果分析比较。工程经济学不仅研究各方案可行性与合理性,而且还关注各方案之间差别,以便于从多方案中进行选择。

④工程经济学讨论经济效果问题时着眼于"未来"。即假定制定技术政策、技术措施后,或技术方案被采纳后,以及在一定的市场预期条件下,计算、分析和比较技术方案的经济效果。由于考虑各方案的未来经济效果问题,在计算时就需要预测和估计不确定性因素与随机因素,这将决定在不同的预测和估计条件下,会有不同的技术效果评价的结果。因此,工程经济学是建立在预测基础上的科学。

综上所述,工程经济学具有很强的技术和经济的综合性、技术与环境的系统性、方案差异的对比性、对未来的预测性及方案的择优性等特点。

1.3.2　工程经济学的研究对象

在不同的行业中,工程经济学都有应用,工程经济学研究的对象包括的范围很广,人们对工程经济学的研究对象,归纳起来主要有以下 3 种认识:

①研究某一工程技术实践的经济效益,寻求提高经济效益的途径与方法。

②研究如何最有效地整合利用技术和资源,促进经济增长的规律。

③研究工程技术发展与经济发展的相互推动、最佳结合的规律及实现方法。

工程经济学就是研究采用何种方法、建立何种方法体系,才能正确估价工程项目的有效性,寻找技术与经济的最佳结合点。归纳起来,工程经济学的研究对象是拟要投资的某个具体的工程项目、技术方案和技术政策。

本课程的研究对象主要是工程项目,即以工程项目为主体,以技术-经济系统为核心,研究各种工程技术方案的经济效益,通过对经济效果的计算,以求找到最优的工程技术方案,作为决策部门进行工程技术决策的依据。

1.3.3　工程经济学的研究内容

在学科基础内容体系方面,工程经济学研究的内容具体包括两个方面:一是技术经济学科理论与方法的应用,具体内容包括建设项目可行性研究、设备更新经济分析、价值工程,可持续发展理论与方法,项目环境影响评价理论与方法等;二是技术经济学科的基本理论与方法,具体内容包括技术进步与经济发展关系、相互作用原理与技术进步对经济增长贡献测算方法、经济效益理论、技术经济分析的基本原则、资金时间价值理论与方法、技术评价与技术选择理论与方法、技术方案经济评价方法、技术创新理论与方法、项目社会评价理论与方法、技术经济风险评价理论与方法、技术经济综合评价方法等。

根据技术活动与经济的关系,工程经济学研究的主要内容包括如下几方面:

①方案评价方法。研究方案的评价指标,通过评价指标分析方案的可行性。

②投资方案选择。进行多方案的必选是工程经济学的重要内容。投资项目往往具有多

个方案,分析多个方案之间的关系,从中选择最优的方案。

③筹资分析。随着我国市场经济体制的建立,建设项目资金来源多元化已成为必然。因此,要研究在市场经济体制下,如何建立筹资主体和筹资机制,怎样分析各种筹资方式的成本和风险。

④财务分析。从企业财务角度分析项目的可行性,研究项目对各投资主体的贡献。

⑤不确定性分析。由于各种不确定性因素的影响,对于任何一项经济活动的期望目标与实际状况都会发生差异,可能会造成经济损失。为此,工程经济学研究需要识别和估计风险,进行不确定性分析。

⑥价值工程。价值工程将产品价值、功能和成本整合在一起考虑,确保实现产品功能的基础上综合考虑生产成本和使用成本,从而创造出总体价值最高的产品。

1.3.4 工程经济学的研究方法

工程经济学的基本研究方法主要包括以下 4 种。

1）系统分析方法

工程经济学以系统论的思维方式和工作方法,将研究对象看作一个开放的系统,从系统的角度进行分析。首先,确定系统研究的目的,以及研究对象与外部相关系统的关系,从而确定系统的发展目标;其次,分析系统内部的结构及构成系统的各子系统之间的关系;再次,确定各子系统的目标与总系统的目标及其相互作用机制;最后,从总系统效果最优的角度来评价和优化各子系统。

以建设项目可行性研究为例详细说明系统分析方法。首先,确定建设项目要达到的目的,以及建设项目与上下游企业、中观产业结构、区域产业体系、宏观国民经济和社会发展之间的关系,从优化和提高相关外部效益的角度,确定项目发展的主要目标是技术目标、微观经济效益目标、宏观国民经济效益目标还是社会发展目标(或者其中的几个目标);其次,分析建设项目内部的技术子系统、经济子系统、社会子系统结构及其相互之间的关系;再次,确定建设项目的技术、经济与社会各子系统的发展目标,项目总目标以及相互之间的作用关系;最后,评价和优化项目技术、经济和社会子系统,达到建设项目总体效果的最优,从而实现微观项目和企业的经济效益目标,增进上下游企业效益,实现产业结构的优化、产业技术和经济水平的提高,提升国民经济效益,促进社会进步等多目标的协调和统一。

2）方案比选方法

工程经济分析首先研究了对某一个技术方案从不同角度(一般包括技术、经济和社会效果)进行评价的方法体系,但是,对单方案的评价,并不是工程经济分析的最终目标。工程经济学要求设计出能完成同一任务的多种技术方案,并提供了技术方案的可比性原则及方案比较的具体方法,在对多种技术方案的技术、经济和社会效果进行计算、分析和评价的基础上,根据项目发展的目标,比较项目的优劣关系,从中选择出最优(或最满意)的方案。

3）定量分析与定性分析相结合的方法

工程经济系统是一个"灰色"的复杂系统,对技术方案的描述及分析、评价涉及技术、经济和社会等多个复杂的层面,其中,部分内容是可以定量加以描述的,技术经济学采用了许多定量分析的方法,把研究对象用定量的方法和指标加以描述,特别是相关数学方法和计算技术的不断发展,为技术经济定量分析提供了更为广阔的方法基础。但是,技术经济系统中还存在大量目前还无法完全定量化的因素,只能采用定性方法加以描述和分析。为更加全面系统地描述和评价研究对象,技术经济学强调定量分析与定性分析相结合,并提供了具体的思路和方法。

4)动态分析与静态分析相结合的方法

对事物发展过程中的某个确定时间下的状态进行的分析和评价是静态分析;对事物整个发展历程或某一发展阶段的全面系统的评价就是动态分析。工程经济学不仅强调一般的动态分析与静态分析相结合,而且发展了以资金时间价值为基础的动态评价方法,从而发展和完善了动态分析的内涵和方法,并实现了动态评价方法与静态评价方法的良好结合,使人们对工程经济方案的评价更接近现实,更能反映技术方案的客观规律。

1.3.5 工程经济学研究的程序

工程经济分析的一般程序如下:

①确定目标,即识别、定义和评价问题。这一步确定了研究的方向,决定了后续工作的价值。

②调查研究收集资料。收集与确定与评价问题有关的所有资料,包括一手资料和二手资料,收集资料的过程是进一步的认识问题的过程。

③提出可行的备选方案。解决同一个问题,往往有很多种技术方案,在了解问题的基础上,需要提出不同的备选方案,提出多个备选方案进行比选,是符合工程经济研究的本质目的,即为了在有限的资源条件下,选择最优的方法。

④估计每个备选方案的结果和现金流。从理性的角度分析,不同的技术实施方案的效率,可以通过现金流来表示,其实施的结果也可以用货币进行比较。确定的难点在于,不同方案的结果和现金流是研究者对其将来实施过程中,可能会产生的估计,具有一定的风险。

⑤建立经济数学模型及模型求解。选择一个或者几个判别指标进行。

⑥综合分析论证。根据选择的比较指标,进行计算,并且依据计算的指标值分析与比较备选方案。

⑦选出最优的方案。

⑧执行过程的监督与事后评价。

1.4 建筑产品生产的技术经济特点及建筑技术经济学的任务

1.4.1 建筑产品生产的技术经济特点

人们可以从多个角度理解建筑产品生产的技术特点。比如,从经济角度来讲,是国民经济支柱产业;从纯建筑技术经济来讲,是劳动力密集型产业,耗资金量大,占用大量生产资料和生产因素。建筑业生产是由劳动者利用机械设备与工具,按设计要求对劳动对象进行加工制作,从而生产出一定的产品,这使它具有工业生产的特征。但是,它又有许多不同于一般工业生产的技术经济特点,因而是一个独立的物质生产部门。其主要特点是:固着地上,不能移动;复杂多样,彼此各异;形体庞大,整体难分;经久耐用,使用期长。

建筑业产品的这些特点,又造成了建筑业生产上的一系列特点,归纳起来,建筑生产主要有以下4个技术经济特点。

○生产的流动性。这个特点主要表现在两个方面:一是生产人员和机具,甚至整个施工机构,都要随施工对象坐落位置的变化而迁徙流动,转移区域或地点;二是在一个产品的生产过程中,施工人员和机具又要随施工部位的不同而沿着施工对象上、下、左、右流动,不断地变换操作场所。为了适应施工条件的经常变化,施工机具多是比较小型或便于移动的,手工操作也较多,在一定程度上影响了建筑业技术的发展。

②生产的单件性。由于建筑物或构筑物的功能要求不同,所处的自然条件和社会经济条件各异,每个工程都各有独特的工程设计和施工组织设计,产品价格也必须个别确定并单独进行成本核算。

③生产周期长,生产过程的不可间断性。较大工程的工期常以年计,施工准备也需要较长时间。因此,在生产中往往要长期占用大量的人力、物力和资金,不可能在短期内提供有用的产品。

④露天和高空作业多,受自然气候条件的影响大,质量和安全问题突出。

1.4.2 建筑技术经济学的任务

以技术经济分析基本理论为基础,建筑技术经济学研究的中心问题是:建筑工程技术发展中的经济效果问题。结合建筑业、建设项目投资的自身特点,它有3个主要任务:

①研究建筑技术方案的经济效果,寻找具有最佳经济效果的技术方案,即选择技术上先进、适用和可靠,经济上合理的建设方案。经济效果通常有两种表示方式:一是经济效果 = 收益÷费用;二是经济效果 = 收益 - 费用。

②为国家和建设部门制定建筑技术政策、技术方案和技术措施提供经济依据。建筑经济学通过研究技术与经济相互促进与协调发展,为国家和建设部门提供经济依据。这个过程中将围绕解决两个问题:一是技术选择要切合实际;二是协调的目的是发展,发展是中心问题。

③为建筑技术的不断创新设计合理的运行机制。通过研究建筑技术创新,推动技术进步,促进企业发展和国民经济增长。

1.5 工程师必须掌握的技术与经济的基本知识

作为一名建设工程项目的工程师,需要明确经济上可行是项目方案能够实施的前提条件,而技术经济效果的最佳匹配是确立市场优势的条件。实践中,资源约束通常是工程师进行建设工程方选择时,必须首先考虑的问题,而市场是否有需求以及经济效益如何决定了建设工程方案的成果价值。

许多人的职业生涯通常是由技术人员开始的,随着经验的积累,有很多机会成为管理者。管理者是市场经济重要的参与者和决策者,更需要掌握经济知识。

作为工程师,进行建筑工程经济学研究时,需要处理以下几方面问题的知识。

①综合性:必须处理好技术、经济、环境、社会等多方面的关系。

②应用性:应用相关学科的知识解决技术实践中遇到的经济问题。

③系统性:应注意系统的平衡。

④数量性:通过大量的数据进行分析计算。

⑤预测性和不确定性:指的是事前的估计和判断。

总之,对于一名有可能成为管理者的工程师,必须同时掌握技术和经济两方面的知识,并能综合运用与所研究技术方案相关的技术和经济方面的知识才能客观地评价方案,才能实现工程经济研究的"经济"目的。本课程中要求掌握的内容即为经济进行工程经济研究的知识。

本章小结

①对技术内涵的理解,实际上存在着随着经济社会的不断发展而逐渐深入和完善的一个过程,这一过程也反映出技术在人类社会发展历程中不断增强的重要性。

②由于对经济的理解不同,技术与经济的关系的表现形式有较大的不同。但从整体来说,它们的关系是矛盾的关系。

③工程经济学与其他大多数学科一样,在我国经历了几乎相似的发展历程。但是,随着时代的发展和社会的进步,技术经济学科在不断发展和完善本学科基础理论的同时,不断应用本学科的相关基础理论,解决社会发展中的前沿理论问题。技术经济工作者具有强烈的历史使命感,只有这样,技术经济学科才能具有强大的生命力。

④工程经济学的研究对象是拟要投资的某个具体的工程项目、技术方案和技术政策。

⑤工程经济学的研究方法主要包括定性与定量相结合、系统性分析方法、动态和静态相结合、多方案比选方法。

⑥工程经济学研究的主要内容包括:方案评价方法、投资方案选择、筹资分析、财务分析、不确定性分析、价值工程等。在研究过程中,遵循一定的研究程序。

复习思考题

1. 简述技术与经济的含义及相互关系。

2. 技术经济学的研究对象和范围是什么?

3. 技术经济学的研究内容和方法包括哪些?

4. 技术经济分析的基本步骤是什么?

5. 什么是技术方案经济效果?它有哪几种表示形式?如何处理技术经济效果的几个关系?

6. 技术经济分析人员应具备哪些知识和能力?

第 2 章
建设项目经济评价

本章导读

- **基本要求** 了解建设项目经济评价的意义,建设项目投资及其来源中的财政预算投资、企业自有资金的融通,掌握国内银行贷款,利用外资、债券、股票等筹集建设资金的方式;会计算固定资产的折旧,特别掌握加速折旧法。
- **重点** 国内银行贷款,利用外资、债券、股票等筹集建设资金的方式的掌握。
- **难点** 双倍余额递减法、年数总和法计算固定资产的折旧。

2.1 建设项目经济评价的意义

企业经济评价和国民经济评价共同组成了建设项目经济评价,企业经济评价属于微观经济效具分析,它是从企业的利益出发,分析项目建成后在财务上的获利状况及借款偿还能力。而国民经济评价则属于宏观经济评价,是从国民经济的整体利益出发,计算分析项目给国民经济带来的净效益,评价项目在经济上的合理性。

企业经济评价也称财务评价或盈利分析,是建设项目经济评价的重要组成部分,是项目决策的重要依据。投资项目的企业经济评价是从企业或项目的角度出发,根据国家现行财税制度和现行价格,分析计算项目直接发生的财务效益和费用,考察项目的盈利能力、清偿能力以及外汇平衡能力等财务状况,据以判断项目的财务可行性。项目的企业经济评价是项目可行性研究和评价的核心内容,其目的在于根据国民经济、社会发展战略和极少地区发展规划的要求,在做好产品的市场需求预测及场址选择等工程技术的基础上,对项目进行评价;从微观和宏观两个方面对其建设的财务可行性和经济合理性进行分析论证,最大限度地提高投资效益,为项目的科学决策提供可靠的依据。

项目的国民经济评价旨在把国家有限的各种投资资源用于国家最需要的投资项目上,使全社会可用于投资的有限资源能够合理配置和有效利用,使国民经济能够持续稳定地增长。具体地说,国民经济评价是采用费用与效益的分析方法,运用影子价格、影子汇率、影子工资和社会折现率等参数,计算分析项目需要国家付出的代价和对国家的贡献,考虑投资行为的经济。

2.2　建设项目的投资及其来源

改革开放以来,我国投资体制从宏观管理到微观运行的各个方面实施了一系列改革,在投资领域形成了以投资主体多元化、投资资金多渠道、项目决策多层次、投资方式多样化为特征的新格局。打破了传统体制下主要依靠国家财政拨款的全民单位单一投资渠道,开辟了自筹资金、国内银行贷款、利用外资和利用长期金融市场上资金等融资渠道。

2.2.1　财政预算投资

用国家预算安排的,并列入年度基本建设计划的建设项目投资称为财政预算投资,也称国家投资(包括中央财政安排的投资和地方财政安排的投资)。

1)财政预算投资的融资手段

国家投资主体筹集资金的主要手段是:财政税收、财政信用及举借外债。

(1)税收

税收是历史上出现最早的一个财政范畴,它是随国家的产生而产生的,是国家为了维持自身的存在,用来取得收入的一种手段。税收这种筹集资金的形式,同其他财政收入形式相比,具有强制性、无偿性和固定性的特征。所谓强制性,是指税收的征收依靠的是国家的政治力量,它不以纳税人的意志为转移,纳税人必须根据税法照章纳税,违反者要受到法律的制裁。无偿性是指国家取得的税收收入,既不需要偿还,也不需要对纳税人付出任何代价。所谓固定性,是指在征税前必须预先规定课税对象和征收税额之间的数量比例。

税收在国家财政收入中占有很大比重,它是保证财政收入,为国家重点建设项目筹集资金的重要工具。中央政府和地方政府每年用于固定资产的投资,绝大部分来源于税收形式的财政收入。

(2)财政信用

财政信用是以财政为主体的投资信用,是由财政出面采取信用方式或半信用方式筹集资金的一种制度。财政信用的具体融资工具是各类政府债券,如公债券、国库券、国家重点建设债券等。

通过财政信用筹集资金与通过国家税收筹集资金有所不同。税收是由财政采取无偿的方式予以集中,既改变资金的使用权,又改变资金的所有权。而财政信用筹集资金,只改变资金的使用权,不改变资金的所有权;同银行信用一样,既要还本,还要付息。财政采用信用方式筹集资金时,由于财政本身不具备信用、结算、支付手段,所以,无论是资金的筹集还是贷放,都要通过银行来办理。

（3）举借外债

举借外债是财政筹资的另一手段，是国家信用的一种形式。它由财政部门出面，代表国家从国外借入款项，用于国内的投资建设。

2）财政预算投资计划编制的原则

财政预算投资计划具体反映国家的方针政策和建设要求，反映各个年度国家对基本建设投资分配的数量与方向，反映根据资源优化配置和宏观经济形势而制订的各种财政政策。其编制原则是：

○量入为出和量力而行的原则；

⑤保证重点、统筹兼顾的原则；

⑤厉行节约、提高投资效益的原则。

3）公益性项目投资的管理

公益性项目的投资主要由政府用财政资金安排。公益性项目主要包括国防、科研、文教卫生、行政事业单位等非营业性的无偿还能力的建设项目，国家支援不发达地区的各种投资基金（如扶贫资金、中央专项补助投资以及以工代赈资金等）项目。这些项目的资金由预算拨款解决。公益性项目投资应根据各级政府财政状况量力而行，并建立标准化、规范化的投资管理制度。财政拨款投资由计划部门安排和管理；拨款投资使用单位必须加强管理、明确责任，资金使用情况和建设进度必须及时向计划部门报告；有关经办银行要加强监督；审计部门要定期检查资金使用情况。

4）基础性项目投资的管理

基础性项目主要由政府集中必要的财力、物力，通过经济实体进行投资。事关国计民生、跨地区的重大基础设施、重大基础工业项目和重大水利工程项目的建设由中央政府投资主体为主承担；地方性的交通、邮电通讯、能源工业、农林水利设施和城市公用设施等的建设，应按照"谁受益，谁投资"的原则，由所在地政府投资主体承担；对于经济不发达地区，中央政府可以按项目定期定量给予补贴投资。

2.2.2 企业自有资金的融通

企业自有资金是指企业有权支配使用、不需偿还的资金。改扩建项目和技术改造项目的企业自有资金主要来源于新产品试制基金、生产发展基金、职工福利基金和基本折旧基金、大修理基金等，以及各种形式的社会集资。新建项目自有资金的筹集可以采取国家投资、各方集资或者发行股票等方式，投资者可以用现金、实物和无形资产等进行投资。

企业投资可分为自有资金和负债投资两大类。发达国家的经验表明，企业投融资的重心不应放在外部资金的引入上，而应着重于内部资金的积累与扩大。发达国家企业的资金筹措都是以内部资金为主或为半。目前我国有关法规已公布了开办企业必须筹集最低资本金数额的规定。如《中华人民共和国企业法人登记管理条例施行细则》规定，生产性公司的注册资金不得少于 30 万元，咨询服务性公司不得少于 10 万元，其他企业法人不得少于 3 万元。要增加企业自我积累和发展的能力，就必须强化企业自我积累机制。一方面要强化企业加速折旧的重置投资机制，另一方面要强化企业留利转为扩大再生产的新增投资体制。

2.2.3　国内银行贷款

1) 中央银行的主要职能

中央银行,简言之,就是银行的银行,发行货币的银行,是办理政府有关业务的银行,也是监督和管理整个金融业的银行。我国的中央银行是中国人民银行。

中国人民银行不直接对工商企业发放政策性贷款。它的主要职能有 3 个:一是发行货币,调节货币流通;二是作为政府金融货币方面的代理人,管理政府资金,对政府提供信用,认购国债,代理国库券;三是通过贷款、存款准备金和公开市场业务对其他银行和金融机构进行管理,制订货币政策,调节货币价格与需求,支持经济的稳定增长。中央银行的金融宏观调控对全国的经济生活十分重要。在我国经济生活中,货币总量(包括现金和支票)是由中国人民银行调节的,存贷款利率是由中国人民银行制订的,人民币与外币的汇率受人民币银根松紧的影响和国际收支状况的影响;全国各银行、金融机构的设立、业务范围是由中国人民银行审批的,这些机构一年的贷款总量也是由中国人民银行调控的。如果中国人民银行把宏观调控工作做好了,货币币值稳定了,金融秩序变好,就为国民经济的快速健康发展创造了一个良好的金融环境。

2) 政策性银行贷款

政策性银行是具有独立法人地位的经济实体,实行独立核算、自主经营、自担风险,责权统一。政策性银行的主要任务是:建立长期稳定的资金来源,引导社会资金结构,确保重点建设需要,从资金源头强化对资金总量和结构的调节,提高投资效益,促进国民经济的发展。我国目前政策性银行有 3 家,即国家开发银行、中国农业发展银行、中国进出口信贷银行。

国家开发银行是一家以国家重点建设为主要融资对象的政策性投资开发银行。这些重点项目包括 5 个方面:一是制约经济发展的"瓶颈"项目;二是直接增强综合国力的支柱产业项目;三是重大高新技术在经济领域应用的项目;四是跨地区的重大政策性项目;五是其他政策性项目。这些项目自身效益低、贷款期限长、投资风险大,需要在利率上给予优惠。

中国农业发展银行主要承担国家粮棉油储备、农副产品合同收购、农业开发等方面的政策性贷款,代理财政支农资金的拨付及监督使用。

国家进出口信贷银行主要是为大型成套设备进出口提供信贷,为成套机电产品出口信贷提供贴息及出口信用担保。

政策性银行的资本金由财政拨入,另外的资金来源还有向金融机构发行金融债券。政策性银行不经营商业性信贷业务,不以盈利为目标,实行保本经营,不与商业银行进行业务竞争。但政策性银行也要讲求资金平衡,讲求贷款有借有还,讲求贷款质量,减少风险。业务要接受中国人民银行的监督。

3) 商业银行贷款

通俗地讲,商业银行就是以经营存放款为主要业务,并以盈利性、安全性和流动性为主要经营原则的信用机构。在整个金融体系中,它是唯一能够接受活期存款的银行,通过发放贷款创造存款货币。

由于商业银行的资金来自居民储蓄和企业存款,是对广大社会公众的负债,这就要求银行的贷款必须是有借有还，周转使用，还本付息，讲求效益，否则资金就难以实现正常的循环和周转，甚至还会造成严重的社会后果。因此，银行贷款在发放时势必要结合企业的生产经营状况，进行严格审查，要优先支持那些产品适销对路、企业经营管理水平较高、经济效益好的企业，以提高贷款效益。

我国的商业银行体系中，除国有商业银行如中国工商银行、中国建设银行、中国银行、中国农业银行以外，还有交通银行、中信实业银行、光大银行、华夏银行、招商银行、兴业银行、广东发展银行、深圳发展银行、上海浦东发展银行和农村合作银行、城市合作银行等。

当前，我国竞争性项目投资的重要来源是商业银行贷款。

2.2.4　利用外资

我国是一个发展中国家，人口多、底子薄，要发展经济，国内建设资金明显不足，需要积极利用外资。目前，我国利用外资的主要形式有国外贷款、国外直接投资、国外其他投资等。

1)国外贷款

（1)外国政府贷款

外国政府贷款指外国政府通过财政预算每年拨出的定款项，直接向我国政府提供的贷款。这种贷款的特点是利率较低，年利率一般为2%～3%，期限较长，平均为20～30年，但数额有限，具有双边经济援助的性质，一般都限定用途，并要从贷款国进口机器设备，所以这种方式的贷款，比较适用于建设周期较长、金额较大的低收益项目，如发电站、港口、铁路及能源开发项目。

（2)国际金融组织贷款

国际金融组织贷款是指联合国的专门国际金融机构，如国际货币基金组织（International Monetary Fund，即IMF）、世界银行集团（World Bank）（其中包括国际复兴开发银行Intemational Bank for Re-construction and Development（即IBRD）、国际开发协会——International Development Association（即IDA）和国际金融公司——International Finance Corporation（即IFC）），以及其他地区性的国际金融机构，如亚洲开发银行（ASDB）、欧洲开发银行（EDB）、美洲开发银行（IADB）、非洲开发银行（AFDB）等，根据其建立的宗旨和任务、贷款使用的性质和目的，按照各项贷款的具体规定，根据成员国的申请，经审查核准后提供的贷款。国际货币基金组织贷款年限一般3～5年，利率在4.375%～6.375%，有0.5%的手续费;国际复兴开发银行目前主要向亚、非、拉等发展中国家提供开发性贷款，贷款年限较长，有的可达30年，宽限期5～10年，利率比市场利率略低一些，对贷款收取的杂费也少。国际开发协会贷款对象为发展中国家，贷款不计息，只收0.75%的手续费和0.5%的承诺费，贷款期限一般为35～40年，宽限期平均为10年。国际金融公司的服务对象是私人部门，贷款利率一般在伦敦同业拆借率之上加一定百分点，贷款期限最长可达14年，宽限期可达2～4年。

（3)外国银行贷款

外国银行贷款包括国外开发银行、投资银行、长期信用银行以及开发金融公司对我国提供的贷款。这些银行可以单独向我国提供贷款，也可以由几家银行共同向我国提供贷款，即银团贷款。建设项目投资贷款主要向国外银行筹集中长期资金，一般通过中国银行、国际信托投资公司办理。这种贷款的特点是可以筹集大额资金,所借资金可由借款人自由支配,但贷款条件较为苛刻,贷款利率相对高,贷款期限较短,另外还要收取承诺费、手续费等各种费用。

(4)在国外金融市场发行债券

债券是一种有价证券,在发行时就规定了利率和还本期限。在国外发行债券的主要特点是:使用外国货币为面值;偿付期限较长,一般在 7 年以上;发行金额一次可在 1 亿美元左右;筹得的款项可自由使用,且可连续发行。但发行债券手续比较繁杂,发行地政府往往还有限制规定;债券利率加上发行费用一般会高于商业银行信贷利率;发行债券要有较高的信誉,精通国际金融业务。所以这种方式筹资比较适用于金额不大、资金运用要求自由的建设项目,特别是在国外银行贷款较多、希望分散债权人的情况下可以采用这种方式筹资。

(5)利用出口信贷

出口信贷(Export Credit)是西方国家政府为了鼓励资本和商品输出而设置的专门信贷。这种贷款的特点是利息率较低,期限一般为 10 ~ 15 年,借方所借款项只能用于购买出口信贷国设备。出口信贷可根据贷款的对象不同分为买方信贷(Buyer's Credit)和卖方信贷(Seller's Credit)。买方信贷是指贷放出口信贷的银行将贷款直接贷给国外进口者(即买方);卖方信贷是指发放出口信贷的银行将资金贷给本国的出口者(即卖方),以便卖方将产品赊卖给国外进口者(即买方),而不致发生资金周转困难。

(6)混合贷款

这是出口买方信贷的一种发展形式,是外国政府与商业银行联合提供的贷款,用以购买其资本货物和劳务。有的国家提供包括政府贷款、政府赠款和出口信贷、商业信贷混合使用的贷款。因为含有政府贷款部分,所以较一般出口信贷利率低、期限长、费用少。

2) 国外直接投资

吸引国外资本直接投资主要包括与外商合资经营、合作经营、合作开发及外商独立式。国外资本直接投资方式的特点是:不发生债务、债权关系,但要让出一部分管理权,并要支付一部分利润。

(1)合资经营

合资经营(Joint Ventures)是指某一国(地区)厂商与其他国家(地区)厂商共同投资,联合经营,并按出资比例分配利润和承担风险而建立的企业。由于它是按照投资比例来分取利益,因此也称股权式合营企业。中外合资企业是我国境内具有独立资产的法人实体,受我国法律管辖和保护。

(2)合作经营

合作经营(Cooperation Production)指某一国(地区)厂商与其他国家(地区)厂商,根据东道国的有关法律,通过签订合同而建立的企业。由于它是按照合同规定分取收益、承担风险和管理企业,因此它也称契约式合营企业。中外合作企业是我国多种经济形式中的一种经济组织,受到我国法律的管辖和保护。

合资企业与合作企业的区别在于:第一,合资企业里的投资折算成股份,双方按股权比重分配收益;而合作企业里合作者的投入不折算成股份,不按股份分配收益,而按协议投资方式和规定比例来分取利益。第二,由于合作经营不涉及股权,双方的责、权、利只是由双方协商通过合同加以规定,所以它不是独立的法人,只是一种合伙关系;双方需各自纳税。第三,在组织管理形式上,合资企业设立董事会,合作企业一般只设管理委员会负责管理。第四,合资企业一般吸收外资数额较大,经营期限较长而且比较固定;合作企业经营期限一般较短,但方式灵活,简便易行,便于双方选择合作领域。

在我国合资企业与合作企业的共同点:一般都是中方提供土地、厂房、劳动力及服务设施等,外方提供资金、设备、工业产权、专利技术等。

（3）合作开发

合作开发与合作经营相类似,主要是对海上石油和其他资源的合作勘探开发。我国海上石油勘探开发主要采用风险合同的合作方式。一般的做法是:第一阶段,主要进行地球物理勘探,一切费用由外国公司支付,勘探结束后,我国可取得一套完整的地质资料,以了解资源的前景;第二阶段,根据地球物理勘探的结果选出一部分有希望的地区进行招标,签订合同,合作勘探开发,双方按合同规定分享产品（利润）。

（4）外资独营

外资独营是由外国投资者独自投资和经营的企业形式。按我国规定,外国投资者可以在经济特区、开发区及其他经我国政府批准的地区开办独资企业。企业的产、供、销由外国投资者自行决策。外资独营企业的一切活动应遵守我国的法律、法规和政府的有关规定,并照章纳税,纳税后的利润可通过中国银行按外汇管理条例汇往国外。

3. 国外其他投资

国外其他投资主要指"三来一补"。"三来一补"是指来件装配、来料加工、来样定制和补偿贸易。这是我国在20世纪70年代末80年代初,改革开放初期提出并实施的一种对外经济技术合作与贸易方式,进入90年代后,"三来一补"作为由沿海向内地推进的开放与贸易模式仍有一定的发展潜力。

（1）来件装配

来件装配（Processwitk Customers Arts）指我方接受外商提供的元件、零件、部件,按对方要求的规格、款式进行装配,然后交给对方,我方收取装配费。如果我方提供部分国产元件、零件、部件,合并装配为成品时,外方除付装配费外,还应付我方相应零部件价款;如果外方在我国兴建装配工厂,其建厂及提供设备的外方价款,应从我方装配所得的装配费中扣除。来件装配双方的关系是委托与受托的关系,其权利与义务均在双方签订的合同中加以规定,共同遵守。

（2）来料加工

来料加工（Processswith Customers Material）指外商提供全部或部分原料、辅料,由我国工厂按外商要求的质量、规格、款式加工成成品,交给对方负责出口,我方收取加工费。来料加工实际上是合作经营的一种方式。双方的权利与义务由加工贸易合同加以规定,合同可由国内企业直接与外商签订,或由我国外贸公司与外商签订,然后委托国内企业加工。

（3）来样定制

来样定制指国内生产企业按照国外客商提供的产品式样,专门生产加工并出口成品的业务活动。国外来样形式大致有3种:a. 提供实物样品;b. 除提供实物样品外,同时提出对产品品质、规格等具体要求;c. 除提供实物样品外,还提供关于产品构造、用料、性能和使用方法的说明书及必要的图纸、技术资料等。加工制造成品所需原材料及辅料,可由生产企业自行在国内采购或从国外进口,也可直接由国外客户提供。成品包装一般采用中性包装或国外客户的定牌商标。样品是交货品质的唯一凭证。来样定制产品通常仅适销于特定区域市场。为应付国际市场的变化,合同中应提前订有约束性条款,如预付定金、信用证支付等,以减少风险和纠纷。

(4)补偿贸易

补偿贸易(Compensation Trade)指一方利用另一方信贷,向其购进设备、技术,应付价款待工程投产后,以产品而不以现汇偿付的一种贸易方式。双方有进有出,又称"平行贸易"。进行偿付的办法:a.直接产品补偿,即用进口设备、技术生产的产品偿付;b.间接产品补偿,即用非进口设备生产的其他产品偿付,这是因提供设备一方不愿接受直接生产的产品时所采用的变通办法;c.加工费补偿,供应方除提供设备、技术外,在引进方建成工程后,尚继续供应原材料和回收产品,此时引进方用应得的加工费进行补偿。补偿贸易是 20 世纪 60 年代末 70 年代初,发展中国家逐步采用并扩大发展起来的一种利用外资的形式。

"三来一补"大都属于一些劳动密集型行业,对于我国劳动力资源丰富而资本和技术不足的乡镇特别具有吸引力。我国政府一直采取鼓励政策,在减免进出口税和简化进出口手续等方面采取了一系列措施,促其发展。

(5)国际租赁

国际租赁指引进方以租赁方式取得供应方的设备,投产后用产品向供应方偿付租赁费用,期满后,设备作价或无偿归引进方所有。这是融资与融物相结合的一种综合贸易方式。

2.2.5　利用债券筹集建设资金

债券(Bond)是借款单位为筹集资金而发行的一种信用凭证,它证明持券人有权按期取得固定利息并到期收回本金。

1)国家发行的债券种类

(1)国家债券

国家债券又称公债、国库券,是国家以信用方式从社会上筹集资金的一种重要工具。20世纪 80 年代的"国库券"与 50 年代的"公债"主要区别在于:"公债"的对象主要是个人,而国库券发行的对象不仅限于个人,还包括国有企业、集体所有制企业、企业主管部门、地方政府和机关团体、部队、事业单位等。"公债"及"国库券"的发行对稳定物价,弥补财政赤字,争取财政收支平衡,以及筹集资金,保证国家重点建设,推动国民经济全面协调发展等发挥了积极的作用。

(2)地方政府债券

地方政府债券是由地方政府发行的债券,筹措的资金主要用于地方的能源、交通、市政设施等重点工程建设,发行的对象主要是地方政府所辖范围内企事业单位、城乡居民个人。

(3)企业债券

企业债券又称公司债券。企业债券是指由企业发行的债券。根据国务院颁布的《企业债券管理暂行条例》,中国人民银行是企业债券的主管机关,企业发行债券须经中国人民银行批准。

企业发行的债券总金额不得超过企业的自有资产净值。投资项目必须经有关部门审查批准,纳入国家控制的固定资产投资规模。债券的利率不得高于定期存款利率的20%。

(4)金融债券

金融债券是金融机构为筹措资金而发行的债券。目前我国发行的金融债券有:中国建设银行债券、中国工商银行债券、中国农业银行债券、中国银行债券等,主要向个人发行,分1年、2年、3年期,均为有息债券。

债券的价格包括票面价格、发行价格和市场价格。票面价格即指债券面上所标明的金额;发行价格即债券的募集价格,是债券发行时投资者对确定票面价格的债券所付的购买金额;债券的市场价格指债券发行后在证券流通市场上的买卖价格。债券的发行与转让分别通过债券发行市场和债券转让市场进行。

2)债券筹资的优缺点和注意事项

(1)债券筹资的优缺点

债券筹资的主要优缺点如表2.1所示。

表2.1 债券筹资的主要优缺点比较表

优 点	缺 点
①资本成本较低。与股票的股利相比,债券的利息允许在所得税前支付,公司可享受税收上的利益,故公司实际负担的债券成本一般低于股票成本。	①财务风险较高。债券通常有固定的到期日,需要定期还本付息,财务上始终有压力。在公司不景气时,还本付息将成为公司严重的财务负担,有可能导致公司破产。
②可利用财务杠杆。无论发行公司的盈利多少,持券者一般只收取固定的利息,若公司用资后收益三厚,增加的收益大于支付的债息额,则会增加股东财富和公司价值。	②限制条件多。发行债券的限制条件较长期借款、融资租赁的限制条件多且严格,从而限制了公司对债券融资的使用,甚至会影响公司以后的筹资能力。
③保障公司控制权。持券者一般无权参与发行公司的管理决策,因此发行债券一般不会分散公司控制权。	③筹资规模受制约。公司利用债券筹资一般受一定额度的限制。

(2)发行债券应注意事项

①对企业未来盈利状况的预测。如果预测企业在未来市场销售情况良好、盈利稳定,可以考虑发行债券;反之,则不宜发行。

②对未来物价水平的预测。如果预期未来物价上升很快,企业在偿付债务时,币值已降低,发行债券则对企业有利;反之,则不宜发行。

③资本结构。如果企业负债比率已经很高,则不宜发行债券;反之则可以考虑发行。

④在发行债券前,还应考虑债券合约中限制企业营业和决策的各种条款会对企业产生的影响。

2.2.6 利用股票筹集建设资金

股票(Stock)是股份公司发给股东作为已投资入股的证书和索取股息的凭证。它是可作为买卖对象或抵押品的有价证券。

1) 股份有限公司

股份有限公司是按照一定章程和法定程序集资合营的一种企业的组织形式,其成立方式往往是由企业发起者把预定的企业总资本分成若干股份,通过发行股票,把分散的资本集中起来而构成企业的总资本。股票持有人在名义上都是公司的股东,股东大会是公司的最高权力机关,由它决定企业的重要事宜,并选出董事会来领导企业的活动。股票持有者有权按持有的股票取得利息或分红,但不能退股,只能将股票出售。股份公司的股东,对公司债务所负的清偿责任,以所持股份的金额为限,不以其私人全部财产负责。从 19 世纪后半期起,股份公司已广泛流行于资本主义世界各国,目前已成为西方国家中企业的最普遍形式。20 世纪 50 年代,我国也曾经存在着相当数量的股份公司;到 80 年代,随着我国经济体制改革、经济联合的发展,开始建立了公有制企业联合、劳动者集资联合、中外联合的股份公司。

股份有限公司的优点是:

①可以广泛筹集社会资金,又可分散投资风险,相应满足投资者的利益,解决了社会化大生产发展需要集中大量资金和资金分属不同所有者之间的矛盾。

②通过大量资本集中,使整个生产规模得以迅速扩大,促进技术进步。

③由于实现了企业所有权与经营权的分离,通过人才的竞争机制,使那些具有管理经验和技能的企业家掌握了企业经营管理权,独立自主地从事生产经营。

④随着生产国际化和资本国际化的发展,购买别国股份公司的股票已成为国际投资的重要形式,股票成为吸引外资的重要渠道。

⑤股份公司由于产权相对独立,股东虽然可以自由买卖股票,但无权向公司要回股本。公司作为独立法人拥有直接处置资产的各种权力,这就从财产上保证企业的生产连续性和稳定性。

2) 股票的种类

按股东承担风险和享有权益的大小,股票可分为普通股和优先股两大类。

(1) 普通股

普通股是指在公司利润分配方面享有普通权利的股份,可分为记名的与不记名的,亦可分为有面值的与无面值的。除能分得股息外,还可在公司盈利较多时再分享红利,所以普通股获利水平与公司盈亏息息相关。股票持有人不仅据此可分摊股息和获得股票涨价时的利益,且有选举该公司董事、监事的机会,参与公司管理的权利,股东大会的选举权根据普通股持有额计票。公司可设立 A 级和 B 级普通股以适应公司的特别需求。A 级普通股供公开出售给社会居民,B 级普通股由发起人保留或向国外销售。B 级普通股每股投票权高于 A 级普通股。

(2) 优先股

优先股是指在公司利润分配方面较普通股有优先权的股份。优先股的股东,按一定的比率取得固定股息;企业倒闭时,能优先得到剩下的可分配给股东的部分财产。在优先股中可分为积累优先股(在领取股息时,当年股息不足既定比例,翌年补发)、非积累优先股(当年股息不足既定比例,不再补发)、参加优先股(除按规定比率领取股息外,还能同普通股共同参加利润分配)、非参加优先股(不能参加利润分配)。

(3)股票筹资优缺点

股票筹资的优缺点比较如表 2.2 所示。

表 2.2 股票筹资的优缺点比较表

优　点	缺　点
①股票筹资是一种弹性融资方式,其股息或红利不必按期支付,因而,公司融资风险低。 ②股票无到期日,其投资属永久性质,公司不需为偿还资金而担心。 ③发行股票筹集资金,可降低公司负债比率,提高公司财务信用,可增加公司的融资能力。	①资金成本高。购买股票的风险比债券高,当股票投资报酬高于债券利息收入,投资者才投资股票;另外股息或红利是在税后利润中支付,使股票筹资资金成本大大高于债券。 ②增发普通股须给新股东投票权和控制权,降低原有股东的控制权。

2.3　固定资产折旧

2.3.1　固定资产折旧的相关概念

1)固定资产折旧

固定资产(Fixed Assets)是指可供长期使用,反复多次地参加生产经营活动过程并保持其原有实物形态的物质资料。但其价值将随固定资产的使用而逐渐转移到成本或费用中去,这部分随着固定资产的磨损而逐渐转移的价值就是固定资产折旧,简称折旧。固定资产折旧计入生产成本或经营费用的过程,就是随着固定资产的价值转移,以折旧的形式在商品或产品销售收入中得到补偿、并转化为货币资金的过程。

因此,应从以下 3 个方面来认识折旧:

①就价值观念而言,折旧是对固定资产在使用过程中由于性能衰退、贬值和技术落后而损耗的价值补偿;

②就生产经营企业而言,折旧是为企业的固定资产能够得到及时更新而筹集资金的方式;

③就投资观念而言,由于固定资产投资往往是在建设期预先垫支的,因此在项目使用期内如何计提折旧实际上就是如何合理分摊投资费用并回收投资。

2)折旧基数

折旧基数也称为固定资产原始价值或固定资产原值,因为在形成(或购建)固定资产过程中由所发生全部投资费用构成的固定资产原始价值,就是计算其折旧的最主要依据。在不同情况下,固定资产原值包含的内容也不相同:

①对于新建项目,固定资产原值包括勘测设计费、建设场地准备费、设备器具工具购置费、建筑安装工程费等;

②对于改建、扩建或技术改造完工项目,其原值是指改建、扩建或技术改造前的原值,加

上改建、扩建和技术改造过程中的费用支出,减去不需要和报废原值后的价值;

③购置的固定资产原值则等于购置、运输、安装、调试等费用支出之和。

3)固定资产净残值

当每一项固定资产使用寿命终结或提前报废时,经拆除清理后残留的材料、零件和废料等的价值称为固定资产残值。同时,为了拆除、清理、装运报废固定资产而发生的支出费用,被称为固定资产清理费用。所谓固定资产净残值就是固定资产残值减去固定资产清理费用后的差额。由于固定资产残值作为一种未来的收入,实际上会降低固定资产原值费用,而固定资产清理费用作为一种未来的开支,实际上会增大固定资产原值费用,因此固定资产净残值的存在将会通过对折旧基数的影响而影响到对折旧的计算。但由于固定资产净残值只能在固定资产使用寿命结束时发生,只能预计,因此不可避免地存在主观性。我国财务制度规定:预计净残值一般不得低于固定资产原值的3%,不得高于5%。

4)固定资产使用年限

固定资产使用年限即固定资产使用寿命。显然,其长短也将直接影响各生产经营期应计提的折旧金额。在确定固定资产使用年限时,不仅要考虑固定资产的有形磨损,还要考虑固定资产的无形磨损。由于固定资产的这两种磨损很难估计准确,因此对固定资产的使用年限也只能预计,同样具有主观随意性。为了避免人为延长或缩短固定资产计提折旧的年限,我国财务制度中也对各类固定资产的折旧年限做了规定。生产经营单位必须根据国家的有关规定,结合本企业情况合理确定固定资产折旧年限。

2.3.2　固定资产折旧的计算

财务上计算折旧的方法很多,如平均年限法、工作量法、加速折旧法等。由于固定资产折旧方法的选用直接影响到企业成本、费用的确定,也影响到企业收入和纳税,进而影响到国家的财政收入,因此,对折旧方法的选用,国家历来有严格的规定。以前均规定采用平均年限法或工作量法。随着改革开放的深入,国家为了鼓励企业采用新技术,加快科学技术向生产力的转换,增强企业的后劲,允许某些行业和企业经国家批准后采用加速折旧的计算方法。

计算折旧的基本公式为:

$$应计提折旧额 = 折旧率 \times 折旧基数 \tag{2.1}$$

以下是几种主要的折旧计算方法

1)平均年限法

平均年限法又叫直线折旧法,是在固定资产使用年限内,按期(年、月)平均分摊应折旧总金额的方法。其计算公式如下:

$$固定资产年折旧额 = \frac{固定资产原值 - 固定资产净残值}{使用年限(折旧年限)} \tag{2.2}$$

$$固定资产净残值 = 固定资产残值 - 清理费用 \tag{2.3}$$

$$月折旧率 = 年折旧率 /12 \tag{2.4}$$

每期(年、月)末固定资产净值可通过下式得到：

$$期末固定资产净值 = 固定资产原值 - 累计折旧 \qquad (2.5)$$

【例2.1】某机械设备的原始价值为25 000元,预计使用10年,预计残值1 500元,清理费用需500元,试按平均年限法计算该设备的年折旧率、年折旧额和第8年、第10年末净值。

$$设备年折旧额 = \frac{25\ 000 - (1\ 500 - 500)}{10} = 2\ 400(元)$$

$$年折旧率 = \frac{2\ 400}{25\ 000} \times 100\% = 9.6\%$$

$$月折旧率 = 9.6\% \div 12 = 0.8\%$$

月折旧额:$25\ 000 \times 0.8\% = 200(元)$

第8年末净值 $= 25\ 000 - 2\ 400 \times 8 = 5\ 800(元)$

第10年末净值 $= 25\ 000 - 2\ 400 \times 10 = 1\ 000(元)$

本题若逐年计算,结果如表2.3所示。

表2.3 例2.1逐年计算的结果 单位:元

年 份	年初净值	年折旧额	累计折旧额	年末净值
0	0	0	0	25 000
1	25 000	2 400	2 400	22 600
2	22 600	2 400	4 800	20 200
3	20 200	2 400	7 200	17 800
4	17 800	2 400	9 600	15 400
5	15 400	2 400	12 000	13 000
6	13 000	2 400	14 400	10 600
7	10 600	2 400	16 800	8 200
8	8 200	2 400	19 200	5 800
9	5 800	2 400	21 600	3 400
10	3 400	2 400	24 000	1 000
11	1 000	0	0	0

这样,最后一年末所余1 000元净值刚好被预计的1 000元净残值所抵消,说明计算折旧完全正确。

企业固定资产折旧方法一般采用平均年限法,尤其适用于房屋、仓库等建筑物性质的固定资产。由于生产企业各种生产性、非生产性固定资产往往成百上千,要分别一一计算其折旧额,工作量较大、也不容易准确,因此,平均年限法在实际应用时又有分类折旧和综合折旧两种方法。分类折旧法是按固定资产的某种性质、特征进行分类,确定不同类别固定资产的使用年限,再分别计算各类固定资产折旧额;综合折旧法则是以综合考虑的项目(部门)全部固定资产的平均使用年限为所有固定资产的计算使用年限,项目所有的固定资产均以此年限作为计算折旧基础,无需按每项、每类固定资产计提折旧,使折旧计算更为简便,但准确性较差。

平均年限法因计算简便而应用较广,但该法也有不足之处,主要体现在按期平均计提折旧额。因为通常情况下,固定资产使用初期效率较高、产出较多、维修费较低,所以应当向产品中转移较多的价值,分摊的折旧也应高些;而在使用后期,效率下降、产出降低、维修费上升,所以分摊的折旧总额也应当少些。此外,一旦发生无形磨损,平均年限法下尚未分摊折旧的价值更大,对企业造成的经济损失也更大。显然,在固定资产使用期内平均计提折旧并不合理。

2)工作量(业务量)法

这是一种根据固定资产实际工作量或业务量计提折旧额的方法,其基本计算公式为:

$$单位里程折旧额 = \frac{固定资产原值 - 固定资产净残值}{总工作量} \tag{2.6}$$

$$月折旧额 = 单位里程折旧额 \times 当月工作量 \tag{2.7}$$

通常企业专业车队的客、货运汽车,大型设备等,均可以采用工任量法。这种方法根据不同情况可分别运用。

按行驶里程计算,其计算公式为:

$$单位里程折旧额 = \frac{固定资产原值 - 固定资产净残值}{总行驶路程} \tag{2.8}$$

$$月折旧额 = 单位里程折旧额 \times 当月实际行驶里程 \tag{2.9}$$

按工作小时计算,其计算公式为:

$$每工作小时折旧额 = \frac{固定资产原值 - 固定资产净残值}{总工作时间} \tag{2.10}$$

$$月折旧额 = 每工作小时折旧额 \times 当月实际工作小时 \tag{2.11}$$

按台班计算,其计算公式为:

$$每台班折旧额 = \frac{固定资产原值 - 固定资产净残值}{总工作台班} \tag{2.12}$$

$$月折旧额 = 每台班折旧额 \times 当月实际工作台班 \tag{2.13}$$

具体地讲,交通运输业和其他企业专业车队的客、货运汽车按行驶里程计提折旧额,大型设备按工作小时计提折旧额,大型建筑施工机械按工作台班计提折旧额。

【例2.2】某大型施工机械原始价值为200 000元,预计净残值为3 000元,规定可使用2 000个台班,则

$$每台班折旧额 = \frac{200\ 000 - 3\ 000}{2\ 000} = 98.5(元)$$

若本月实际使用了30个台班,则

本月折旧额 = 30 × 98.5 = 2 955(元)

这种方法的关键或不足之处就是对总工作(业务)量的规定,既带有主观性,又不易准确。

3)加速折旧法

生产经营单位为避免科学技术进步给已购置固定资产造成无形磨损而带来的经济损

失,可以采用加速折旧法。采用加速折旧法对固定资产每年计提的折旧金额是逐年递减而不是平均分摊,所以又称为递减折旧法。这种方法在固定资产使用早期计提的折旧金额较多,在固定资产使用后期,计提的金额逐年减少。它是假定企业固定资产在早期能提供更多的服务,能创造更多的营业收入,并且早期的维修保养费用比后期要少。因此,为使每年负担的固定资产使用成本基本一致,加速折旧便能达到此目的。常用的加速折旧方法有"双倍余额递减法"和"年数总和法"。

(1)双倍余额递减法

利用平均年限法折旧率的 2 倍作为计算折旧的一种方法,其计算公式为:

$$年双倍直线折旧率 = \frac{2}{预定使用年限} \times 100\% \qquad (2.14)$$

$$各年折旧额 = 逐年递减的固定资产账面净值 \times 双倍直线折旧率 \qquad (2.15)$$

采用双倍余额递减法,不能使年末固定资产账面净值低于其预计残值,否则改用平均年限法。为简化起见,新制度规定,应当在固定资产折旧年限到期前两年内,将固定资产净值平均摊销。

【例2.3】某高新技术设备原值40 000 元,预计使用年限为 5 年,预计残值2 000,清理费400 元,则

$$年双倍直线折旧率 = \frac{2}{5} \times 100\% = 40\%$$

第 1 年折旧额 =40 000 ×40% =16 000(元)

第 2 年折旧额 =(40 000 −16 000)×40% =9 600(元)

第 3 年折旧额 =(40 000 −16 000 −9 600)×40% =5 760(元)

第 4,5 年折旧额 =[40 000 −16 000 −9 600 −5 760)−(2 000 −400)]/2 =3 520(元)

计算结果见表2.4。

表 2.4   例2.3 计算结果   单位:元

年份	年初净值	折旧率/%	折旧额	累计折旧	年末净值
0	0	—	0	0	40 000
1	40 000	40	16 000	16 000	24 000
2	24 000	40	9 600	25 600	14 400
3	14 400	40	5 760	31 360	8 640
4	8 640	—	3 520	34 880	5 120
5	5 120	—	3 520	38 400	1 600

(2)年数总和法

该法是将固定资产原值减去预计净残值后的余额(即应计提的折旧总额)乘以一个逐年递减的百分率(实为各年折旧率)。该百分率的分母是使用年数的逐年数字之和,是常数;分子是固定资产尚可使用的年数,逐年降低,所以百分率也逐年降低。假定使用年数为 n,则年数总和(且 p 分母)为 $1 +2 +\cdots +n =n(n +1) \div 2$,其计算公式如下:

$$年折旧率 = \frac{(固定资产使用年限 - 已使用年数) \times 尚可使用年限}{使用年限 \times (使用年数 + 1) \div 2} \quad (2.16)$$

$$月折旧率 = 年折旧率 \div 12$$

$$月折旧率 = 月折旧率 \times (固定资产原值 - 预计净残值) \quad (2.17)$$

这种方法的特征:折旧率是一个逐年递减的百分率,而折旧基数固定不变,这与双倍余额递减法是不同的。

【例2.4】某固定资产原值为50 000元,预计使用4年,净残值1 500元,则

$$第1年折旧率 = \frac{4}{4 \times (4 + 1) \div 2} = 40\%$$

$$第2年折旧率 = \frac{4 - 1}{4 \times (4 + 1) \div 2} = 30\%$$

同理,第3,4年折旧率分别为20%,10%。

同样可求:

第一年折旧额 = (50 000 - 1 500) × 40% = 48 500 × 0.4 = 19 400(元)

第二年折旧额 = 48 500 × 30% = 14 550(元)

第三年折旧额 = 48 500 × 20% = 9 700(元)

第四年折旧额 = 48 500 × 10% = 4 850(元)

计算结果如表2.5所示。

表2.5　例2.4计算结果　　　　　　　　　　　　　单位:元

年份	尚可使用年限/年	折旧率/%	原值 - 残值	折旧额	累计折旧	年末净值
0	—	—	—	—	—	50 000
1	4	40	48 500	19 400	19 400	30 600
2	3	30	48 500	14 550	33 950	16 050
3	2	20	48 500	9 700	43 650	6 350
4	1	10	48 500	4 850	48 500	1 500

一般地,在国民经济中具有重要地位、科学技术进步快的电子生产企业、船舶工业企业、生产工作"母机"的机械企业、飞机制造企业、汽车制造企业、化工生产企业和医药生产企业以及其他经财政部批准的特殊行业的企业,其机器设备等可以采用双倍余额递减法或者年数总和法。

最后需要指出,折旧虽然要计入产品生产成本,是技术经济分析的基本要素之一,但是折旧并不是在项目的生产经营期内实际发生的现金支出,而只是通过财务核算对项目建设期垫支的固定资产投资进行分期收回。明确这一点,对以后进行项目现金流量的处理非常重要。

可比性所涉及的问题远不止上述4种,还有定额标准、安全系数等。分析人员认为必要时,可自行斟酌决定。总之,满足可比条件是方案比较的前提,必须遵守。

本章小结

（1）建设项目经济评价的意义

企业经济评价和国民经济评价共同组成了建设项目经济评价，企业经济评价属于微观经济效果分析，它是从企业的利益出发，分析项目建成后在财务上的获利状况及借款偿还能力。而国民经济评价则属于宏观经济评价，是从国民经济的整体利益出发，计算、分析项目给国民经济带来的净效益，评价项目在经济上的合理性。

（2）建设项目的投资及其来源

财政预算投资、企业自有资金融通、国内银行贷款、利用外资、债券、股票等筹集建设资金的方式。

（3）固定资产折旧

固定资产折旧的方法包括平均年限折旧法，双倍余额递减法和年数总和法，需要根据实际情况，选择合适的固定资产折旧计算方法。

复习思考题

1.建设项目经济评价有什么意义？

2.我国建设项目投资有哪些来源渠道？

3.试述利用债券、股票筹资的优缺点。

4.已知某设备的原值为 3 500 万元，根据企业的财务制度，折旧年限为 10 年，预计净残值率为 5%，试分别采用平均年限法、双倍余额递减法、年数总和法计算第 8 年应计提的折旧额。

第 3 章
资金的时间价值与等值计算

本章导读

- **基本要求**　熟悉现金流量的概念、工程项目投资概念及构成、成本费用的概念及构成；掌握工程项目的收入和销售税金及附加的计算以及资金等值计算及其应用。
- **重点**　工程项目投资的概念及构成，经营成本、固定成本和变动成本、沉入成本、机会成本的概念，资金时间价值的概念、等值的概念和计算公式。
- **难点**　经营成本、机会成本的概念，等值的概念和计算。

3.1　资金时间价值基本概念

3.1.1　资金时间价值的概念

　　资金(Capital)是企业的生产要素之一，是商品经济中劳动资料、劳动报酬的货币表现形式，也是国民经济各个部门财产和物资的货币表现。资金的时间价值也称货币的时间价值(Time Value of Money,TVM)，是指资金的价值随着时间的推移而变化。从某种意义上说，时间是宝贵的价值，同时时间也是有限的"资源"。10 年前 1 元钱的价值与现在 1 元钱的价值是不等的。所以资金的时间价值是客观存在的，同时资金的价值与时间密切相关。

　　在工程经济学中，时间可以创造经济效益。比如某建设公司投资 8 000 万元新建一个楼盘项目，项目结束后可以获得每年 300 万元的利润收入，这 300 万元就是 8 000 万元资金在某一特定的时期内所产生的时间价值。同理，银行定期存款也是一种非常简单易懂的资金时间价值案例。比如，某人将 100 万元存入银行 5 年，按照银行定期年利率 4.8% 计算，那么

5 年后他将收到总共 24 万元的利息收入。这 24 万元就是 100 万元资金在 5 年内所产生的时间价值,也就是银行对储户放弃现期消费损失的一种补偿。当然如果把这 100 万元锁在家中的保险柜里,不管多少年,时间价值不仅没有增加,反而还会随着时间的推移,在通货膨胀的作用下不断贬值。资金时间价值概念如图 3.1 所示。

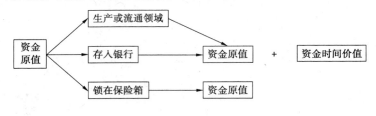

图 3.1　资金时间价值概念图

3.1.2　资金时间价值的衡量尺度

由上述分析可见,资金的时间价值在商品经济条件下主要有两种表现形式:一种是将现有资金用于投资或扩大再生产,以获取利润;另外一种是将资金存入银行,以获取利息。因此,可以用利润、利息作为衡量资金时间价值的尺度。

1) 利息和利率

资金的时间价值在工程经济学中一般用利息(Interest)和利率(Interstate Rate)来表示。这种方法与银行利息的计算方法相同。利息是指贷款人收到借款人的报酬减去本金的部分,即

$$I = F - P \tag{3.1}$$

公式中:I 代表利息;F 代表还本付息资金总额;P 代表本金。比如说甲方借给乙方 100 万元去投资,乙方答应一年后归还 120 万元,那么利息就是 20 万元。利息通常根据利率来计算,利率就是在单位时间内(如年、月、季等)所借款的利息与本金之比,通常用百分比表示。

$$i = I_t / P \times 100\% \tag{3.2}$$

公式中:i 代表利率;I_t 代表单位时间内所得的利息额。在上面例子中,一年的利率就是 20%。利息的计算方法按照是否考虑利息的时间价值可以分为单利法和复利法。

2) 单利

单利是指每期的利息都按照本金计算,这种计算利润的方式称为单利。单利计算时,不管计息周期数多少,都只用本金做为计息基数也就是"利不生息"。其计算公式为:

$$I_n = Pni \tag{3.3}$$
$$F_n = P(1 + ni) \tag{3.4}$$

公式中 P 为本金;n 为计息次数;i 为利率;I_n 为到 n 期期末所付或所收到的利息总额;F_n 为到 n 期期末所得的本利和。

【例 3.1】某商人向某银行贷款 1 000 万元作为生意的启动资金,其每年的贷款利率为 8%,期限 5 年,请用单利试计算利息总额及本利和。

【解】由式(3.3)得,到第 5 年末,该商人应偿还的贷款利息总额为

$$I_n = 1\,000 \times 5 \times 8\% = 400(万元)$$

由式(3.4)得,到第 5 年末,该商人应偿还的本利和为

$$F_n = 1\,000 \times (1 + 5 \times 8\%) = 1\,400(万元)$$

单利因其新产生的利息不再加入本金产生利息,不能客观地反映资金的时间价值;因此需要一个充分的、能够完全反映资金时间价值的计算方法——复利。

3) 复利

与单利相比,复利能够将每一计息周期所产生的利息计入下一计息周期,与本金一起作为本利和计算利息,也就是所谓的"利滚利"。其计算公式为

$$F_n = P(1 + i)^n \qquad (3.5)$$
$$I_n = F_n - P \qquad (3.6)$$

公式中:P 为本金;n 为计息次数;i 为利率;I_n 为到 n 期期末所付或所收到的利息总额;F_n 为到 n 期期末所得的本利和。

【例 3.2】某商人向某银行贷款 1 000 万元作为生意的启动资金,其每年的贷款利率为 8%,期限 5 年,请用复利试计算利息总额及本利和。

【解】由式(3.5)得,到第 5 年末,该商人应偿还的贷款本利和为

$$F_n = 1\,000 \times (1 + 8\%)^5 = 1\,469.328(万元)$$

由式(3.6)得,到第 5 年末,该商人应偿还的利息为

$$I_n = 1\,469.328 - 1\,000 = 469.328(万元)$$

3.2　资金等值原理

3.2.1　资金等值的概念

由 3.1 内容可以看出,资金必须被赋予时间概念才能有意义。对于资金来说,即使金额相同,在不同的时间点其价值也不同。而不同金额的资金,有可能在不同的时间点,在时间价值的作用下其价值有可能相等。在工程经济分析中,我们把不同时期、不同数额的资金可以具有相等的价值成为"资金等值",且资金等值的计算公式和复利计算公式的形式是相同的。

【例 3.3】假如某人今天存入银行 10 000 元,年利率 $i = 4\%$,按照复利计算,现在的 10 000 元等于 5 年后的多少元?

【解】由公式 $F_n = P(1+i)^n$ 得,到第 5 年的本利和 F 为

$$F_n = 10\,000 \times (1 + 4\%)^5 = 12\,166.529(万元)$$

计算表明,在复利计算时,年利息为 4% 情况下,现在的 10 000 元等值于 5 年后的 12 166.529 元。反之,5 年后的 12 166.529 元等值于现在的 10 000 元。因此可以看出今天的 5 万元比未来的 5 万元更值钱。

3.2.2 现金流量的构成

在工程经济学中一般不用会计利润的概念,而是计算现金流量(Cash Flow)。现金流量是指一个工程项目、一个企业乃至一个国家在一定时期内,各个时间点上,实际发生的现金流入(Cash In,简称 CI)和现金流出(Cash Out,简称 CO)的数量。现金流入可以是项目结束后每年的现金营业收入、固定资产折现收入等。现金流出可以是固定资产投资、营业现金支出等。各个时间点上实际发生的现金流入与流出的差额,则成为净现金流量(Net Cash Flow,简称 NCF)。建设工程项目的现金流量是以项目作为一个独立系统,反映项目整个计算期内的实际收入或实际支出的活动。项目计算期也称项目寿命期,是指对拟建项目进行新建流量分析所确定的项目的服务年限,一般以一年为一期,即把一年间生产的现金流入和流出累积到那年的年末。

3.2.3 现金流量表的计算与现金流量图的绘制

1)现金流量表

现金流量表即用表格的形式描述不同时点上发生的各种现金流量的大小和方向,如表3.1 所示。

表3.1　现金流量表　　　　　　　　　　　　　　　　单位:元

时间点(年末)	1	2	3	4	5	…	$n-1$	n
现金流入	0	0	1 300	1 900	2 500	…	2 500	2 900
现金流出	6 000	0	500	700	900	…	900	900
净现金流量	−6 000	0	800	1 200	1 600	…	1 600	2 000
累计现金流量	−6 000	−6 000	−5 200	−4 000	−2 400	…	…	…

由表3.1 可见:第 1 年年末累计现金流量为 −6 000;第 2 年年末没有现金流入和现金流出,故累计现金流量仍为 −6 000;第 3 年由于净现金流入 800,故累计现金流量为 −5 200(第2 年年末累计现金流量 −6 000 加上第 3 年年末现金流量 800),以此类推。

2)现金流量图

货币的时间价值使得货币的意义在不断地运动,并在投资中实现。类似于力学分析中的受力图,现金流量图(Cash Flow Diagram)是一种反映经济系统资金运动状态的图式。即把经济系统的现金流量绘入时间坐标图中,表示出各现金流入、流出与相应时间的对应关系。运用现金流量图,就可全面、形象、直观地表达经济系统的资金运动状态。

现金流量图是描述现金流量作为时间函数的图形,它能表示资金在不同时间点流入与流出的情况。它是经济分析的有效工具,其重要性如力学计算中的结构力学图。现金流量图的三要素包括:大小、流向、时间点。大小是指资金的数额;流向是指项目的现金流入或流出;时间点是指现金流入或现金流出所发生的时间。绘制方法和规则如下:

①横轴表示时间轴,横轴向右的延伸表示时间的延续。自左向右,将横轴分为 n 等份,每一等份代表一个时间单位,可以是年、半年、季、月或天。如"5"表示第 5 年末。第 $n-1$ 期终点和第 n 期的始点是重合的,即第 4 年终点和第 5 年初恰好重合。

②与横轴垂直向下的箭头代表现金流出(现金的使用、亏损等),与横轴垂直向上的箭头代表现金流入(现金的获得、借入等),箭头的长短与金额的大小成比例。

③代表现金流量的箭头与时间轴的焦点即表示该现金流量发生的时间。

因此要正确绘制现金流量图,必须把握好现金流量的三要素,如图 3.2 所示。

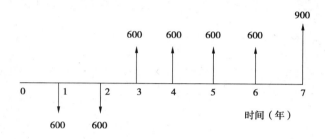

图 3.2　现金流量图

【例 3.4】某建设项目第 1 年年初投资 200 万元,第 2 年年初又投资 100 万元,第 2 年投产,当年收入 500 万元,支出 350 万元。第 3 年至第 5 年年现金收入均为 800 万元,年现金支出均为 550 万元,第 5 年末回收资产余值 50 万元,试画出该项目的净现金流量图。

【解】

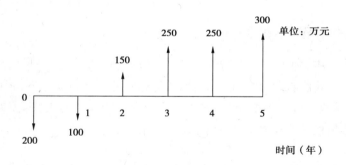

3.3　资金等值计算公式

3.3.1　资金等值计算的相关参数

影响资金等值的因素有三个:资金的数额、发生的时间和利率的大小。其中利率是关键性因素,在考察资金等值的问题中必须以相同利率作为依据进行比较计算。

资金价值可以用"现值"表示,也可以用"终值"表示。

1)现值(Present Value)

现值是指资金的现在瞬间价值。我们把将来某一时间点的资金金额换算成现在的等值金额的过程称为"折现"或"贴现",把经"折现"后的现金流量称为"现值"。实际上折现是求资金等值的一种计算方法。

表 3.2 是未来 10 000 元的现值,按照单利现值计算公式 $P = F/(1 + n \times i)$

表 3.2　未来 1 000 元的现值

i ＼ n	1 年	5 年
5%	9 523.8	8 000
8%	9 259.3	7 142.9

2) 终值(Future Value)

与现值等价的将来某时点的资金价值称为"终值"或"未来值"。计算终值就是计算资金的复本利和。表 3.3 是现在 10 000 元的终值,根据计算公式 $F = P(1 + i)^n$。

表 3.3　现在 10 000 元的终值　　　　　单位:元

i ＼ n	1 年	5 年
5%	10 500	12 763
8%	10 800	14 693

3.3.2　资金的等值计算公式

在工程经济分析中,为了考察投资项目的经济效果,必须对项目寿命期不同时间发生的全部费用和全部收益进行计算和分析。在考虑资金时间价值的情况下,不同时间发生的收入和支出,其数值不能直接相加或相减,只能通过资金等值计算公式将它们换算到同一时间点上进行运算。常用的计算资金等值的公式有 6 个,如表 3.4 所示。

表 3.4　资金等值公式

收付类别	名　称	释　义	公式表达式 1	公式表达式 2
一次支付	终值计算	已知 P 求 F	$F = P(1 + i)^n$	$F = P(F/P, i, n)$
	现值计算	已知 F 求 P	$P = F(1 + i)^{-n}$	$P = F(P/F, i, n)$
等额支付系列	终值计算	已知 A 求 F	$F = A\dfrac{(1+i)^n - 1}{i}$	$F = A(F/A, i, n)$
	现值计算	已知 A 求 P	$P = A\dfrac{(1+i)^n - 1}{i(1+i)^n}$	$P = A(P/A, i, n)$
	资金回收计算	已知 P 求 A	$A = P\dfrac{i(1+i)^n}{(1+i)^n - 1}$	$A = P(A/P, i, n)$
	偿债基金计算	已知 F 求 A	$A = F\dfrac{i}{(1+i)^n - 1}$	$A = F(A/F, i, n)$

1)一次支付终值公式

一次支付终值公式也就是前面所介绍的复利计息的复本利和公式,是用来计算现在时点发生的一笔资金的将来值。其公式参照表3.4:

$$F = P(1 + i)^n \tag{3.7}$$

式中,P 为本金、n 为计息次数、i 为利率、F 为到 n 期期末所得的本利和。其条件是:已知 P,i,n,求本利和 F。公式中 $(1 + i)^n$ 称为一次支付终值系数,通常用符号 $(F/P,i,n)$ 来表示。这样式(3.7)可以表示为:

$$F = P(F/P,i,n)$$

公式中的系数 $(F/P,i,n)$ 可在复利系数表(见附录1)中查出,其现金流量图如图3.3所示。

图3.3　一次支付终值现金流量图

【例3.5】某工程项目需要投资,现在向银行借款100万元,年利率为10%,借款期为5年,一次还清。请问第5年末一次偿还银行的本利和是多少?

【解】先画出现金流量图,如图3.4所示。

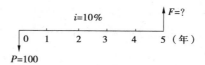

图3.4　现金流量图

再根据公式(3.7),已知 P,i,n,求 F。故可得:

$$F = P(1 + i)^n = 100(1 + 10)^5 = 161.05(万元)$$

也可以查复利系数表(见附录1),得 $(F/P,10\%,5) = 1.6105$

$$F = P(F/P,i,n) = 100(F/P,10\%,5) = 100 \times 1.6105 = 161.05(万元)$$

所以,第5年末一次偿还银行的本利和是161.05万元

2)一次支付现值公式

一次支付现值公式,也称一次支付复利现值公式,是计算将来某一时点发生的资金的现值;可以通过一次支付终值(复利终值)公式进行变换获得,见式(3.8),其公式条件是:已知 F,i,n,求本金 P。

$$P = F(1 + i)^{-n} \tag{3.8}$$

公式中 $(1 + i)^{-n}$ 称为一次支付现值系数,并用符号 $(P/F,i,n)$ 表示。这样式(3.8)可以写成

$$P = F(P/F,i,n)$$

公式中的系数 $(P/F,i,n)$ 可在复利系数表(见附录1)中查出,其现金流量图如图3.5所示。

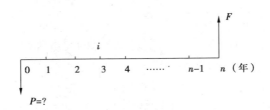

图 3.5 一次支付现值现金流量图

【例 3.6】某企业 6 年后需要一笔 1 000 万元的资金,以作为设备技术更新款项,若已知年利率为 8%,问现在应存入银行多少钱?

【解】先画出现金流量图,如图 3.6 所示。

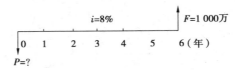

图 3.6 现金流量图

再根据式(3.8),已知 F,i,n,求 P。

$$P = F(1 + i)^{-n} = 1\,000(1 + 8\%)^{-6} = 630.17(\text{万元})$$

也可以查复利系数表(见附录1),得 $(P/F,8\%,6) = 0.630\,2$

故可得

$$P = F(P/F,i,n) = 1\,000(P/F,8\%,6) = 1\,000 \times 6\,302 = 630.2(\text{万元})$$

所以,现在应存入银行 630.2 万元才能保证企业 6 年后得到 1 000 万元的资金。

3) 等额支付系列年金终值公式

年金是指一定时期内一系列相等金额的收付款项。如分期付款赊购、分期偿还贷款、发放养老金、支付租金、提取折旧等都属于年金收付形式。其特点是定额和定期。等额支付系列年金终值涉及的问题是:已知逐年等额支付资金 A(年金),利率 i 和计息期数 n,求终值 F。其现金流量图如图 3.7 所示。

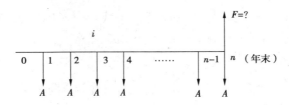

图 3.7 等额支付系列年金终值现金流量图

第 n 年末累积的终值 F,等于各年存款本利和的总和。反过来从第 n 年往回推算,第 n 年末的存款 A 的本利和为 $A(1+i)^0$,第 $n-1$ 年末的存款本利和为 $A(1+i)^1$,第 $n-2$ 年末的存款本利和为 $A(1+i)^2$,以此类推,第 1 年末的存款本利和为 $A(1+i)^{n-1}$,于是各年本利和之总和 F 为:

$$F = A(1 + i)^{n-1} + A(1 + i)^{n-2} + A(1 + i)^{n-3} + \ldots + A(1 + i) + A \qquad ①$$

在①式的左右两边同时乘以 $(1+i)$,得

$$F(1 + i) = A(1 + i)^n + A(1 + i)^{n-1} + A(1 + i)^{n-2} + \cdots + A(1 + i)^2 + A(1 + i) \quad ②$$

② – ①得

$$F(1 + i) - F = A(1 + i)^n - A \quad ③$$

化简③式,得

$$F = A\left[\frac{(1 + i)^n - 1}{i}\right] \quad (3.9)$$

公式中,$\left[\frac{(1+i)^n - 1}{i}\right]$称为等额支付系列年金终值系数,可以用符号$(F/A,i,n)$表示。这样式(3.9)可以写成

$$F = A(F/A,i,n)$$

公式中的系数$(F/A,i,n)$可以从书后附录1中查得。

【例3.7】某公司每年年末存入银行100万元,利率为6%,按复利计算,第5年年末本利和是多少?

【解】先画出现金流量图,如图3.8所示。

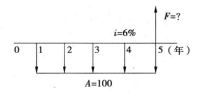

图3.8 现金流量图

再根据式(3.9),已知A(年金),利率i和计息期数n,求终值F。

$$F = A\left[\frac{(1 + i)^n - 1}{i}\right] = 100 \times \left[\frac{(1 + 6\%)^5 - 1}{6\%}\right] = 100 \times 5.637\,1 = 563.71(万元)$$

也可以查复利系数表得$(F/A,6\%,5) = 5.637\,1$,故得

$$F = A(F/A,i,n) = 100(F/A,6\%,5) = 100 \times 5.637\,1 = 563.71 万元$$

因此,第5年年末本利和是563.71万元。

4) 等额支付系列年金现值公式

等额支付系列年金现值是计算在利率为i的情况下,为了能在未来n年中每年年末提取相等金额A所投资的资金量。相当于已知A,i,n,求P。

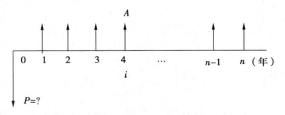

图3.9 等额支付系列年金现值现金流量图

根据式(3.8)和式(3.9),即$P = \frac{F}{(1 + i)^n}$和$F = A\left[\frac{(1 + i)^n - 1}{i}\right]$,得

$$P = A\left[\frac{(1+i)^n - 1}{i(1+i)^n}\right] \tag{3.10}$$

公式中$\frac{(1+i)^n - 1}{i(1+i)^n}$称为等额分付现值系数,记为$(P/A,i,n)$,因此公式(3.10)又可以表示为

$$P = A(P/A,i,n)$$

【例3.8】某工程1年建成,第2年初开始生产,服务期5年,每年净收益为5万元,投资收益率为10%时,恰好能够在寿命期内把期初投资全部收回,问该工程期初投入的资金是多少。

【解】先画出现金流量图,如图3.10所示。

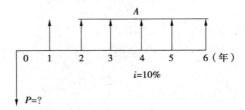

图3.10　现金流量图

再根据公式(3.10),已知A,i,n,求P。

$$P = 5(P/A,10\%,5)(P/F,10\%,1)$$
$$= 5 \times 3.791 \times 0.909\,1 = 17.232(万元)$$

所以,该工程期初投资17.232万元。

5)等额支付系列资金回收公式

等额支付系列资金回收公式是逐年均衡偿还方式还清一次贷款的计算公式。已知现值P,利率i,计算n年中每年末回收的等额资金值。其条件是:已知P,i,n,求A。现金流量图如图3.11所示。

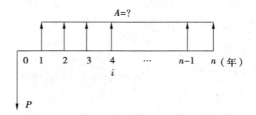

图3.11　等额支付系列资金回收现金流量图

通过对公式(3.10)的变换,得到等额支付资金回收公式:

$$A = P\left[\frac{i(1+i)^n}{(1+i)^n - 1}\right] \tag{3.11}$$

公式中$\left[\frac{i(1+i)^n}{(1+i)^n - 1}\right]$称为等额分付资本回收系数,记为$(A/P,i,n)$。因此公式(3.11)可以表示为

$$A = P(A/P,i,n)$$

【例3.9】某投资项目贷款200万元,贷款利率为10%,贷款期限5年,若在贷款期内每

年年末等额偿还贷款,问每年年末应还款多少,恰好在 5 年内还清全部贷款?

【解】根据公式(3.11)　$A = 200(A/P,10\%,5)$

$$= 200 \times 0.263\ 80$$

$$= 52.76(万元)$$

所以,每年年末应还款 52.76 万元。

6) 等额支付系列偿债基金

等额支付序列偿债基金(积累基金、终值年金)公式与等额支付序列年金终值(年金终值)公式为互逆运算,是为未来偿还一笔债务或积累一笔资金,在利率一定的前提下,确定每年应等额存储的资金量。其条件是:已知 F,i,n,求 A。现金流量图如 3.12 所示

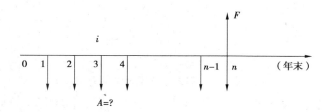

图 3.12　等额支付系列偿债基金现金流量图

这种情况与等额支付年金终值的计算为互逆运算,根据式(3.9)可变成

$$A = F\left[\frac{i}{(1+i)^n - 1}\right] \tag{3.12}$$

公式中,$\left[\dfrac{i}{(1+i)^n - 1}\right]$ 称为等额支付系列偿债基金系数,用符号 $(A/F,i,n)$ 表示。从而公式(3.12)可以表示为

$$A = F(A/F,i,n)$$

【例 3.10】某项目的资金收益率为 20%,为了在第 6 年末得到 200 万元的资金,问:从现在起每年应将多少资金投入生产?

【解】根据公式 3.12

$$A = F(A/F,i,n)$$

$$= 200 \times (A/F,20\%,6)$$

$$= 200 \times 0.100\ 7$$

$$= 20.14(万元)$$

所以,从现在起每年应将 20.14 万元资金投入生产。

7) 等差序列现金流量的等值计算公式

等差序列现金流量的等值计算是每年以固定的数值(等差)递增或递减的现金支付情况,如机器设备的有形磨损、成熟的工艺所形成利润增长等。其现金流量如图 3.13 所示。

G 为每年的等差值,图 3.13(a)为等差递增系列现金流量,可以转化为两个支付系列:一

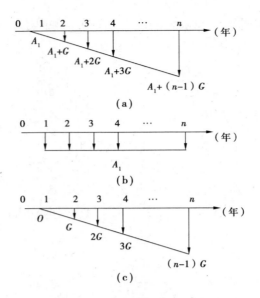

图 3.13　等差序列现金流量图

个是等额系列现金流量,如图 3.13(b)所示,年金是 A_1;另一个是由 G 组成的等额递增系列现金流量,如图 3.13(c)所示。常见的等差序列现金流量的等值计算公式有 3 种:等差序列终值公式、等差序列现值公式和等差序列年金公式。

（1）等差序列终值公式

已知等差变额 G 和 i,n,求 F。根据图 3.13(c),可以得出

$$F = G(1 + i)^{n-2} + 2G(1 + i)^{n-3} + \ldots + (n - 2)G(1 + i) + (n - 1)G \tag{1}$$

公式(1)两边同时乘以 $(1+i)$ 得

$$F(1 + i) = G(1 + i)^{n-1} + 2G(1 + i)^{n-2} + 3G(1 + i)^{n-3} + \ldots + (n - 1)G(1 + i) \tag{2}$$

公式(2) - (1)得

$$F \cdot i = G(1 + i)^{n-1} + G(1 + i)^{n-2} + G(1 + i)^{n-3} + \ldots + G(1 + i) + G - nG$$

$$F \cdot i = G\{[(1 + i)^{n-1} + (1 + i)^{n-2} + (1 + i)^{n-3} + \ldots + (1 + i) + 1] - n\}$$

$$F = G \cdot \frac{1}{i}\left[\frac{(1 + i)^n - 1}{i} - n\right] \tag{3.13}$$

公式中,$\frac{1}{i}\left[\frac{(1 + i)^n - 1}{i} - n\right]$ 称为等差系列终值系数,用符号 $(F/G,i,n)$ 表示。因此式(3.13)可以写成

$$F = G(F/G,i,n)$$

（2）等差序列现值公式

已知等差变额 G 和 i,n,求现值 P。由 $F = G \cdot \frac{1}{i}\left[\frac{(1 + i)^n - 1}{i} - n\right]$ 和 $F = P(1 + i)^n$ 得

$$P = G \cdot \frac{1}{i(1 + i)^n}\left[\frac{(1 + i)^n - 1}{i} - n\right] \tag{3.14}$$

公式中,$G \cdot \dfrac{1}{i(1+i)^n}\left[\dfrac{(1+i)^n-1}{i}-n\right]$ 称为等差系列现值系数,用符号 $(P/G,i,n)$ 表示。因此式(3.14)可以写成

$$P = G(P/G,i,n)$$

等差系列现值系数 $(P/G,i,n)$ 可以从附录1中查得。

(3)等差序列年金公式

已知等差变额 G 和 i,n,求 A。将等差序列现金流转换为等额序列现金流,其转换公式为

$$
\begin{aligned}
A &= F \cdot (A/F,i,n) \\
&= \frac{G}{i}\left[\frac{(1+i)^n-1}{i}-n\right] \cdot \frac{i}{(1+i)^n-1} \\
&= G\left[\frac{1}{i}-\frac{n}{(1+i)^n-1}\right]
\end{aligned}
\tag{3.15}
$$

公式中,$\left[\dfrac{1}{i}-\dfrac{n}{(1+i)^n-1}\right]$ 称为等差年金换算系数,用符号 $(A/G,i,n)$ 表示。因此式(3.15)可以写成

$$A = G(A/G,i,n)$$

等差年金换算系数 $(A/G,i,n)$ 可以从附录1查得。

【例3.11】某企业拟购买一台设备,其年收益额第1年为10万元,此后直至第8年末逐年递减3 000元,设年利率为15%,按复利计息,试求该设备8年的收益现值及等额支付序列收益年金。

【解】先画出现金流量图,如图3.14所示。

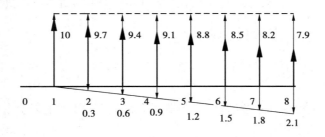

图3.14 现金流量图

再计算
$$
\begin{aligned}
A &= 100\,000 - G(A/G,15\%,8) \\
&= 100\,000 - 3\,000 \times 2.78 \\
&= 100\,000 - 8\,340 = 91\,660(元)
\end{aligned}
$$
$$
\begin{aligned}
P &= A(P/A,15\%,8) \\
&= 91\,660 \times 4.487 = 411\,278.42(元)
\end{aligned}
$$

因此,该设备8年的收益现值及等额支付序列收益年金分别为91 660元和411 278.42元。

3.4 资金等值计算公式的应用

3.4.1 预付年金的等值计算

【例3.12】某人每年年初存入银行5 000元,年利率为10%,8年后的本利和是多少?

【解】$F = 5\ 000(F/A, 10\%, 8) \times (1 + 10\%)$,根据复利系数表知,该系数为11.435 9,故
$$F = 5\ 000 \times 11.435\ 9 \times 1.1$$
$$= 62\ 897.45(元)$$

所以,8年后的本利和是62 897.45元

【例3.13】某公司租一仓库,租期5年,每年年初需付租金12 000元,贴现率为8%,问该公司现在应筹集多少资金?

【解】方法1:$P = 12\ 000 \times (P/A, 8\%, 5) \times (1 + 8\%) = 51\ 745.39(元)$

方法2:$P = 12\ 000 + 12\ 000 \times (P/A, 8\%, 4) = 51\ 745.39(元)$

方法3:$P = 12\ 000 \times (F/A, 8\%, 5) \times (P/F, 8\%, 4) = 51\ 745.39(元)$

所以,该公司现在应筹集51 745.39元

3.4.2 延期年金的等值计算

【例3.14】设利率为10%,现存入多少钱,才能正好从第4年到第8年的每年年末等额提取2万元?

【解】$P = 2 \times (P/A, 10\%, 5) \times (P/F, 10\%, 3) = 5.7(万元)$

所以,现存入5.7万才能正好从第4年到第8年的每年年末等额提取2万元。

3.4.3 永续年金的等值计算

【例3.15】某地方政府一次性投入5 000万元建一条地方公路,年维护费为150万元,折现率为10%,求现值。

【解】该公路可按无限寿命考虑,年维护费为等额年金,可利用年金现值公式求当$n \to \infty$时的极限来解决。

因为
$$P = \lim_{n \to \infty} A \cdot \left[\frac{(1+i)^n - 1}{i(1+i)^n}\right] = \frac{A}{i}$$

所以,现值$P = 5\ 000 + \dfrac{150}{10\%} = 6\ 500(万元)$

3.4.4 求解未知的 i

【例3.16】现在向银行存入2 000元,问年利率i为多少时,才能保证在9年后得到6 000元本利。

【解】由$6\ 000 = 2\ 000 \times (F/P, i, 9)$得$(F/P, i, 9) = 6\ 000/2\ 000 = 3$

从复利表中查到,当$n = 9$时,3落在利率12%和15%之间,用线内插法可以得

$$i = 12\% + \frac{(3 - 2.773\ 1)(15\% - 12\%)}{(3.517\ 9 - 2.773\ 1)} \approx 12.91\%$$

所以,当 i 为 12.91% 时,才能保证存入的 2 000 元在 9 年后得到 6 000 元本利和。

3.4.5　求解未知期数 n

【例 3.17】当利率为 5% 时,需要多长时间可使本金加倍?

【解】由 $2P = P(F/P, 5\%, n)$ 得 $(F/P, 5\%, n) = 2$

查复利表得

$$n = 14\ \text{年时}, (F/P, 5\%, 14) = 1.98$$
$$n = 15\ \text{年时}, (F/P, 5\%, n) = 2.097$$

用线性插入法求得

$$n = 14 + \frac{2 - 1.98}{2.097 - 1.98}(15 - 14) = 14.2\ (\text{年})$$

所以,当利率为 5% 时,需要 14.2 年才可使本金加倍。

3.4.6　计息周期小于资金收付周期的等值计算

【例 3.18】每半年存款 1 000 元,年利率 8%,每季计息一次,复利计息。问 5 年末存款金额为多少?

【解】现金流量如图 3.15 所示。

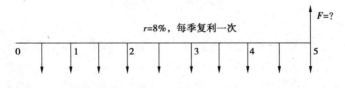

图 3.15　现在流量图

由于本例计息周期小于收付周期,不能直接采用计息周期利率计算,故只能用实际利率来计算。

计息期利率　$i = r/m = 8\%/4 = 2\%$

半年期实际利率　$i_{eff半} = (1 + 2\%)^2 - 1 = 4.04\%$

则　$F = 1\ 000(F/A, 4.04\%, 2 \times 5)$

$\qquad = 1\ 000 \times 12.029$

$\qquad = 12\ 029\ (\text{元})$

本章小结

本章介绍了复利计算的一次支付、等额支付和等差序列现金流量的等值计算公式,如表 3.5 所示。在以上等值计算公式中,其他公式都是由一次收付终值公式推导而来,因此,一次收付终值公式是最基本的等值计算公式。

表 3.5　普通复利公式汇总表

收付类别	名　称	释　义	公式表达式 1	公式表达式 2
一次支付	终值计算	已知 P 求 F	$F = P(1+i)^n$	$F = P(F/P,i,n)$
	现值计算	已知 F 求 P	$P = F(1+i)^{-n}$	$P = F(P/F,i,n)$
等额支付系列	终值计算	已知 A 求 F	$F = A\dfrac{(1+i)^n - 1}{i}$	$F = A(F/A,i,n)$
	现值计算	已知 A 求 P	$P = A\dfrac{(1+i)^n - 1}{i(1+i)^n}$	$P = A(P/A,i,n)$
	资金回收计算	已知 P 求 A	$A = P\dfrac{i(1+i)^n}{(1+i)^n - 1}$	$A = P(A/P,i,n)$
	偿债基金计算	已知 F 求 A	$A = F\dfrac{i}{(1+i)^n - 1}$	$A = F(A/F,i,n)$
等差序列现金流量的等值计算公式	等差序列终值公式	已知 G 求 F	$F = G \cdot \dfrac{1}{i}\left[\dfrac{(1+i)^n - 1}{i} - n\right]$	$F = G(F/G,i,n)$
	等差序列现值公式	已知 G 求 P	$P = G \cdot \dfrac{1}{i(1+i)^n}\left[\dfrac{(1+i)^n - 1}{i} - n\right]$	$P = G(P/G,i,n)$
	等差序列年金公式	已知 G 求 A	$A = G\left[\dfrac{1}{i} - \dfrac{n}{(1+i)^n - 1}\right]$	$A = G(A/G,i,n)$

复习思考题

1. 某工厂计划在 2 年之后投资建一车间,需金额 P,从第 3 年末期的 5 年中,每年可获利 A,年利率为 10%,试绘制现金流量图。

2. 有一笔 50 000 元的借款,借期 3 年,按每年 8% 的单利率计算,试求到期应归还的本和利。

3. 在题 2 中,若年利率仍为 8%,按复利计息,则到期应归还的本利和是多少?

4. 某建筑公司进行技术改造,1998 年初贷款 100 万元,1999 年初贷款 200 万元,年利率 8%,2001 年末一次偿还,问共还款多少元?

5. 某公司对收益率为 15% 的项目进行投资,希望 8 年后能得到 1 000 万元,计算现在需要投资多少?

6. 某人某月抽烟 30 包,以买低档烟计需 30 元/月,一年为 360 元计,问 35 年后该烟民总计用于抽烟的钱是多少?（设 $i=9\%$）

7. 某公路工程总投资 10 亿元,5 年建成,每年末投资 2 亿元,年利率为 7%,求 5 年末的实际累计总投资额。

8. 某建筑公司打算贷款购买一部 10 万元的建筑机械,利率为 10%,据预测此机械使用年限 10 年,每年平均可获净利润 2 万元。问所得利润是否足以偿还银行贷款?

9. 某人要购买一处新居,一家银行提供 20 年期年利率为 6% 的贷款 30 万元,该人每年要支付多少按揭还款?

10. 某建设项目的投资打算用国外贷款,贷款方式为商业信贷,年利率 20%,据测算投资额为 1 000 万元,项目服务年限 20 年,期末无残值。问该项目年平均受益为多少时不至于亏本?

11. 某类建筑机械的维修费用,第一年为 200 元,以后每年递增 50 元,服务年限为 10 年。问服务期内全部维修费用的现值为多少?($i = 10\%$)

12. 设某技术方案服务年限 8 年,第 1 年净利润为 10 万元,以后每年递减 0.5 万元。若年利率为 10%,问相当于每年等额盈利多少元?

13. 如果年利率为 12%,则在按月计息的情况下,半年的实际利率为多少?实际年利率又是多少?

第4章

技术经济的评价方法

本章导读

- **基本要求** 熟悉静态、动态经济效果评价指标的含义、特点;掌握静态、动态经济效果评价指标计算方法和评价准则;掌握不同类型投资方案适用的评价指标和方法。
- **重点** 投资回收期的概念和计算;净现值和净年值的概念和计算;基准收益率的概念和确定;净现值与收益率的关系;内部收益率的含义和计算;借款偿还期的概念和计算;利息备付率和偿债备付率的含义和计算;互斥方案的经济评价方法;不确定性分析的计算。
- **难点** 净现值与收益率的关系;内部收益率的含义和计算;互斥方案的经济评价方法。

4.1 静态评价方法

在经济效益评价中,不考虑资金时间价值的评价方法,称为静态评价方法。静态评价方法主要有:投资回收期法、差额投资回收期法、投资收益率法等。它常应用于可行性研究初始阶段的粗略分析和评价,以及方案的初选阶段。

4.1.1 静态投资回收期法

1)概念

投资回收期,又叫投资偿还期,用 P_t 表示,是指用项目的净收益抵偿全部投资所需要的时间,一般以年为计算单位;从项目投建之年算起,如果从投产年或达产年算起时,应予以注明。静态投资回收期是反映项目方案在财务上投资回收能力的指标,是一个表明投资得到补偿的速度指标,它是一个时间的限值。

2) 计算

静态投资回收期 P_t,理论计算公式为累计净现金流量等于零时所对应的年限。具体表示为:

$$\sum_{t=0}^{P_t} (CI - CO)_t = 0 \qquad (4.1)$$

式中　CI——现金流入量;

　　　CO——现金流出量;

　　　$(CI - CO)_t$——第 t 年的净现金流量。

满足式(4.1)的 P_t 值就是静态投资回收期。

静态投资回收期也可根据全部投资的财务现金流量表中累计净现金流量计算求得,常用的实用计算公式为:

$$P_t = 累计净现金流量开始出现正值的年份数 - 1 + \frac{上年累计净现金流量的绝对值}{当年的净现金流量}$$

$$(4.2)$$

用静态投资回收期评价投资项目时,需要与根据同类项目的历史数据和投资者意愿确定的基准投资回收期相比较。

3) 判别准则

设基准投资回收期为 P_C,判别准则为:

若 $P_t \leqslant P_C$,方案可考虑接受;若 $P_t > P_C$,方案应该予以拒绝。

【例4.1】某项目现金流量如表4.1所示,基准投资回收期 $P_C = 9$ 年,试用静态投资回收期法评价方案是否可行。

表4.1　现金流量表　　　　　　　　单位:万元

年　份	0	1	2	3	4	5	6	7	8 – N
净现金流量	– 6 000	0	1 000	1 500	2 400	2 400	2 400	2 400	2 400
累计净现金流量	– 6 000	– 6 000	– 5 000	– 3 500	– 1 100	1 300	3 700	6 100	8 500

【解】用公式(4.2)计算投资回收期:

$P_t = 5 - 1 + 1\,100/2\,400 = 4.52$(年)$< P_C = 9$ 年,方案可以接受。

4) 投资回收期法的优点与不足

投资回收期法的最大优点是计算比较简单。通过与标准投资回收期比较,能够判别投资方案是否可行,并且能够判别方案的优劣程度。投资回收期越小,说明项目能在较短的时间内收回投资,在未来承担的风险也就小。但以上这些优势只是对单方案评价而言。由于这种方法没有考虑方案收回投资以后的收益及经济效果情况,容易使人接受短期效益好的方案,忽视短期效益低、而长期效益高的方案。例如有 A,B,C 3 个方案,其现金流量如表4.2所示。

表 4.2　各方案的现金流量表　　　　　　　　单位:万元

年末	0	1	2	3	4	5	6	现金流量总和
方案 A	−1 000	500	500	0	0	0	0	0
方案 B	−1 000	500	300	200	200	200	200	600
方案 C	−1 000	100	200	300	400	1 000	2 000	3 000

比较 A,B,C 3 个方案,其投资额均为 1 000 万元,投资回收期分别为 2 年、3 年和 4 年,若仅依投资回收期的长短选择方案的话,A 方案首先被接受,然而 A 方案投资回收以后的净收益为零,是 3 个方案中最差的。

由此可见,投资回收期只能判别单方案是否可行,不能用于多方案比较择优。

4.1.2　差额投资回收期法

1)概念及计算

差额投资回收期,用符号 P_a 表示,是指在比较两个方案时,投资大的方案用每年净收益的增加额或用年经营成本的节约额(假定两方案的销售收入相同)来回收增加的投资所需要的时间。计算公式为:

静态:
$$P_a = (K_{\mathrm{II}} - K_{\mathrm{I}})/(NB_{\mathrm{I}} - NB_{\mathrm{II}}) = \Delta K/\Delta NB \tag{4.3}$$
或
$$P_a = (K_{\mathrm{II}} - K_{\mathrm{I}})/(C_{\mathrm{I}} - C_{\mathrm{II}}) = \Delta K/\Delta C \tag{4.4}$$

式中　$K_{\mathrm{II}}, K_{\mathrm{I}}$——分别为方案 I 和方案 II 的投资额,$\Delta K = K_{\mathrm{II}} - K_{\mathrm{I}}$;

　　　$NB_{\mathrm{I}}, NB_{\mathrm{II}}$——分别为方案 I 和方案 II 净收益额,$\Delta NB = NB_{\mathrm{I}} - NB_{\mathrm{II}}$;

　　　$C_{\mathrm{I}}, C_{\mathrm{II}}$——分别为方案 I 和方案 II 的年经营成本额,$\Delta C = C_{\mathrm{I}} - C_{\mathrm{II}}$。

2)判别准则

评价准则:若 $P_a \leq P_C$,应选取投资额大的方案,说明在规定的投资回收期限内,多增加的投资能够用净收益的增加额或成本的节约额加以回收;反之,若 $P_a > P_C$,应选取投资额较小的方案。

【例 4.2】某建设项目有 3 个技术方案,基本数据如表 4.3 所示。已知 $P_c = 5$ 年,试比较方案的优劣。

表 4.3　各方案基本数据表　　　　　　　　单位:万元

方　案	投资 K	年经营成本 C
I	100	22
II	124	16
III	142	13

【解】先取方案 I,II 比较,得

$$P_a = (K_{\mathrm{II}} - K_{\mathrm{I}})/(C_{\mathrm{I}} - C_{\mathrm{II}}) = (124 - 100)/(22 - 16) = 4(\text{年}) < P_c = 5 \text{ 年}$$

由此可见,方案 I,II 比较的结果,投资大的方案 II 较优,故淘汰方案 I。

再将方案Ⅱ、Ⅲ进行比较,得

$$P_a = (K_Ⅲ - K_Ⅱ)/(C_Ⅱ - C_Ⅲ) = (142 - 124)/(16 - 13) = 6 \text{ 年} > P_c = 5 \text{ 年}$$

由此可见,方案Ⅱ、Ⅲ比较的结果,投资小的方案Ⅱ较优,故淘汰方案Ⅲ。

综上所述,以上3个方案的比较结果,方案Ⅱ为最优。

3)差额投资回收期的缺点

实践证明,差额投资回收期这种方法存在一些缺陷。第一,它是用静态的方法评价动态投资的经济效果,因此是不全面的、粗略的,可能导致错误的结论。第二,它不能反映企业施工期长短对投资效果的影响。工期长就推迟投产时间,另外还要负担商业银行巨额贷款利息,这些均会影响方案的经济性,而差额投资回收期不能反映这一事实。第三,它也不能反映企业因服务年限不同引起经济效果的差异,项目计算期不同对项目经济效果有显著影响,计算期长可以多收益多积累资金。第四,标准偿还年限难以确定。

4.1.3　投资收益率法

1)基准收益率

基准收益率 i_c,又称基准投资收益率、基准贴现率、基准折现率、目标收益率、最低期望收益率,是决策者对技术方案投资的资金时间价值的估算或行业的平均收益率水平,是企业或者部门所确定的投资项目应该达到的收益率标准。基准收益率是方案经济评价中的主要经济参数,影响基准收益率的主要因素有资金的财务费用率、资金的机会成本、通货膨胀率以及项目可能面临的风险等。

对于基准收益率的确定,目前尚无统一的标准。有的主张根据资金的来源和构成确定;有的主张根据资金的需求曲线和供给曲线来确定,但要确定 i_c 的确是件困难的事情。为了简化计算,通常在各种来源的概率期望值的基础上,考虑风险和不确定性的影响,计算出一个最低的可以接受的收益率。基准收益率是投资决策的重要参数,部门和行业不同,其值也是不同的,当价格真正反映价值时才趋于相同。此外,该值也不是一成不变的,它随客观条件的变化而作相应的调整。通常,若 i_c 定得太高,可能使某些投资经济效益好的方案被拒绝;定得太低,则可能会使某些投资经济效益差的方案被采纳。

应该指出,由于投资方案带有一定风险和不确定因素,所以基准收益率要高于银行贷款利率才值得投资。

2)投资收益率法

投资收益率也叫投资效果系数,是指项目达到设计生产能力后的一个正常年份的净收益额与项目总投资的比率。对生产期内各年的净收益额变化幅度较大的项目,则应计算生产期内年平均净收益额与项目总投资的比率。投资收益率 R 的计算公式为:

$$R = NB/K \tag{4.5}$$

式中　K——投资总额,包括固定资产投资和流动资金等;

$\quad\quad NB$——正常年份的年净收益额或年平均净收益额,包括企业利润和折旧。

当项目投产后各年的净收益为稳定值时,显然有

$$R = 1/P_t \tag{4.6}$$

即投资回收期与投资收益率互为倒数。

投资收益率指标既未考虑资金的时间价值,也没有考虑项目建设期、寿命期等众多经济数据,故一般仅用于技术经济数据尚不完整的初步可行性研究阶段。用投资收益率指标评价投资方案的经济效果,需要与根据同类项目的历史数据及投资者意愿等确定的基准投资收益率 i_c 作比较。其判别准则为:

若 $R \geq i_c$,方案可考虑接受;

若 $R < i_c$,方案应该予以拒绝。

【例4.3】某项目现金流量如表4.4所示,假定全部投资中没有借款,现已知 $i_c = 20\%$,试以投资收益率指标判断方案的取舍。

表4.4 现金流量表　　　　单位:万元

年份	0	1	2	3	4	5	6	7	8
投资	1 300								
收益	0	400	300	200	200	200	200	200	200
净现金流量	−1 300	400	300	200	200	200	200	200	200
累计净现金流量	−1 300	−900	−600	−400	−200	0	200	400	600

【解】由表中数据可得

$$NB = (400 + 300 + 200 \times 6)/8 = 237.5(万元)$$
$$R = 237.5/1 300 = 0.183 < i_c = 20\%$$

故方案应该予以拒绝。

由表中数据可以计算静态投资回收期 $P_t = 5$ 年,代入公式(4.6)得

$$R = 1/P_t = 1/5 = 0.2 = 20\% = i_c$$

由于 $R = i_c$,故方案可以考虑接受。这里两种方法评价结果不一致,其原因是使用式(4.6)时,要求各年的净收益为一稳定值。但通过此例也说明投资回收期法对早期效益好的方案有利。

4.1.4　静态评价方法小结

静态投资回收期法的优点:第一,概念清晰、直观性强、计算简单,主要适用于方案的粗略评价。第二,这点也是最重要的,该指标不仅在一定程度上反映项目的经济性,而且反映项目的风险大小。这就是回收期法之所以被广泛使用的主要原因:对一些资金筹措困难的公司,希望能尽快地将资金回收,回收期越长,其风险就越大,反之则风险小。

因此,作为能够反映一定经济性和风险性的投资回收期指标,可以作为项目评价的辅助性指标,在项目评价中具有独特的地位和作用,如当未来的情况很难预测,而投资者又特别关心资金的补偿速度时,投资回收期法是很有用的。

静态投资回收期和投资收益率只能判断方案可行与否,对多方案的评价比较,可用追加投资回收期法。

静态投资回收期指标的缺点在于:第一,它没有反映资金的时间价值,当项目运行时间

较长时,不宜采用;第二,由于没有考虑回收期以后的收入与支出数据,故不能全面反映项目在寿命期内的真实效益,此外在对项目评价时,这种方法对早期效益好的方案有利。

4.2　动态评价方法

　　动态评价方法是一种考虑了资金时间因素的技术经济分析方法。动态评价以等值计算公式为基础,采用复利计算方法,把投资方案中发生在不同时点的现金流量转换成同一时点的值或者等值序列,计算出方案的指标值,然后依据一定的标准在满足时间可比的条件下,进行评价比较,以确定满意方案。动态评价方法主要用于详细可行性研究中对方案的最终决策,它是经济效益评价的主要评价方法。常用的动态评价方法有:动态投资回收期法、净现值法、净年值法、内部收益率法等。

4.2.1　动态投资回收期法(P'_t)

1)概念及计算

　　动态投资回收期,是指在考虑资金时间价值条件下按设定的利率收回全部投资所需要的时间。其表达式为

$$\sum_{t=0}^{P'_t} (CI - CO)(1 + i_c)^{-t} = 0 \tag{4.7}$$

式中　P'_t——动态投资回收期。该值是按基准收益率将各年净收益和投资折现,使净现值刚好等于零的计算期期数。它也可用全部投资的财务现金流量表中的累计净现值计算求得,即

$$P_t = 累计净现值开始出现正值的年份数 - 1 + \frac{上年累计净现值的绝对值}{当年的净现值} \tag{4.8}$$

2)判别准则

　　判别准则:设基准动态投资回收期为P_c,若$P'_t \leqslant P_c$,方案可被接受;若$P'_t > P_c$,方案应该予以拒绝。

　　【例4.4】某项目有关数据如表4.5所示,设$i_c = 10\%$,计算该方案的动态投资回收期。

表 4.5　某方案的有关数据表　　　　　　　　　　单位:万元

年　限	0	1	2	3	4	5	6	7
投资	20	500	100					
经营成本				300	450	450	450	450
销售收入				450	700	700	700	700
净现金流量	−20	−500	−100	150	250	350	350	250
折现系数	1.000 0	0.909 1	0.826 4	0.751 3	0.683 0	0.620 9	0.564 5	0.513 2
净现金流量现值	−20	−454.6	−82.6	112.7	170.8	155.2	141.1	128.3
累计净现金流量现值	−20	−474.6	−557.2	−444.5	−273.7	−118.5	22.6	150.9

【解】根据式(4.2),有

$$P_t' = (6 - 1 + 118.5/141.1) = 5.84(年)$$

4.2.2 净现值法(NPV)

1)概念及计算

净现值法是目前国内外评价投资方案经济效果最普遍、最重要的方法之一,它是通过对互斥方案的净现值比较来评价方案的优劣。净现值(NPV)是指按一定的折现率(基准收益率),将方案寿命期内各年的净现金流量折现到计算基准年(通常是期初,即第0年)的现值的代数和。净现值 NPV 的计算公式为:

$$NPV = (CI - CO)_t (1 + i_c)^{-t} \tag{4.9}$$

式中 i_c——基准收益率(基准折现率);

n——项目计算期。

2)判别准则

净现值的判别准则:对单一方案,若 $NPV \geq 0$,表示方案实施后的实际收益率不小于 i_c,方案可以接受;若 $NPV < 0$,表示项目的实际收益率未达到 i_c 或小于通常资金运用机会的收益率,应拒绝方案;多方案比较时,在投资额相等的前提下,以净现值大的方案为优。

【例4.5】某项目计算期为7年,其中第1年年初投资2 000万元,第2年年初追加投资2 000万元,从第2年至第7年末每年收益1 500万元,花费经营成本100万元,已知 $i_c = 10\%$,试用净现值指标评价其经济可行性。

【解】根据题目所给的已知条件,绘制出现金流量图,如图4.1所示。

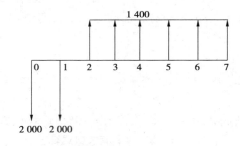

图4.1 现金流量图

根据现金流量图,计算净现值:

$$NPV = [-2\ 000 - 2\ 000(P/F, 10\%, 1) + 1\ 400(P/A, 10\%, 6)(P/F, 10\%, 1)]$$

$$= (-2\ 000 - 2\ 000 \times 0.909\ 1 + 1\ 400 \times 4.355\ 3 \times 0.909\ 1)$$

$$= 1\ 724.82(万元)$$

计算结果表明:该投资方案除达到预定的10%的收益率外,还有现值为1 724.82万元的余额,因此,该方案可行。

财务净现值还可以在现金流量表上继续计算,如表4.6所示。

表 4.6　例 4.5 现金流量表

项 目 ＼ 年 份	0	1	2	3	4	5	6	7
销售收入			1 500	1 500	1 500	1 500	1 500	1 500
投资	2 000	2 000						
经营成本			100	100	100	100	100	100
净现金流量	-2 000	-2 000	1 400	1 400	1 400	1 400	1 400	1 400
折现系数	1.000 0	0.909 1	0.826 4	0.751 3	0.683 0	0.620 9	0.564 5	0.513 2
净现金流量现值	-2 000	-1 818.2	1 156.96	1 051.82	956.20	869.26	790.30	718.48
累计净现金流量现值	-2 000	-3 818.2	-2 661.24	-1 609.42	-653.22	216.04	1 006.34	1 724.82

由表上计算结果可知,净现值为 1 724.82 万元,说明该方案达到了预定收益率的要求,还有额外剩余,因此该方案可行。

【例 4.6】某企业基建项目可有 A,B 两个设计方案。其建设期为 1 年,计算期为 5 年,$i_c = 10\%$。其中 A 方案的初期投资为 1 750 万元,年经营成本 500 万元,年销售额 1 500 万元,第 3 年年末工程项目配套追加投资 1 000 万元,残值为零;B 方案的初期投资为 2 700 万元,年经营成本 700 万元,年销售额 2 100 万元,第 3 年年末工程项目配套追加投资 1 300 万元,残值 100 万元。试计算投资方案的净现值,并用净现值法对方案进行评价。

【解】首先绘制 A,B 方案的现金流量,如图 4.2 所示。

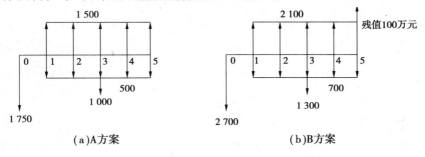

(a)A方案　　　　　　(b)B方案

图 4.2　两个设计方案的现金流量图

根据现金流量图列式计算:

$$NPV_A = -1\ 750 + (1\ 500 - 500)(P/A,10\%,5) - 1\ 000(P/F,10\%,3)$$
$$= -1\ 750 + 1\ 000 \times 3.790\ 8 - 1\ 000 \times 0.751\ 3$$
$$= -1\ 750 + 3\ 790.8 - 751.3 = 1\ 289.5(万元) > 0$$
$$NPV_B = -2\ 700 + (2\ 100 - 700)(P/A,10\%,5) - 1\ 300(1 + 10\%) - 3.100(1 + 10\%) - 5$$
$$= -2\ 700 + 1\ 400 \times 3.790\ 8 - 1\ 300 \times 0.751\ 3 + 100 \times 0.620\ 9$$
$$= -2\ 700 + 5\ 307.12 - 976.69 + 62.09 = 1\ 692.52(万元) > 0$$

方案比较:因为 NPV_A,$NPV_B > 0$,所以 A,B 两个方案除均能达到 10% 的基准收益率外,在计算期末还能分别获得 1 289.5 万元和 1 692.52 万元的超额净现值收益(抵偿投资后的净收益),即较通常的资金运用机会获得的收益要大,说明两个方案在经济上都是可行的。

3)净现值函数

净现值函数就是指净现值 NPV 随折现率 i 变化的函数关系。由净现值 NPV 的计算式(4.3)和整付现值系数的定义可知,当方案的净现金流量固定不变而 i 值变化时,则 NPV 将随 i 的增大而减小;若 i 连续变化,可得出净现值 NPV 随 i 变化的函数曲线,此即净现值函数。净现值函数一般具有以下性质:

①净现值函数是一个减函数。同一净现金流量的净现值随 i 的增大而减小,直至为零或负值。因此,随着 i 的变化,必然会有当 $i = i^*$ 时,使得 $NPV(i^*) = 0$,如图 4.3 所示。这里 i^* 是一个具有重要经济意义的折现率临界值,后面将对它作重点分析。

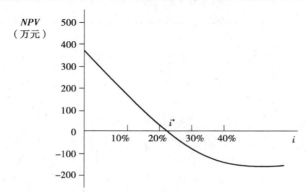

图 4.3　净现值函数曲线

②随着 i 的增大,现金流量发生的时点距现时点越远,则对现值的影响越小。因而,在多方案比选时,投资小的方案较投资大的方案显得更为有利,具体数据如表 4.7 所示。

表 4.7　方案 A,B 在 i_c 变动时的净现值　　　　　　　　　　　单位:万元

年　份	0	1	2	3	4	5	$NPV(10\%)$	$NPV(20\%)$
方案 I	-200	100	100	100	60	60	83.91	24.81
方案 II	-100	40	40	70	70	70	75.40	33.58

净现值是反映方案投资盈利能力的一个重要指标,广泛应用于方案的经济评价中。其优点是考虑了资金时间价值和方案在整个计算期内的费用和收益情况,它以金额表示投资收益的大小,且反映的是纳税后的投资效果,比较直观。但净现值指标存在以下不足:

①需先确定一个符合经济现实的基准收益率 i_c,而 i_c 的确定有时是比较难的;

②不能说明项目在运营期间各年的经营成果;

③不能直接反映项目投资中单位投资的使用效率。

在计算净现值时应注意以下两点:

①各年净现金流量的估计,其预测的准确性至关重要;

②折现率 i 的选取。

净现值曲线是条以 k_0 为渐近线的曲线，k_0 是方案开始时的投资额。通常，曲线与横轴有唯一的交点，并在 $(0, \infty)$ 内。

4.2.3 净现值率法

1) 概念及计算

净现值率（$NPVR$）反映了投资资金的利用效率，常作为净现值的辅助指标。净现值率是指按 i_c 求得的方案计算期内的净现值与其全部投资现值的比率。

$NPVR$ 的计算公式为：

$$NPVR = NPV/K_p \tag{4.10}$$

式中　K_p——项目总投资现值。

净现值率的经济含义是单位投资现值所取得的净现值额（或超额净收益）。净现值率的最大化，将有利于实现有限投资取得净贡献的最大化。

2) 判别准则

净现值率法的判别准则：当 $NPVR \geqslant 0$ 时，方案可行；当 $NPVR < 0$ 时，方案不可行。用净现值率法进行多方案比较时，以 $NPVR$ 较大的方案为优，它体现了投资资金的使用效率。该法主要适用于多方案的优劣排序。

【例 4.7】用净现值率法对例 4.3 的 A, B 方案进行比较择优。

【解】由例 4.3 知, A, B 方案的净现值分别为：

$$NPV_A = 1\,289.5（万元）; NPV_B = 1\,692.52（万元）$$

总投资的现值分别为：

$$K_{PA} = 1\,750 + 751.3 = 2\,501.3（万元）$$

$$K_{PB} = 2\,700 + 976.69 - 62.09 = 3\,614.6（万元）$$

根据公式（3.13）按 $NPVR$ 判断：

$$NPVR_A = 1\,289.5/2\,501.3 = 0.515\,5$$

$$NPVR_B = 1\,692.52/3\,614.6 = 0.468\,2$$

$NPVR_A > NPVR_B$，故方案 A 为优选方案，与净现值法的结论相反。由此可见，当投资额不相同时，需对方案的投资效率进行比较，即计算方案的 $NPVR$，并综合考虑投资资金的应用要求后，才能对方案进行评价和决策。

这里，$NPVR_A = 0.515\,5$ 的含义是：方案 A 除保证 i_c 达 10% 的基准收益率外，每万元现值投资还可获得 0.515 5 万元的超额净收益；方案 B 每万元现值投资仅可获得 0.468 2 万元的超额净收益，故方案 A 为优。

4.2.4 差额净现值法 (ΔNPV)

1) 概念及计算

(1) 差额现金流量

两个互斥方案之间现金流量之差（通常为投资额较大方案的现金流量减去投资额较小方案的现金流量）构成新的现金流量，称之为差额现金流量。例如，有 A, B 两个方案，其差额现金流量如图 4.4 所示,称之为差额方案(B－A),其含义是 B 方案比 A 方案多投资 11 万元,而 B 方案每年净收益比 A 方案多 2 万元。

这里将差额现金流量称为差额方案是企图强调差额现金流量并不仅存在于理论的分析计算中,而且更主要的是它具有重要的实用意义。在实际工作中,经常会遇到难以确定每个具体方案的现金流量的情况,但方案之间的差异却是易于了解的,这就形成差额方案。例如,用一台新设备(甲方案)代替生产流程中某台老设备(乙方案),这时如果要确定各方案各自的现金流量、特别是方案的收益是很难的,但可以较容易地确定用新设备代替老设备而引起现金流量的变化(差额方案)。

(2)差额净现值及其经济含义

差额净现值就是指两互斥方案构成的差额现金流量的净现值,用符号 ΔNPV 表示。它体现了差额净现金流量的投资效果(与基准收益率相比较)设两个互斥方案为 j 和 k,寿命期皆为 n,基准收益率为 i_c,第 t 年的净现金流量分别为 $C_t^j, C_t^k (t=0,1,2,\cdots,n)$,则

$$\Delta NPV_{k-j} = \sum_{t=0}^{n} (C_t^k - C_t^j)(1 + i_c)^{-t} \qquad (4.11)$$

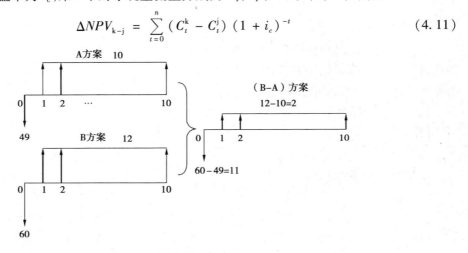

图 4.4　差额现金流量与差额方案

2)判别准则

根据 ΔNPV 的概念及 NPV 的经济含义,ΔNPV 的大小表明下面几方面的含义:

①当 $\Delta NPV = 0$,表明投资大的方案(设为 k 方案,下同)比投资小的方案(设为 j 方案,下同)多投资的资金,可以通过 k 方案比 j 方案多得净收益回收,并恰好取得既定的收益率(基准收益率),说明两个方案在经济上等值,这时可认为投资大的方案较优;

②当 $\Delta NPV > 0$,表明 k 方案比 j 方案多投资的资金可以通过 k 方案比 j 方案多得净收益回收,并取得超过既定的收益率的收益,其超额收益的现值即为 ΔNPV,说明经济上 k 方案优于 j 方案;

③当 $\Delta NPV < 0$ 时,表明 k 方案比 j 方案多得净收益与多投资的资金相比达不到既定的收益率,甚至不能通过多得收益收回多投资的资金,说明经济上 k 方案劣于 j 方案。

所以,可以根据 ΔNPV 数值的大小来比较两个方案在经济上的优劣。

例如,图 4.4 中 A 方案与 B 方案的差额净现值为

$$\Delta NPV_{B-A} = -11 + 2 \times (P/A, 10\%, 10) = 1.29(万元) > 0$$

则 B 方案在经济上优于 A 方案。

用 ΔNPV 法比较多方案时,通常采用前述的"环比法"。

4.2.5　净年值法

1)概念及计算

净年值法是将方案各个不同时点的净现金流量按 i_c 折算成与其等值的整个寿命期内的等额支付序列年值后再进行评价、比选的方法。净年值的计算公式为:

$$NAV = NPV(A/P,i_c,n) \qquad (4.12)$$

净年值还可以用终值来求,净终值用 NFV 表示。它是指方案计算期内的净现金流量,通过基准收益率折算成未来某一时点的终值的代数和。计算公式为:

$$NAV = NFV(A/F,i_c,n)$$

2)判别准则

净年值的判别准则:当 $NAV \geq 0$ 时,方案可行;当 $NAV < 0$,拒绝接受方案。净年值的经济意义是方案在寿命期内除每年获得按 i_c 计算的收益外,还可获得与 NAV 等额的超额净收益。若为多方案比较时,在投资额相等的前提下,净年值越大,方案经济效果越好。

将式(4.11)与式(4.9)相比较可知,净年值与净现值两个指标的比值为一常数,故在评价方案时,结论总是一致的。因此,就项目的评价结论而言,净年值与净现值是等效评价指标,具有相同的基本性质。净现值给出的信息是项目在整个寿命期内获取的超出最低期望盈利的超额净收益现值;净年值则给出项目在寿命期内每年的等额超额净收益。由于在某些决策结构形式下,采用净年值法比采用净现值法更为简便和易于计算,特别是净年值指标可直接用于寿命期不等的多方案比较,故净年值指标在经济评价指标体系中占有相当重要的地位。

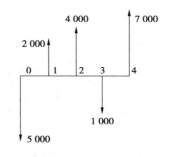

图 4.5　现金流量图

【例 4.8】某投资方案的净现金流量如图 4.5 所示,设 $i_c = 10\%$,求该方案的净年值 NAV。

【解】方法 1:用净现值求。

$$NAV = [-5\,000 + 2\,000(P/F,10\%,1) + 4\,000(P/F,10\%,2) - 1\,000(P/F,10\%,3) + 7\,000(P/F,10\%,4)](A/P,10\%,4)$$
$$= 1\,311(万元)$$

方法 2:用净终值求。

$$NAV = [-5\,000(F/P,10\%,4) + 2\,000(F/P,10\%,3) + 4\,000(F/P,10\%,2) - 1\,000(F/P,10\%,l) + 7\,000](A/F,10\%,4)$$
$$= 1\,311(万元)$$

可见,用净现值和净终值求出的结果是相同的。

4.2.6 内部收益率法

1)概念及计算

净现值方法虽然简单易行,但是必须事先给定一个折现率,而且采用该方法时只知其结论是否达到或超过基本要求的效率,并没有求得项目实际达到的效率。内部收益率法则不需要事先给定折现率,它求出的是项目实际能达到的投资效率(即内部收益率)。因此,在所有的经济评价指标中,内部收益率是最重要的评价指标之一。

内部收益率(IRR),简单地说就是净现值为零时的折现率。

内部收益率也可通过解下列方程求得:

$$NPV(IRR) = \sum_{t=0}^{n} (CI - CO)_t (1 + IRR)^{-t} = 0 \qquad (4.13)$$

求解 IRR 的公式(4.13)是一个一元高次方程,因此,在实际应用中通常采用"线性插值法"求 IRR 的近似解,其求解步骤如下:

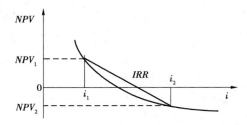

图4.6 内部收益率线性内插法示意图

①初估 IRR 的试算初值,计算方案各年的净现金流量。

②在满足下列两个条件的基础上预估两个适当的折现率,且 $i_1 \neq i_2$。

• $i_1 < i_2$,且$(i_2 - i_1) \leq 5\%$;

• $NPV(i_1) > 0, NPV(i_2) < 0$。

如果预估的 i_1 和 i_2 不满足这两个条件则要重新预估,直至满足条件。

③用线性插值法计算 IRR 的近似值,其公式如下:

$$IRR \approx i' = i_1 + \frac{NPV_1}{NPV_1 + |NPV_2|} \times (i_2 - i_1) \qquad (4.14)$$

式中　i_1——插值用的低折现率;

　　　NPV_1——用 i_1 计算的净现值(正值);

　　　i_2——插值用的高折现率;

　　　NPV_2——用 i_2 计算的净现值(负值)。

【例4.9】某建设项目,当折现率 $i_1 = 10\%$ 时,净现值 $NPV = 200$ 万元;当 $i_2 = 12\%$ 时,$NPV = -100$ 万元。用内插公式法求其内部收益率。

【解】根据内插公式得:

$$IRR \approx i' = i_1 + \frac{NPV_1}{NPV_1 + |NPV_2|} \times (i_2 - i_1)$$

$$= 10\% + \frac{200 \times (12\% - 10\%)}{200 + 100} = 11.33\%$$

所以,该项目的内部收益率是 11.33%。

2) 判别准则

当 $IRR \geqslant i_c$ 时,该方案可接受;当 $IRR < i_c$ 时,该方案应予以拒绝。但内部收益率法不能直接用于多方案的比选。

【例 4.10】某项目计算期内净现金流量如表 4.8 所示,基准收益率为 10%,试用内部收益率指标判断项目经济上是否可行。

表 4.8 净现金流量表   单位:万元

年 份	0	1~9	10
净现金流量	−5 000	800	2 800

【解】首先取 $i_1 = 12\%$,则有

$$NPV(i_1) = -5\ 000 + 800(P/A,12\%,10) + 2\ 000(F/P,12\%,10)$$
$$= -5\ 000 + 800 \times 5.560\ 2 + 2\ 000 \times 0.322\ 0 = 164.16(万元)$$

再取 $i_2 = 15\%$,则有

$$NPV(i_2) = -5\ 000 + 800(P/A,15\%,10) + 2\ 000(F/P,15\%,10)$$
$$= -5\ 000 + 800 \times 5.018\ 8 + 2\ 000 \times 0.247\ 2 = -490.56(万元)$$

运用公式 $IRR \approx i' = i_1 + \dfrac{NPV_1}{NPV_1 + |NPV_2|} \times (i_2 - i_1)$ 计算:

$$IRR = 12\% + \frac{164.16}{164.16 + 490.56} \cdot (15\% - 12\%)$$
$$= 12\% + 0.250\ 7 \times 3\% = 12.7\%$$

即上述投资方案的内部收益率为 12.7%,大于基准收益率 10%,所以该方案可行。

3) 内部收益率的经济含义

内部收益率是用以研究项目方案全部投资的经济效益问题的指标,其数值大小与项目初始投资和项目在寿命期内各年的净现金流量的大小有关。内部收益率表达的不是一个项目初始投资在整个寿命期内的盈利率,而是尚未回收的投资余额的年盈利率。

4) 内部收益率法的优缺点

(1)优点

①反映了投资的使用效率,概念清晰明确;

②内部收益率仅根据工程项目本身的现金流量就可求出来,避免了像计算净现值或净年值时,需要事先给定既困难又易引起争议的基准收益率。

(2)缺点

①不能在所有情况下给出唯一的确定值;

②在多方案比较时,不能按内部收益率的高低直接决定方案的取舍,而要用差额投资内

部收益率指标进行比选。

4.2.7 差额内部收益率法

1)概念及计算

差额投资内部收益率是两方案各年净现金流量差额的现值之和等于零时的折现率或是两方案净现值相等时的折现率,用符号 ΔIRR 表示,其表达式为:

$$\sum_{t=0}^{n}\left[(CI-CO)_2-(CI-CO)_1\right]_t(1+\Delta IRR)^{-t}=0$$

或

$$\sum_{t=0}^{n}(CI-CO)_{2t}(1+\Delta IRR)^{-t}=\sum_{t=0}^{n}(CI-CO)_{1t}(1+\Delta IRR)^{-t} \qquad (4.15)$$

式中 $(CI-CO)_2$——投资大的方案年净现金流量;

$(CI-CO)_1$——投资小的方案年净现金流量。

2)判别准则

当 $\Delta IRR > i_c$(基准收益率或要求达到的收益率)或 $\Delta IRR > i_s$(社会折现率)时,投资大的方案所耗费的增量投资的内部收益要大于要求的基准值,以投资大的方案为优;当 $\Delta IRR < i_c$ 时,以投资小的方案为优。当 $\Delta IRR = i_c$ 时,两方案在经济上等值,一般考虑选择投资大的方案。

对于 3 个(含 3 个)以上的方案进行比较时,通常采用"环比法"进行比较。即首先将各方案按投资额现值的大小从低到高进行排序,然后按差额投资内部收益率法比较投资额最低和次低的方案,当 $\Delta IRR_{大-小} \geq i_c$ 时,以投资大的方案为优;反之,则以投资小的方案为优。选出的方案再与下一个(投资额第 3 低的)方案进行比选;以此类推,直到最后一个保留的方案即为最优方案。

【例 4.11】A 与 B 两个投资方案各年的现金流量如表 4.9 所示,基准收益率为 15%,试进行方案的评价选择。

表 4.9 现金流量表 单位:万元

方　案	初始投资	年现金流入	寿命/年
A	−5 000	1 500	10
B	−10 000	2 500	10

【解】首先取 $i_1 = 15\%$,则有

$$\Delta NPV(i_1) = -5\ 000 + 1\ 000(P/A, 15\%, 10)$$

$$= -5\ 000 + 1\ 000 \times 5.018\ 8 = 18.8(万元)$$

再取 $i_2 = 20\%$,则有

$$\Delta NPV(i_2) = -5\ 000 + 1\ 000(P/A, 20\%, 10)$$

$$= -5\ 000 + 1\ 000 \times 4.192\ 5 = -807.5$$

运用公式 $IRR \approx i' = i_1 + \dfrac{NPV_1}{NPV_1 + |NPV_2|} \times (i_2 - i_1)$ 计算：

$$\Delta IRR = 15\% + \frac{18.8}{18.8 + 807.5} \times (20\% - 15\%)$$

$$= 15\% + 0.02 \times 5\% = 15.1\%$$

$\Delta IRR = 15.1\% > i_c = 15\%$，故选择投资大的方案，即选择 B 方案。

4.2.8　费用现值法

1）概念及计算

在对多个方案比较选优时，如果诸方案产出的价值相同或者诸方案能够满足同样需要，但其产出效益难以用价值形态计量时（如环保、教育、保健、国防等），可以通过对各方案费用（成本）现值或费用（成本）年值的比较进行选择，其值越小，说明方案的经济效益越好。所谓费用现值，就是把不同方案计算期内的各年年成本按 i_c 换算成基准年的现值和，再加上方案的总投资现值。

考虑资金时间价值的费用，现值 PC 公式为：

$$PC = CO_t(P/F, i_c, t) = (K + C - S_v - W)_t(P/F, i_c, t) \tag{4.16}$$

式中　K——投资总额，包括固定资产投资和流动资金等；

　　　C——年经营成本；

　　　S_v——计算期末回收的固定资产余值；

　　　W——计算期末回收的流动资金。

2）判别准则

费用现值评价的费用，当然要求费用越低越好。

【例 4.12】某建筑公司欲购置大型施工机械。设备 A 的使用寿命为 5 年，设备 B 的使用寿命为 8 年，两方案的投资及年经营费用如表 4.10 所示，设 $i_c = 12\%$，试用费用现值法分析选择哪个方案为佳。

表 4.10　A，B 两个投资方案的现金流量　　　　　　　　　　　　单位：万元

投资方案	初期投资额	经营费用	寿命期/年
A	20	5	6
B	30	4	6

$$PC_A = 20 + 5(P/A, 12\%, 6) = 20 + 5 \times 4.1114 = 40.56（万元）$$

$$PC_B = 30 + 4(P/A, 12\%, 6) = 30 + 4 \times 4.1114 = 46.44（万元）$$

由结果可见，$PC_A < PC_B$，故选择 A 方案。

4.2 9 费用年值法

1)概念及计算

与净现值和净年值指标的关系类似,费用年值与费用现值也是一对等效评价指标。费用年值是将方案计算期内不同时点发生的所有费用支出,按 i_c 折算成与其等值的等额支付序列年费用。费用年值的 AC 计算公式为:

$$AC = [CO_t(P/F,i_C,t)](A/P,i_C,n)$$
$$= [(K + C - Sv - W)_t(P/F,i_C,t)](A/P,i_C,n)$$

(4.17)

【例4.13】某建筑公司欲购置大型的施工机械。设备 A 的使用寿命为 5 年,设备 B 的使用寿命为 8 年,两方案的投资及年经营费用如表 4.11 所示,设 $i_c = 12\%$,试用费用年值法分析选择哪个方案为佳。

表4.11 A,B 两个投资方案的现金流量 单位:万元

投资方案	初期投资额	经营费用	寿命期/年
A	20	5	6
B	30	4	6

$$AC_A = 5 + 20(A/P,12\%,6) = 5 + 20 \times 0.243\ 2 = 9.86(万元)$$
$$AC_B = 4 + 30(A/P,12\%,6) = 4 + 30 \times 0.243\ 2 = 11.30(万元)$$

由结果可见,$AC_A < AC_B$,故选择 A 方案。

4.3 互斥方案的经济效果评价

所谓互斥方案,即各方案之间互不相容、不可同时存在,多方案选择时,只能选择其中之一。

4.3.1 经济寿命期相等的互斥方案的经济效果评价

当两方案的经济寿命相等时,如果待比较的方案投资额相同,宜采用净现值法;如果待比较方案的投资额不相同,则采用差额净现值或者差额内部收益率法。

【例4.14】某公司有 A,B 两个投资方案。A 方案第 0 年投资 1 000 万元,直到第 10 年末才有一笔 5 000 万元的净收益;B 方案第 0 年也投资 1 000 万元,第 1~10 年年末每年都有 300 万元的等额收益。已知公司的基准收益率为 10%,试选出最优方案。

【解】A 方案的现金流量图如图 4.7(a)所示。

B 方案的现金流量图如图 4.7(b)所示。

$$NPV_A = -1\ 000 + 5\ 000(P/F,10\%,10)$$
$$= -1\ 000 + 5\ 000 \times 0.385\ 5 = 927.7(万元)$$
$$NPV_B = -1\ 000 + 3\ 000(P/A,10\%,10)$$
$$= -1\ 000 + 3\ 000 \times 6.144\ 6 = 843.37(万元)$$

由结果可见,$NPV_A > NPV_B$,所以 A 方案优于 B 方案。

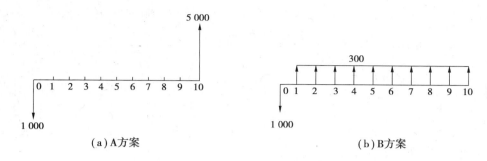

图 4.7　两方案现金流量图

【例 4.15】设有 A,B 两个互斥方案,经济寿命均为 10 年,基准折现率为 10%,现金流量如表 4.12 所示,试选出最优方案。

表 4.12　现金流量表　　　　　　　单位:万元

方案 ＼ 年份	0	1 – 10
A	− 200	39
B	− 100	20
Δ_{A-B}	− 100	19

【解】方法 1:用 NPV 指标评价

$$NPV_A = - 200 + 39(P/A, 10\%, 10)$$
$$= - 200 + 39 \times 6.144\ 6 = 39.62(万元)$$
$$NPV_B = - 100 + 20(P/A, 10\%, 10)$$
$$= - 100 + 20 \times 6.144\ 6 = 22.88(万元)$$

由结果可见,$NPV_A > NPV_B$,说明 A 方案优于 B 方案。

方法 2:用 ΔIRR 指标评价

$\Delta NPV = - (200 - 100) + (39 - 20)(P/A, 10\%, 10) = 16.75(万元)$

首先取 $i_1 = 12\%$,则 $\Delta NPV1 = - (200 - 100) + (39 - 20)(P/A, 12\%, 10)$
$$= - 100 + 19 \times 5.562\ 5 = 5.69(万元)$$

取 $i_2 = 15\%$,则 $\Delta NPV1 = - (200 - 100) + (39 - 20)(P/A, 15\%, 10)$
$$= - 100 + 19 \times 5.018\ 8 = - 4.64(万元)$$

$$\Delta IRR = 12\% + \frac{5.69}{5.69 + 4.64} \cdot (15\% - 12\%) = 13.84\%$$

$\Delta IRR = 13.84\% > i_1 = 10\%$,说明应该选择投资大的方案,即选择 A 方案。

4.3.2　经济寿命期不相等的互斥方案的经济效果评价

方案的经济寿命期不相等,其资金的时间价值也不同,方案也就失去了可比性。对于经济寿命期不相等的方案的评价,可以采用最小公倍数法、净年值法进行评价。

【例 4.16】某工程要购进一种设备,有 A,B 两种不同型号,其购价、服务寿命及残值均不同,有关数据如表4.13所示,按年利率 $i_c=15\%$ 计算,试问选择哪种方案更好。

表4.13 现金流量表   单位:万元

方 案	一次性投资	年经营费用	残 值	寿命期/年
A	1 500	350	100	6
B	2 000	320	200	9

【解】方法1:采用净现值指标评价

采用寿命期最小公倍数的办法将两种设备的经济寿命调整到相同水平,6年和9年的最小公倍数是18年,也就是A方案重复投资3次时,B方案要重复投资2次。

采用净现值指标进行比较:

$$NPV_A = -1\,500 - (1\,500 - 100)(P/F,15\%,6) - (1\,500 - 100)(P/F,15\%,12) +$$
$$100(P/F,15\%,18) - 350(P/A,15\%,18)$$
$$= -1\,500 - 1\,400 \times 0.432\,3 - 1\,400 \times 0.186\,9 + 100 \times 0.080\,8 - 350 \times 6.128\,0$$
$$= -4\,503.6(万元)$$

$$NPV_3 = -2\,000 - (2\,000 - 200)(P/F,15\%,9) + 200(P/F,15\%,18) -$$
$$320(P/A,15\%,18)$$
$$= -4\,456.54(万元)$$

由结果可见,$NPV_A < NPV_B$,所以应该选购B型设备。

方法2:采用净年值指标评价

$$NAV_A = -1\,500(A/P,15\%,6) - 350 + 100(A/F,15\%,6)$$
$$= -1\,500 \times 0.264\,2 - 350 + 100 \times 0.114\,2$$
$$= -734.88(万元)$$

$$NAV_B = -2\,000(A/P,15\%,9) - 320 + 200(A/F,15\%,9)$$
$$= -2\,000 \times 0.209\,6 - 320 + 200 \times 0.059\,6$$
$$= -727.28(万元)$$

由结果可见,$NAV_A < NAV_B$,所以应该选购B型设备。

方法3:采用费用年值指标评价

$$AC_A = 350 + 1\,500(A/P,15\%,6) - 100(A/F,15\%,6)$$
$$= 350 + 1\,500 \times 0.264\,2 - 100 \times 0.114\,2$$
$$= 734.88(万元)$$

$$AC_B = 320 + 2\,000(A/P,15\%,9) - 200(A/F,15\%,9)$$
$$= 350 + 2\,000 \times 0.264\,2 - 200 \times 0.114\,2$$
$$= 727.28(万元)$$

由结果可见,$AC_A > AC_B$,故应该选择B方案

4.3.3 经济寿命期无限长的互斥方案的经济效果评价

有些项目的经济寿命很长,如赵州桥已有1 700多年的历史。对于这种经济寿命期很长

的项目,通常采用"无限寿命法"来分析会更方便一些。

先分析年金与现值的关系:

$$P = A\left[\frac{(1+i)^n - 1}{i(1+i)^n}\right] = A\left[\frac{1}{i} - \frac{1}{i(1+i)^n}\right]$$

当 n 趋于无穷大时,则

$$P = A\lim_{n \to \infty}\left[\frac{1}{i} - \frac{1}{i(1+i)^n}\right] = \frac{A}{i}$$

按无限长寿命计算出的现值 P,一般称为"资金成本或资本化成本"。资本化成本 P 的公式为:

$$P = A/I \tag{4.18}$$

【例 4.17】某水利项目,使用年限为无限,现有两种投资方案:一种是一次性投资,但数额较大;另一种方案是多次投资(每 5 年投一次),但每次投资数额较少。其现金数量数据如表 4.14 所示,基准收益率按 6% 考虑。试分析哪种方案最优。

表 4.14　例 4.17 现金数量表 　　　　　　　　　　单位:万元

方案	投资	年经营费	5 年循环投资	使用年限
A	155	1		无限
B	10	6	20	无限

$$PC_A = P + (A/I) = 155 + (1/0.06) = 171.67(\text{万元})$$

$$PC_B = P + (A/I) = 10 + [20(A/P,6\%,5) + 6]/0.06$$

$$= 10 + [20 \times 0.2374 + 6]/0.06$$

$$= 189.13(\text{万元})$$

由结果可见,$PC_A < PC_B$,故 A 方案较优。

4.4　不确定性分析

对未来技术方案经济效果的计算、分析和评价,所采用的基础数据如投资、产量、成本、利润、收益率、寿命期等,都来自预测和估算。但是,预测和估算的信息与未来的实际情况不一定完全吻合、一致,这就使得分析和评价的技术方法的经济效果存在一定程度的不确定性,使得对技术方案的决策带有一定程度的风险。为了分析不确定因素对经济评价指标的影响及其程度,需要进行不确定性分析,以估计技术方案可能承担的风险,确定技术方案在经济上的可靠性。

不确定性分析包括盈亏平衡分析、敏感性分析和概率分析 3 种。

4.4.1 盈亏平衡分析法

1)盈亏平衡点及盈亏平衡分析的概念

各种不确定因素的变化会影响投资方案的经济效果,当这些因素的变化达到某一临界值时,就会影响方案的取舍,如价格、产量(销售量)等。盈亏平衡分析的目的就是找出这些参数变化的临界值,即盈利与亏损的转折点,称之为盈亏平衡点 BEP(Break Even Point),或称保本点。盈亏平衡点越低,说明项目盈利的可能性越大,亏损的可能性越小,因而项目有较大的抗风险能力。通过盈亏平衡分析找出不发生亏损的经济界限,以便判断投资方案对不确定因素变化的承受能力,为投资者决策提供依据。

盈亏平衡分析又叫损益平衡分析,在投资分析中有广泛的用途。它不仅可对单个方案进行分析,而且还可用于对多个方案进行比较。它是根据拟建项目正常生产年份的产量(销售量)、投资、成本、产品价格、项目寿命期、税金等,研究拟建项目以上参数发生变化与平衡关系的方法。最常见的是研究产量、成本和利润之间的关系,即"量、本、利"分析。

2)固定成本与变动成本

盈亏平衡分析是将成本划分为固定成本与变动成本。假定产销量一致,根据项目正常年份的产量、成本、售价和利润四者之间的函数关系,分析产销量对项目盈亏的影响。固定成本是指在一定的产量范围内不随产量的增减变动而变化的成本,如辅助人员工资、折旧及摊销费、维修费等;而变动成本是指随产量的增减变动而成正比例变化的成本,如原材料的消耗、直接生产用辅助材料、燃料、动力等。

3)线性盈亏平衡分析

独立方案盈亏平衡分析的目的是通过分析产品产量、成本与方案盈利能力之间的关系,找出投资方案盈利与亏损在产量、产品价格、单位产品成本等方面的界限,即盈亏平衡点,以判断在各种不确定因素作用下方案的风险情况。

(1)销售收入、成本费用与产品产量的关系

进行分析的前提是:

①产品按销售量组织生产,即产品销售量等于产量;

②产量变化,其他指标(如单位可变成本、产品售价)等不变,从而总成本费(或销售收入)用是产量(或销售量)的线性函数;

③只生产单一产品,或者生产多种产品,但可以换算为单一产品计算,也即不同产品负荷率的变化是一致的。

以上条件可用式(4.19)表示:

$$TR = PQ \tag{4.19}$$

式中　TR——销售收入;

　　　P——单位产品价格(不含销售税);

　　　Q——产量。

项目投产后,其总成本费用可分为固定成本和变动成本两部分。在经济分析中一般可近似地认为变动成本与产品产量成正比例关系。因此,总成本费用与产品产量的关系也可

以近似地认为是线性关系,即

$$TC = F + C_V Q \qquad (4.20)$$

式中　TC——总成本费用;

　　　F——固定成本;

　　　C_V——单位产品变动成本;

　　　Q——产量。

（2）盈亏平衡点的确定

盈亏平衡点可以用图解法或计算法确定。

①计算法。根据盈亏平衡点的定义,当达到盈亏平衡状态时,总成本 = 总收入,即

$$TR = TC$$
$$PQ^* = F + C_V Q^*$$
$$Q^* = F/(P - C_V) \qquad (4.21)$$

式中　Q^*——表示盈亏平衡点的产量。

若用含税价格 p 计算,则计算公式为:

$$Q = F/[(1 - r)p - C_V] \qquad (4.22)$$

式中　r——产品销售税率,$P = (1 - r)p$。

【例 4.18】某项目设计总产量 3 万吨,单位产品的含税价格为 630.24 元/t,年生产成本为 1 352.18 万元,其中固定成本为 112.94 万元,单位可变成本为 413.08 元/t,销售税率为 8%,求项目投产后的盈亏平衡产量。

【解】$p = 630.24$ 万元,$F = 112.94$ 万元,$r = 8\%$,$C_V = 413.08$ 元/t,代入公式（4.22）:

$$Q^* = \frac{112.94}{(1 - 8\%) \times 630.24 - 413.08} = 0.68（万吨）$$

计算表明,项目投产后只要有 0.68 万吨的订货量,就可以保本。

盈亏平衡点除可用产量表示外,还可用其他指标参数来表示。

①以销售收入表示的盈亏平衡点是指项目不发生亏损时必须达到的最低销售收入额,其计算公式为:

$$TR^* = P \times Q^* = P \times F/(P - C_V) \qquad (4.23)$$

式中　TR^*——盈亏平衡时的销售收入。

②生产能力利用率的盈亏平衡点是指项目不发生亏损时至少达到的生产能力利用率,用式（4.23）表示:

$$q^* = Q^*/Q_c \qquad (4.24)$$

式中　q^*——盈亏平衡点的生产能力利用率,q^* 值越低,项目的投资风险度就越小;

　　　Q_c——设计年产量。

③若按设计能力进行生产和销售,则盈亏平衡销售价格 P^* 为:

$$P^* = TR/Q_c = (F + C_V Q_c)/Q_c \qquad (4.25)$$

④若按设计能力进行生产和销售,且销售价格已定,则盈亏平衡点单位产品变动成本 C_V^* 为:

$$C_V^* = P - F/Q_c \qquad (4.26)$$

【例4.19】某项目年生产能力120万吨,单位产品含税销售价 $p = 150$ 元/t,单位产品变动成本 $C_v = 40$ 元/t,固定成本总额 $F = 6\,000$ 万元,综合税率13.85%。试计算盈亏平衡点产量、盈亏平衡点生产能力利用率及盈亏平衡点价格。

【解】$Q^* = \dfrac{60\,000\,000}{150(1 - 13.85\%) - 40} = \dfrac{60\,000\,000}{89.225} = 67.25(万吨/年)$

$$q^* = \frac{67.25}{120} = 56\%$$

$$1 - q^* = 44\%$$

即若项目减产幅度≤44%,项目不会亏损。

$$p^* = \frac{\left(\dfrac{6\,000}{120} + 40\right)}{(1 - 13.85\%)} = 104.47(元)$$

则当降价幅度在 30.35% $\left(\dfrac{150 - 104.47}{150} \times 100\% = 30.35\%\right)$ 以内,该项目仍不会出现亏损。

②图解法。盈亏平衡点也可以采用图解法求得。

将式(4.22)和式(4.23)表示在同一坐标图上,就得出线性盈亏平衡分析图,如图4.8所示。图中销售收入线(如果销售收入和成本费用都是按含税价格计算的,销售收入中还应减去增值税)与总成本费用线的交点即为盈亏平衡点(BEP),这一点所对应的产量即为 BEP 产量,也可换算为 BEP 生产能力利用率。由图4.10还可看出,企业处于亏损状态或盈利状态的区域。

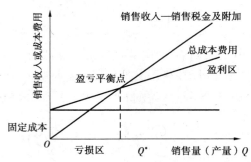

图4.8 线性盈亏平衡分析图

4)多方案比较时的优劣盈亏平衡分析

盈亏平衡分析也可用于两个以上方案的优劣比较与分析。如果两个或两个以上的方案,其成本都是同一变量的函数时,便可以找到该变量的某一数值,恰能使两个对比方案的成本相等,该变量的这一特定值,叫做方案的优劣平衡点。

设有一组互斥方案,其成本函数决定于同一个共同变量 x,以共同变量建立每个方案的成本费用函数方程:

$$C_i = f_i(x) \qquad (i = 1,2,\cdots,n) \tag{4.27}$$

式中 C_i——i 方案的成本费用;

n——方案数。

若令 $C_i = C_{i+1}$，即 $f_1(x) = f_2(x)$，此时求出的 x 值，即为两个方案费用平衡时的变量值，据此可以判断方案的优劣。

【例4.20】现有一挖土工程，有两个挖土方案：一是人力挖土，单价为 3.5 元/m³；另一是机械挖土，单价为 1.5 元/m³，但需机械购置费 10 万元。问在什么情况下（土方量为多少时），应采用人力挖土？

【解】设土方量为 Q m³，则

人力挖土费用：$C_1 = 3.5Q$

机械挖土费用：$C_2 = 1.5Q + 100\ 000$

令 $C_1 = C_2$，解得 $Q^* = \dfrac{100\ 000}{3.5 - 1.5} \approx 50\ 000\ (\text{m}^3)$

可见当土方量 < 50 000 m³ 时，应采用人力挖土方案。

对于两个以上方案的优劣分析，原理与两个方案的优劣分析相同。不同之处在于求优劣平衡点时要每两个方案进行求解，分别求出两个方案的平衡点，然后两两比较，选择其中最经济的方案。

4.4.2 敏感性分析

1) 敏感性分析的含义

不确定因素的变化会引起项目经济指标随之变化，各个不确定因素对经济指标的影响又是不一样的，有的因素可能对项目经济的影响较小，而有的因素可能会对项目经济带来大幅度的变动，我们就称这些对项目经济影响较大的因素为敏感性因素。

敏感性分析是指通过测定一个或多个敏感因素的变化所导致的决策评价指标的变化幅度，了解各种因素的变化对实现预期目标的影响程度，从而对外部条件发生不利变化的投资建设方案的承受能力作出判断。

对敏感性分析应注意三个方面的问题：

①敏感性分析是针对某一个（或几个）效益指标而言来找其对应的敏感因素，即具有针对性。

②必须有一个定性（或定量）的指标来反应敏感因素对效益指标的影响程度。

③作出因这些因素变动对投资方案承受能力的判断。

在建设项目计算期内，不确定性因素主要有：产品生产成本、产量（生产负荷）、主要原材料价格、燃料或动力价格、变动成本、固定资产投资、建设周期、外汇汇率等。

敏感性分析的作用是：能使决策者了解不确定因素对项目经济评价指标的影响，并使决策者对最敏感的因素或可能产生最不利变化的因素提出相应的决策和预防措施，还可以启发评价者重新进行分析研究，以提高预测的可靠性。其特点是：方法简单、易掌握。

2) 敏感性分析的一般步骤

①确定具体的要进行敏感性分析的经济评价指标。这些评价指标必须是根据投资项目的特点和实际需要来确定，一般选择最能反映经济效益的综合性评价指标作为分析（或）评价的对象，如内部收益率、投资回收期、净现值等都可能作为敏感性分析的指标。由于敏感性分析是在确定性分析的基础上进行的，一般不能超出确定性分析所用的指标范围另立指

标。当确定性经济分析中使用的指标较多时,敏感性分析可能围绕其中一个(或若干个)最重要的指标进行。

②选择对评价指标有影响的不确定因素,并设定这些因素的变动范围,选择不确定因素一般是从两个方面考虑:一是,预计这些因素在可能的变化范围内,对投资效果影响较大;二是,这些因素发生变化的可能性较大,如项目总投资、经营成本等。

③计算各个不确定因素对经济评价指标的影响程度。首先固定其他因素,变动其中一个(或多个)不确定因素,并按一定的变化幅度改变其数值,然后计算这种变化对经济评价指标的影响数值,最后将其与该指标的原始数值相比较,得出该指标的变化率。用公式表示为

$$
变化率(\beta) = \frac{|\,评价指标变化幅度\,|}{|\,变量因数变化幅度\,|} = \frac{|\Delta \gamma_j|}{|\Delta X_i|} = \frac{\left|\dfrac{y_{j1} - y_{j0}}{y_{j0}}\right|}{|\Delta X_i|} \qquad (4.28)
$$

式中　Δx_i——第 i 个变化量因素的变化幅度(变化率);

　　　y_{j1}——第 j 个指标受变量因素变化影响后所达到的指标值;

　　　y_{j0}——第 j 个指标未受变量因素变化影响时的指标值;

　　　Δy_j——第 j 个指标受变量因素变化影响时的差额度(变化率)。

具体确定因素敏感性大小的方法有两种:一种称为相对测定法,另一种则称为绝对测定法。相对测定法,即假定需分析的因素均从基准值开始变动,各种因素每次变动幅度相同,比较每次变动对经济指标的影响效果。绝对测定法,即假定某特定因素向降低投资效果的方向变动,并设该因素达到可能的悲观(最坏)值,然后估算方案的经济评价指标,看其是否已达到使项目在经济上不可行的程度。如果达到使该方案在经济上不可行的程度,则表明该因素为此方案的敏感因素。

④绘制敏感性分析图,并对方案进行综合方面分析,实施控制弥补措施。敏感性分析结果通常汇总编制敏感性分析表。根据分析表,以某个评价指标为纵坐标,以不确定因素的变化率为横坐标作敏感分析图,来确定敏感因素,这就使决策者和项目的经营者可结合不确定因素变化的可能性和预测这些因素变化对项目带来的风险,采取相应的控制和弥补措施。

3丨单因素敏感性分析

单因素敏感性分析是就单个确定因素的变动对方案经济效果影响所作的分析。它可以表示为该因素按一定百分率变化时所得到的评价指标值,也可表示为评价指标达到临界点时,某一因素变化的极限变化率或弹性容量。

【例4.21】假定某公司计划修建一个商品混凝土搅拌站,估计寿命期为 15 年,计划年初一次性投资 200 万元,第 2 年年初投产,每天生产混凝土 100 m³,每年可利用 250 天时间,混凝土售价估计为 40 元/m³,混凝土的固定成本为 20 元/m³,混凝土变动费用估计为 10 元/m³。估计到期时设备残值为 20 万元,基准贴现率为 15%,试就售价、投资额、混凝土方量 3 个影响因素对投资方案进行敏感分析。

【解】选择净现值为敏感分析对象,计算出项目在初始条件下的净现值。现金流量如图 4.9 所示。

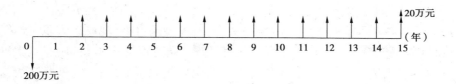

图4.9　搅拌站现金流量图

$$NPV_0 = [-200 \times 10^4 + 100 \times 250 \times (40 - 10) \times (P/A,15\%,14)$$
$$(P/F,15\%,1) + 20 \times 10^4 \times (P/F,15\%,15)]$$
$$= (-200 \times 10^4 + 75 \times 10^4 \times 5.7245 \times 0.8696 + 20 \times 10^4 \times 0.1229)$$
$$= 175.8(万元)$$

从 NPV_0 结果可得出该项目的初始方案可行。

下面就投资额、混凝土价格、混凝土方量 3 个因素进行敏感性分析。设投资额变化率为 x，混凝土方量变化率为 y，混凝土价格变化率为 z。项目在变动条件下的净现值用公式表示为：

$$NPV = -200 \times 10^4(1 + x) + [100(1 + y) \times 250 \times 40(1 + z) - 100(1 + y) \times$$
$$250 \times 10] \times (P/A,15\%,14)(P/F,15\%,1) + 20 \times 10^4 \times (P/F,15\%,15)$$
$$= -200 \times 10^4(1 + x) + [100 \times (1 + y) \times 250 \times 40(1 + z) - 100(1 + y) +$$
$$250 \times 10] \times 5.7245 \times 0.8696 + 20 \times 10 \times 0.1229$$

现在令其逐一在初始值的基础上按 $\pm 10\%$，$\pm 20\%$ 的变化幅度变动，分别计算相应的净现值的变化情况，得出结果如表 4.15 和图 4.10 所示。

表4.15　单因素敏感性分析表

变化幅度	−20%	−10%	0	+10%	+20%	变化幅度	平均+1%	平均−1%
投资额/万元	215.8	195.8	175.8	155.8	135.8	投资额变化	−1.14%	1.14%
混凝土价格/(元·m^{-3})	71.32	123.56	175.8	220.65	270.43	混凝土价格变化	2.55%	−2.55%
混凝土方量/m^3	101.13	138.47	175.8	208.21	250.54	混凝土方量	1.84%	−1.84%

由表 4.15 和图 4.10 可以看出，在各个变量因素变化率相同的情况下，首先，混凝土价格的变动对 NPV 的影响最大，当其他因素均不发生变化时，混凝土价格每变化 1%，NPV 变化 2.55%，当混凝土价格下降幅度超过 13.73%，净现值将由正变为负，项目由可行变为不可行；其次，对 NPV 影响较大的因素是混凝土方量，在其他因素均不发生变化时，混凝土方量每变动 1%，NPV 将变动 1.84%；最后，对 NPV 影响较小的因素是投

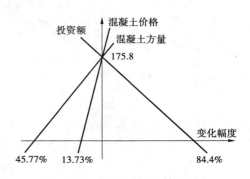

图4.10　搅拌站敏感性分析图

资额,在其他因素均不发生变化的情况下投资额上下浮动1%,*NPV*上下浮动1.14%。由此可见,按净现值对各个因素的敏感程度排序依次是:混凝土价格、混凝土方量、投资额,最敏感的因素是混凝土价格。这就要求决策者和经营者,应对混凝土价格进一步、更准确地测算,因为从项目的风险角度讲,未来混凝土价格发生变化的可能性较大,就意味着这一项目的风险性较大。

4)多因素敏感性分析

在单因素敏感性分析中,当计算某个不确定性因素对项目投资评价指标的影响时,是基于其他影响因素均保持不变的前提下进行的,但实际中各种因素的变动可能存在着相互关联性,一个因素的变动往往会引起其他因素的随之变动。如例4.21中的钢筋混凝土价格变化可能导致混凝土需求量的变化,投资的变化可能导致设备残值的变化等。这时单因素敏感性分析就存在着一定的局限性,所以就应同时考虑多种因素变化的可能性,使敏感性分析更接近于实际过程。这种同时考虑多种因素同时变化的可能性的敏感性分析就是多因素敏感性分析。多因素敏感性分析要考虑被分析的各因素可能的不同变化幅度的多种组合,计算起来比单因素敏感性分析要复杂得多,一般可采用解析法和作图法相结合的方法进行分析。同时变化的因素不超过3个时,一般用作图法;当同时变化的因素超过3个时,就只能采用解析法了。下面就双因素和三因素敏感性分析进行介绍。

（1）双因素敏感性分析

双因素敏感性分析,是指在投资方案现金流量中每次考虑两个因素同时变化,而其他的影响因素保持不变时,对方案效果的影响。其分析思路是,首先通过单因素敏感性分析确定出两个关键因素,其次做出两个因素同时变化的分析图,最后对投资效果的影响进行分析。

【例4.22】某投资方案的基础数据如表4.16所示,试对该方案中的投资额和产品价格进行双因素敏感性分析。

表4.16 投资方案基础数据

项　目	初始投资	寿命期	残　值	价　格	年经营费	贴现率	年生产能力
数据	1 200 万元	10 年	80 万元	35 元/台	140 万元	10%	10 万台

【解】以净现值作为分析指标,设投资变化百分率为x,产品价格变化百分率为y,则

$$NPV = -1\,200 \times (1+x) + [35 \times (1+y) \times 10 - 140] \times (P/A, 10\%, 10) +$$
$$80(P/F, 10\%, 10)$$

$$= -1\,200 - 1\,200\,x + (350 + 350y - 140) \times \frac{(1+i)^{n-1} - 1}{i(1+i)^n} + 80 \times \frac{1}{(1+i)^n}$$

$$= 121.21 - 1\,200x + 2\,150.60y$$

取 *NPV* 的临界值,即令 *NPV* = 0,则

$$1\,200x = 121.21 + 2\,150.60y$$

$$x = 0.101 + 1.79y(实际是一条线性函数)$$

取 x 和 y 两因素的变动量均为 ±10% 和 ±20% 作图,可得到图 4.13 所示的双因素敏感性分析图。

从图 4.11 可以看出: $x = 0.101 + 1.79y$ 为 $NPV = 0$ 临界线,当投资与价格同时变动时,所影响的 NPV 值落在直线的左上方区域,投资方案可行;若落在临界线右下方的区域表示 $NPV < 0$,投资方案不可行;若落在临界线上,$NPV = 0$,方案勉强可行。还可以看出,在各个正方形内,净现值小于零的面积所占整个正方形面积的比例反映了因素在此范围内变动时方案风险的大小。例如,在 ±10% 的区域内,净现值小于零的面积约占整个正方形面积的 20%,这就表明当投资额和价格在 ±10% 的范围内同时变化时,方案盈利的可能性为 80%,出现亏损的可能性为 20%。

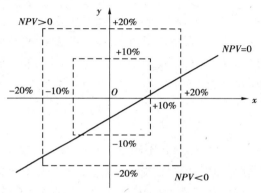

图 4.11　双因素敏感性分析图

（2）多因素敏感性分析

当同时变化的因素很多时,构成的状态组合数目就多,这给计算带来很多麻烦。所以我们在这里针对 3 个因素同时变化时进行敏感性分析。对多个因素进行敏感性分析一般采用降维的方法进行。所谓降维,就是把几个因素中的某一个因素依次取定值,来求其他因素相应于这些定值的临界线。

【例 4.23】根据例 4.22 的数据,对该投资方案的投资额、产品价格和经营成本 3 个因素同时变化对 NPV 进行敏感性分析。

【解】设投资额变化率为 x,产品价格变化率为 y,产品年经营成本变化率为 z,则净现值表示为:

$$NPV = -1\ 200 \times (1 + x) + [35 \times (1 + y) \times 10 - 140(1 + z)] \times (P/A, 10\%, 10) + 80(P/F, 10\%, 10)$$

分别取 z 为 10%,20%,5%,并令 $NPV(z) = 0$,按照上例的双因素变化方法进行计算,可得出下列临界线

$$NPV(z = 5\%) = -1\ 200x - 2\ 150.75y - 78.28 = 0$$
$$y_5 = 0.558x - 0.036$$
$$NPV(z = 10\%) = 1\ 200x - 2\ 150.75y - 35.26 = 0$$
$$y_{10} = 0.558x - 0.016$$
$$NPV(z = 20\%) = 1\ 200x - 2\ 150.75y + 50.77 = 0$$
$$y_{20} = 0.558x + 0.024$$

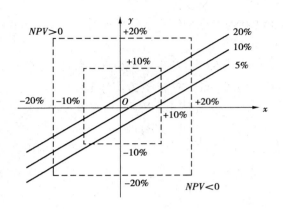

图 4.12 三因素敏感性分析图

作出初始投资、产品价格、年经营成本 3 个因素同时变化的敏感性分析,如图 4.12 所示。读者可试着就投资或产品价格确定几个定值,来进行产品和经营成本或投资成本的变化临界线,来分析 3 个因素同时变化的敏感性。

4.4.3 概率分析

敏感性分析可指出项目评价指标对各不确定因素的敏感程度,找出敏感因素,但它不能说明不确定因素发生变动情况的可能性是大还是小,没有考虑不确定因素在未来发生的概率,因而如需进一步指明不确定性因素的变化对项目经济评价指标的影响产生的可能性大小时,敏感性分析便无能为力,这就需要借助于概率分析。

概率分析又称风险分析,是利用概率研究和预测不确定因素对项目经济评价指标影响的一种定量分析法。其目的在于确定影响方案投资效果的关键因素及其可能变动的范围,并确定关键因素在此变动范围内的概率,然后计算经济评价指标的期望值及评价指标可行时的累计概率。概率分析法很多,常用的方法是来计算项目净现值的期望值及净现值≥0 的累计概率。

以净现值指标的分析为例,设某方案的寿命期为 n 年,在各种不确定因素综合影响下,该方案的净现金流量序列呈 k 种状态,于是在第 j 种状态下,方案的净现值为:

$$NPV^{(j)} = \sum_{t=1}^{n} y_t^{(j)} (1 + i_0)^{-t} \tag{4.29}$$

这里
$$Y_t^{(j)} = \{Y_t \mid t = 0,1,2,\cdots,n\} \quad j = 1,2,\cdots,k \tag{4.30}$$

式(4.30)中 Y_t 为第 t 年的净现金流量;k 为自然数,其值为各个输入变量能取值的个数的连乘积。

假定 j 种状态发生概率是已知或可计算、预测的,且有 $\sum_{t=1}^{k} NPV(j)P_j$,于是方案净现值的期望值计算公式为:

$$E(NPV) = \sum_{t=1}^{k} NPV^{(j)} P_j \tag{4.31}$$

式中　$E(NPV)$——NPV 的期望值；

　　　$NPV^{(j)}$——各种现金流量情况下的净现值；

　　　P_j——对应各种现金流量情况的概率值。

概率分析的一般计算步骤是：

①列出各种应考虑的不确定因素,如投资、经营成本、销售价格等。

②设想各种不确定因素可能发生的变化情况,即确定其数值发生变化的个数。

③分别确定各种情况出现的可能性及概率,并保证每个不确定因素可能发生的情况的概率之和等于1。

④分别求出各种不确定因素发生变化时,方案净现金流量各状态发生的概率和相应状态下的净现值 NPV,然后求出净现值的期望值。

⑤求出净现值≥0 的累计概率。

⑥对概率分析结果作出说明。

【例4.24】某房地产开发项目的现金流量如表4.17 所示,根据预测和经验判断,开发成本、租售收入(两者相互独立)可能发生的变化及其概率如表4.18 所示。试对此项目进行概率分析并求净现值≥0 的概率,取基准折现率为12%。

表4.17　现金流量表　　　　　　　　　　单位:万元

年　份	1	2	3	4	5
销售收入	1 600	6 400	8.800	8 800	8 200
开发支出	4 500	5 900	6 900	1 800	200
其他支出				2 500	3 000
净现金流量	− 2 900	500	1 900	4 500	500

表4.18　因素变动及概率　　　　　　　　单位:万元

变化幅度	− 20%	0	+ 20%
租售收入	0.3	0.6	0.1
开发成本	0.1	0.4	0.5

【解】参照以下步骤进行分析和计算。

①欲分析的不确定因素为开发成本和租售收入。

②这两个不确定因素可能发生的变化及其概率见表4.18 所示。

③利用概率树图列出本项目净现金流量序列的全部可能状态,共9 种状态,如图4.13 所示。

④分别计算项目净现金流量序列各状态的概率 $P_j(j=1,2,\cdots,9)$,其余类推,结果见表4.19。

$$P_1 = 0.5 \times 0.1 = 0.05$$
$$P_2 = 0.5 \times 0.6 = 0.30$$
$$\vdots$$

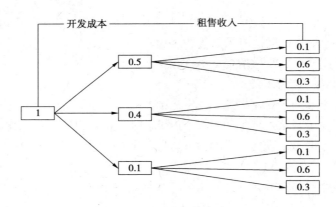

图 4.13　概率树图

③分别计算各个状态下的项目净现值 $NPV^{(j)}(j=1,2,\cdots,9)$，以此类推，结果如表 4.19 所示。

$$NPV^{(1)} = \sum_{t=1}^{5} (CI_t - CO_t)^{(1)}(1+12\%)^{-t} = 7\,733.2$$

$$NPV^{(2)} = \sum_{t=1}^{5} (CI_t - CO_t)^{(2)}(1+12\%)^{-t} = 2\,106.3$$

$$\vdots$$

表 4.19　净现值表

j	P_j	$NPV^{(j)}$/万元	$NPV^{(j)}/P_j$/万元
1	0.05	7 733.2	386.66
2	0.3	2 106.3	631.89
3	0.15	−3 054.7	−458.21
4	0.04	10 602.7	424.11
5	0.24	5 441.7	1 306.01
6	0.12	280.8	33.70
7	0.01	13 938.1	139.38
8	0.06	8 777.2	526.63
9	0.03	3 616.2	108.49
合　计	1.00	49 441.5	3 098.66

⑥计算加权净现值 $NPV^{(j)}P_j(j=1,2,\cdots,9)$，结果见表 4.19，然后依据式(4.30)求得项目净现值的期望值 $E(NPV) = 3\,098.66$ 万元。

⑦项目净现值为非负的概率是：

$$P(NPV \geqslant 0) = 1 - P(NPV < 0) = 1 - 0.15 = 0.85$$

同理可计算任何情况的概率。

⑧结论：因 $E(NPV) = 3\,098.66$ 万元 > 0，故本项目是可行的；又 $P(NPV \geqslant 0) = 0.85$，

说明项目具有较高的可靠性。

本章小结

本章主要阐述以下 3 个内容：

①静态评价方法：主要介绍静态投资回收期、差额投资回收期、投资收益率法，熟悉对项目的概略评价。

②动态评价方法：主要介绍动态回收期、净现值、差额净现值、净现值率、净年值、内部收益率、差额内部收益率、费用现值、费用年值以及互斥型方案的评价方法，掌握对项目的详细评价方法。

③不确定性分析：主要介绍盈亏平衡分析、敏感性分析、概率分析 3 种方法，会用这 3 种方法进行不确定性评价。

复习思考题

1. 某方案的现金流量如表 4.20 所示，基准收益率为 15%，试计算静态投资回收期，投资收益率。

表 4.20　现金流量表

年　　份	0	1	2	3	4	5
现金流量/万元	−2 000	450	550	650	700	800

2. 某工程总投资 5 000 万元，投资后，每年生产支出 600 万元，每年的收益额为 1 400 万元。产品的经济寿命期为 10 年，在 10 年末，还能回收资金 100 万元，假设基准收益率为 10%，请计算计算期内的净现值。

3. 某项目初始投资为 8 000 元，在第 1 年现金流入 2 000 元，第 2 年末现金流入 3 000 元，第 3,4 年末的现金流入均为 4 000 元，请计算该项目的动态投资回收期、净现值、净年值、净现值率。

4. 有 3 个互斥方案，寿命期均为 10 年，基准收益率为 10%，各方案的初始投资和年净收益见表 4.21。请分别用净现值法、年值法、差额净现值法及差额内部收益法判别方案的优劣。

表 4.21　投资方案的现金流量表

方　　案	A	B	C
初始投资	40	55	70
年净收益	8	12	15

5 某企业现有若干互斥型投资方案,有关数据如表 4.22 所示。

表 4.22　投资方案数据表　　　　单位:万元

方　案	初始投资	年净收益	寿命期/年
A	2 000	500	6
B	3 000	900	6
C	4 000	1 100	6
D	5 000	1 380	6

请计算并判别:

(1)当基准收益率为 10%,哪个方案最佳?

(2)折现率在什么范围内,B 方案在经济上最佳?

(3)若 $i_0 = 10\%$,实施 B 方案企业在经济上的损失时多少?

6. 某施工机械有两种不同型号,其有关数据如表 4.23 所示,年利率为 10%,请问购买哪种型号的机械比较经济?

表 4.23　机械 A,B 的有关数据　　　　单位:万元

方　案	初始投资	年现金收入	年经营费	残　值	寿命/年
A	1 200	700	60	200	10
B	900	700	85	1 000	8

7. 有 3 个互斥型的投资方案,寿命期均为 10 年。各方案的初始投资和年费用如表 4.24 所示,基准收益率为 10% 的条件下,请用费用现值法及费用年值法判别方案的优劣。

表 4.24　A,B 方案的初始投资和年费用　　　　单位:万元

方　案	A	B	C
初始投资	40	55	72
年费用	10	13	18

8. 某桥梁工程,初步拟定两个结构方案备选。A 方案为钢筋混凝土结构,初始投资1 500 万元,年维护费 10 万元,每 5 年大修一次,费用 100 万元;B 方案为钢结构,初始投资 2 000 万元,年维护费 5 万元,每 10 年大修 1 次,费用 80 万元。请问:哪一个方案更经济。

9. 某建设项目拟定产品销售单价为 6.5 元,生产能力为 2 000 000 单位,单位生产成本中可变费用为 3.5 元,总固定费用为 3 280 000 元。试用产量、销售收入、生产能力利用率表示盈亏平衡点并求出具体数值。

10. 某项目的总投资为 450 万元,年经营成本为 36 万元,年销售收入为 9 万元,项目寿命周期为 10 年,基准折现率为 13%。

（1）试找出敏感性因素。

（2）试就投资与销售收入同时变动进行敏感性分析。

11. 某项目需投资 250 万元，建设期为 1 年。根据预测，项目生产期的每年收入为 5 万元、10 万元和 12.5 万元的概率分别为 0.3，0.5 和 0.2，在每一收入水平下生产期为 2，3，4，5 年的概率分别为 0.2，0.2，0.5 和 0.1，按折现率为 10% 计算，试进行概率分析。

第 5 章

工程项目财务评价

本章导读

● **基本要求**　了解财务评价的概念、目的、原则；熟悉财务评价的内容、基本步骤、报表；掌握财务评价的指标体系、计算及评价结论；熟悉改扩建项目财务评价的特点；了解财务评价的价格体系选用。

● **重点**　财务评价报表的选用，报表及指标的计算，根据指标得出结论。

● **难点**　各报表中数据之间的计算关系。

在做好市场需求预测及项目地址选择、工艺技术选择、工程技术研究的基础上，还必须对拟建项目从工程财务和国民经济两方面来考察投资项目在经济上是否可行，并进行多方面的比较和风险分析。项目经济评价包括企业财务评价和国民经济评价两个层次。

5.1　财务评价概述

财务评价又称为财务分析，是根据国家现行财税制度和市场价格体系，预测、分析、计算项目的财务效益和费用，编制财务报表，计算评价指标，考察项目的盈利能力、清偿能力以及财务生存能力等财务状况，进行不确定分析，据以判别项目的财务可行性。它是项目可行性研究的核心内容，其评价结论是决定项目取舍的重要决策依据。

5.1.1　财务评价的目的

财务评价主要是站在投资人立场上的分析，首先考察的就是盈利能力。投资人是否投资某项目的一个重要考虑因素就是该项目是否盈利，即"大家"（包括各个投资人以及贷款机构)总体是赚钱的;鉴于投资人往往会举债投资,因此,投资人要避免只为他人做嫁衣的尴尬情形,即虽然项目总体是赚钱的,但赚来的钱都给银行作为利息了,自己白为银行打工,也就是说既要保证"大家"总体是赚的,也要保证"我们"(投资人)是赚钱的。由于各个投资人的资金成本、利益诉求有差异,"你"(投资人甲)认为 10%的税前账面利润就能接受,"我"(投资人乙)却觉得至少 15%才行。要使投资顺利进行,就必须做到"我和你"(投资各方)都是盈利的。因此,盈利能力分析就包括总投资或项目(大家)的盈利能力、项目资本金(我们)的盈利能力以及投资各方(我和你)的盈利能力分析。

投资人有了投资的意愿,他们还必须说服贷款机构(如银行)把资金借贷出来。投资人必须拿出有说服力的报告,让贷款机构相信他们有能力按时、足额偿还利息以及本金,还款来源是清晰、有保障的。这些就是清偿能力分析的内容。

财务生存能力简单说就是保证所投资的项目在财务上是可持续的,特别是在项目初期,会有足够的现金流不仅能维持项目"活下去"(各年累计盈余资金非负),还能让项目"活得好"(维持项目正常运营)。

5.1.2　基本步骤

1)准备财务基础数据

要进行财务评价,首先要对一系列有关的财务数据进行调查、搜集、整理和测算,并编制有关财务数据估算表的工作;投资方案提出以后,能否正确决策,关键就在于数据的收集和估算是否准确、可靠;为求数据的准确、可靠,这项工作必须实地调研。

2)编制相关辅助报表

财务报表分为基本报表和辅助报表。辅助报表一般包括:

①建设投资估算表;

②建设期利息估算表(一般会在融资后分析时编制);

③流动资金估算表;

④项目总投资使用计划与资金筹措表(一般会在融资后分析时编制);

⑤营业收入、营业税金及附加和增值税估算表;

⑥总成本费用估算表。若用生产要素法编制总成本费用估算表,还应编制下列基础报表:

a.外购原材料费估算表;

b.外购燃料和动力费估算表;

c.固定资产折旧费估算表;

d.无形资产和其他资产摊销估算表;

e.工资及福利费估算表。

总成本费用系指在运营期内为生产产品提供服务所发生的全部费用,等于经营成本与折旧费,摊销费和财务费用之和。总成本费用可按下列方法估算:

①生产成本 + 期间费用估算法:

总成本费用 = 生产成本 + 期间费用

生产成本 = 直接材料费 + 直接燃料和动力费 + 直接工资 + 其他直接支出 + 制造费用

期间费用 = 管理费用 + 营业费用 + 财务费用

制造费用指企业为生产产品和提供劳务而发生的各项间接费用,包括生产单位管理人员工资和福利费、折旧费、修理费(生产单位和管理用房屋、建筑物、设备)、办公费、水电费、机物料消耗、劳动保护费、季节性和修理期间的停工损失等,但不包括企业行政管理部门为组织和管理生产经营活动而发生的管理费用。项目评价中的制造费用系指项目包含的各分厂或车间的总制造费用,为了简化计算常将制造费用归类为管理人员工资及福利费、折旧费、修理费和其他制造费用。

管理费用是指企业为管理和组织生产经营活动所发生的各项费用,包括公司经费、工会经费、职工教育经费、劳动保险费、待业保险费、董事会费、咨询费、聘请中介机构费、诉讼费、业务招待费、排污费、房产税、车船使用税、土地使用税、印花税、矿产资源补偿费、技术转让费、研究与开发费、无形资产与其他资产摊销、职工教育经费、计提的坏账准备和存货跌价准备等。为了简化计算,项目评价中可将管理费用归类为管理人员工资及福利费、折旧费、无形资产和其他资产摊销、修理费和其他管理费用。

营业费用是指企业在销售商品过程中发生的各项费用以及专设销售机构的各项经费,包括应由企业负担的运输费、装卸费、包装费、保险费、广告费、展览费以及专设销售机构人员工资及福利费、类似工程性质的费用、业务费等经营费用。为了简化计算,项目评价中将营业费用归为销售人员工资及福利费、折旧费、修理费和其他营业费用。

按照生产成本加期间费用法估算的总成本费用,编制如表 5.1 所示的总成本费用估算表。

②生产要素估算法:

总成本费用 = 外购原材料、燃料和动力费 + 工资及福利费 + 折旧费 + 摊销费 + 修理费 + 财务费用(利息支出) + 其他费用

其他费用包括其他制造费用、其他管理费用和其他营业费用这 3 项费用。其他管理费用是指由管理费用中扣除工资及福利费、折旧费、摊销费、修理费后的其余部分;其他营业费用是指由营业费用中扣除工资及福利费、折旧费、修理费后的其余部分。

按照生产要素法估算的总成本费用,编制如表 5.2 所示的总成本费用估算表。

财务基础数据及其与相关辅助报表之间的相互关系如图 5.1 所示。

表5.1　总成本费用估算表(生产成本加期间费用法)　　　　　　　单位:万元

序　号	项　　目	合计	计算期					
			1	2	3	4	…	n
1	生产成本							
1.1	直接材料费							
1.2	直接燃料及动力费							
1.3	直接工资及福利费							

续表

序 号	项 目	合计	计算期					
			1	2	3	4	…	n
1.4	制造费用							
1.4.1	折旧费							
1.4.2	修理费							
1.4.3	其他制造费							
2	管理费用							
2.1	无形资产摊销							
2.2	其他资产摊销							
2.3	其他管理费用							
3	财务费用							
3.1	利息支出							
3.1.1	长期借款利息							
3.1.2	流动资金借款利息							
3.1.3	短期借款利息							
4	营业费用							
5	总成本费用合计 (1+2+3+4)							
5.1	其中:可变成本							
5.2	固定成本							
6	经营成本 (5−1.4.1−2.1−2.2−3.1)							

注:①本表适用于新设法人项目与既有法人项目的"有项目""无项目"和增量总成本费用的估算。

②生产成本中的折旧费、修理费指生产性设施的固定资产折旧费和修理费。

③生产成本中的工资和福利费指生产性人员工资和福利费。车间或分厂管理人员工资和福利费可在制造费用中单独列项或含在其他制造费中。

④本表其他管理费用中含管理设施的折旧费、修理费以及管理人员的工资和福利费。

表5.2 总成本费用估算表(生产要素法) 单位:万元

序 号	项 目	合计	计算期					
			1	2	3	4	…	n
1	外购原材料费							
2	外购燃料及动力费							

续表

序号	项目	合计	计算期					
			1	2	3	4	…	n
3	工资及福利费							
4	修理费							
5	其他费用							
6	经营成本 (1+2+3+4+5)							
7	折旧费							
8	摊销费							
9	利息支出							
10	总成本费用合计 (6+7+8+9)							
	其中:可变成本							
	固定成本							

注:①本表适用于新设法人项目与既有法人项目的"有项目""无项目"和增量成本费用的估算。

②经营成本是项目经济评价中所使用的特定概念,作为项目运营期的主要现金流出,其构成和估算可用下列方法表述:

经营成本=外购原材料、燃料动力费+工资及福利费+修理费+其他费用

或　　　经营成本=总成本费用-折旧费-无形资产、其他资产摊销费-利息支出

③总成本费用可分解为固定成本和可变成本。固定成本一般包括折旧费、摊销费、修理费、工资及福利费(计件工资除外)和其他费用等,通常把运营期发生的全部利息也作为固定成本;可变成本主要包括外购原材料、燃料及动力费和计件工资等。有些成本费用属于半固定半可变成本,必要时可进一步分解为固定成本和可变成本。项目评价中可根据行业特点进行简化处理。

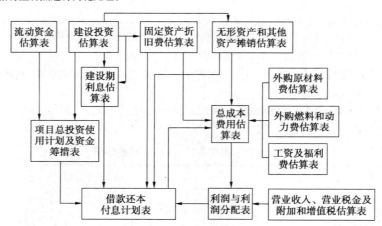

图5.1　财务基础数据与相关辅助报表之间的相互关系

3)融资前分析

融资前分析是在不考虑债务融资的情况下进行的财务分析,而且只进行盈利能力分析,即要回答前一小节所指出的"大家"是否赚钱的问题。融资前分析应考察项目在整个计算期内现金流入和现金流出,编制项目投资现金流量表,计算投资内部收益率、净现值和静态投资回收期等指标。

融资前分析排除了融资方案变化的影响,从项目投资总获利能力的角度,考察方案设计的合理性,是初步投资决策与融资方案研究的依据和基础。融资前分析应以动态分析为主,静态分析为辅。

4)融资后分析

在融资前分析通过和拟订初步融资方案的基础上可进行融资后分析,考察技术方案在拟订融资条件下的盈利能力、偿债能力和财务生存能力,判断技术方案在融资条件下的可行性。即要回答前一小节所指出的"我们"以及"我和你"是否赚钱的问题。融资后分析用于比选融资方案,帮助投资者做出融资决策。融资后的盈利能力分析也应包括动态分析和静态分析。其基本步骤如下:

①拟订初步融资方案。

②编制项目总投资使用计划与资金筹措表、建设期利息估算表。

③编制项目资本金现金流量表,利用资金时间价值的原理进行折现,计算项目资本金财务内部收益率指标,考察项目资本金可获得的收益水平(考察"我们"是否赚钱)。

④分别编制投资各方现金流量表,计算投资各方的财务内部收益率指标,考察投资各方可能获得的收益水平。当投资各方不按股本比例进行分配或有其他不对等的收益时,可选择进行投资各方现金流量分析(考察"我和你"是否赚钱)。

⑤通过计算利息备付率、偿债备付率和资产负债率等指标,分析判断财务主体的偿债能力。

⑥在财务分析辅助表和利润与利润分配表的基础上编制财务计划现金流量表,计算净现金流量和累计盈余资金,分析项目是否有足够的净现金流量维持正常运营,以实现财务可持续性,判断项目的财务生存能力。

5)进行不确定性分析

项目经济评价所采用的数据大部分来自预测和估算,具有一定程度的不确定性,为分析不确定性因素变化对评价指标的影响,估计项目可能承担的风险,应进行不确定性分析与经济风险分析,提出项目风险的预警、预报和相应的对策,为投资决策服务。

不确定性分析主要包括盈亏平衡分析和敏感性分析。经济风险分析应采用定性与定量相结合的方法,分析风险因素发生的可能性及给项目带来经济损失的程度,其分析过程包括风险识别、风险估计、风险评价与风险应对。

以上为财务分析的基本步骤,图5.2为分析步骤的流程图。

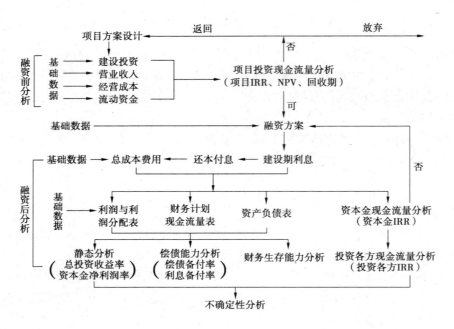

图 5.2　财务分析基本步骤图

5.1.3　基本报表

财务分析报表包括下列各类现金流量表、利润与利润分配表、财务计划现金流量表、资产负债表和借款还本付息估算表。财务分析报表与评价指标间的关系如表 5.3 所示。

①现金流量表应正确反映计算期内的现金流入和流出,具体可分为下列 3 种类型:

a. 项目投资现金流量表(表 5.4),用于计算项目投资内部收益率及净现值等财务分析指标;

b. 项目资本金现金流量表(表 5.5),用于计算项目资本金财务内部收益率;

c. 投资各方现金流量表(表 5.6),用于计算投资各方内部收益率。

②利润与利润分配表(表 5.7),反映项目计算期内各年营业收入、总成本费用、利润总额等情况,以及所得税后利润的分配,用于计算总投资收益率、项目资本金净利润率等指标。

③财务计划现金流量表(表 5.8),反映项目计算期各年的投资、融资及经营活动的现金流入和流出,用于计算累计盈余资金,分析项目的财务生存能力。

④资产负债表(表 5.9),用于综合反映项目计算期内各年年末资产、负债和所有者权益的增减变化及对应关系,计算资产负债率。

⑤借款还本付息计划表(表 5.10),反映项目计算期内各年借款本金偿还和利息支付情况,用于计算偿债备付率和利息备付率指标。

在财务评价工程中,应根据项目具体情况选用相应的报表和评价指标。

表5.3　**财务评价指标体系**

评价内容	基本报表		评价指标	
			静态指标	动态指标
盈利能力分析	融资前分析	项目投资现金流量表	项目投资回收期	项目投资财务内部收益率 项目投资财务净现值
	融资后分析	项目资本金现金流量表		项目资本金财务内部收益率
		投资各方现金流量表		投资各方财务内部收益率
		利润与利润分配表	总投资收益率 项目资本金净利润率	
偿债能力分析	借款还本付息计划表		偿债备付率 利息备付率	
	资产负债表		资产负债率 流动比率 速动比率	
财务生存能力分析	财务计划现金流量表		累计盈余资金	
外汇平衡分析	财务外汇平衡表			
不确定性分析	盈亏平衡分析		盈亏平衡产量 盈亏平衡生产能力利用率	
	敏感性分析		灵敏度 不确定因素的临界值	
风险分析	概率分析		$NPV \geq 0$ 的累计概率	
			定性分析	

表5.4 项目投资现金流量表

人民币单位:万元

序号	项 目	合计	计算期					
			1	2	3	4	...	n
1	现金流入							
1.1	营业收入							
1.2	补贴收入							
1.3	回收固定资产余值							
1.4	回收流动资金							
2	现金流出							
2.1	建设投资							
2.2	流动资金							
2.3	经营成本							
2.4	营业税金及附加							
2.5	维持运营投资							
3	所得税前净现金流量(1-2)							
4	累计所得税前净现金流量							
5	调整所得税							
6	所得税后净现金流量(3-5)							
7	累计所得税后净现金流量							

计算指标:

项目投资财务内部收益率(所得税前)/%

项目投资财务内部收益率(所得税后)/%

项目投资财务净现值(所得税前)($i_c =$ %)

项目投资财务净现值(所得税后)($i_c =$ %)

项目投资回收期(所得税前)/年

项目投资回收期(所得税后)/年

注:①本表适用于新设法人项目与既有法人项目的增量和"有项目"的现金流量分析。

②调整所得税为以息税前利润为基数计算的所得税,区别于"利润与利润分配表""项目资本金现金流量表"和"财务计划现金流量表"中的所得税。项目投资现金流量表中的"所得税"应根据息税前利润(EBIT)乘以所得税率计算,称为"调整所得税"。原则上,息税前利润的计算应完全不受融资方案变动的影响,即不受利息多少的影响,包括建设期利息对折旧的影响(因为折旧的变化会对利润总额产生影响,进而影响息税前利润);但如此将会出现两个折旧和两个息税前利润(用于计算融资前所得税的息税前利润和利润表中的息税前利润)。为简化起见,当建设期利息占总投资比例不是很大时,也可按利润表中的息税前利润计算调整所得税。

表5.5 项目资本金现金流量表

人民币单位:万元

序号	项 目	合计	计算期					
			1	2	3	4	…	n
1	现金流入							
1.1	营业收入							
1.2	补贴收入							
1.3	回收固定资产余值							
1.4	回收流动资金							
2	现金流出							
2.1	项目资本金							
2.2	借款本金偿还							
2.3	借款利息支付							
2.4	经营成本							
2.5	营业税金及附加							
2.6	所得税							
2.7	维持运营投资							
3	净现金流量(1−2)							

计算指标:
资本金财务内部收益率/%

注:①项目资本金包括用于建设投资、建设期利息和流动资金的资金。
②对外商投资项目,现金流出中应增加职工奖励及福利基金科目。
③本表适用于新设法人项目与既有法人项目"有项目"的现金流量分析。

投资各方现金流量分析:应从投资各方实际收入和支出的角度,确定其现金流入和现金流出,分别编制投资各方现金流量表(表5.6),计算投资各方的财务内部收益率指标,考察投资各方可能获得的收益水平。

表 5.6　投资各方现金流量表　　　　　　人民币单位:万元

序号	项　　目	合计	计算期					
			1	2	3	4	…	n
1	现金流入							
1.1	实分利润							
1.2	资产处置收益分配							
1.3	租赁费收入							
1.4	技术转让或适用收入							
1.5	其他现金流入							
2	现金流出							
2.1	实缴资本							
2.2	租赁资产支出							
2.3	其他现金流出							
3	净现金流量(1-2)							
计算指标: 投资各方财务内部收益率/%								

注:本表可按不同投资方分别编制。

①投资各方现金流量表既适用于内资企业,也适用于外商投资企业;既适用于合资企业,也适用于合作企业。

②投资各方现金流量表中现金流入是指出资方因该项目的实施将实际获得的各种收入;现金流出是指出资方因该项目的实施将实际投入的各种支出。表中科目应根据项目具体情况调整。

●实分利润是指投资者由项目获取的利润;

●资产处置收益分配是指对有明确的合营期限或合资期限的项目,在期满时对资产余值按股比或约定比例的分配;

●租赁费收入是指出资方将自己的资产租赁给项目使用所获得的收入,此时应将资产价值作为现金流出,列为租赁资产支出科目;

●技术转让或适用收入是指出资方将专利或专有技术转让或允许该项目使用所获得的收入。

静态分析是不采取折现方式处理数据,主要依据利润与利润分配表(表5.7),并借助现金流量表计算相关盈利能力指标。

表 5.7　利润与利润分配表　　　　　　　　人民币单位:万元

序号	项目	合计	计算期					
			1	2	3	4	…	n
1	营业收入							
2	营业税金及附加							
3	总成本费用							
4	补贴收入							
5	利润总额(1−2−3+4)							
6	弥补以前年度亏损							
7	应纳税所得额(5−6)							
8	所得税							
9	净利润(5−8)							
10	期初未分配利润							
11	可供分配的利润(9+10)							
12	提取法定盈余公积金							
13	可供投资者分配的利润(11−12)							
14	应付优先股股利							
15	提取任意盈余公积金							
16	应付普通股股利(13−14−15)							
17	各投资方利润分配							
	其中:××方							
	××方							
18	未分配利润(13−14−15−16−17)							
19	息税前利润(利润总额+利息支出)							
20	息税折旧摊前前利润(息税前利润+折旧+摊销)							

注:①对于外商出资项目由第11项减去储备基金、职工奖励与福利基金和企业发展基金后,得出可供投资者分配的利润。

②第14—16项根据企业性质和具体情况选择填列。

③法定盈余公积金按净利润计提。

表 5.8　借款还本付息计划表　　　　　　　　　人民币单位:万元

序号	项　目	合计	计算期					
			1	2	3	4	…	n
1	借款 1							
1.1	期初借款余额							
1.2	当期还本付息							
	其中:还本							
	付息							
1.3	期末借款余额							
2	借款 1							
2.1	期初借款余额							
2.2	当期还本付息							
	其中:还本							
	付息							
2.3	期末借款余额							
3	借款 1							
3.1	期初借款余额							
3.2	当期还本付息							
	其中:还本							
	付息							
3.3	期末借款余额							
4	借款 1							
4.1	期初借款余额							
4.2	当期还本付息							
	其中:还本							
	付息							
4.3	期末借款余额							
计算指标	利息备付率/%							
	偿债备付率/%							

注:①本表与财务分析辅助表"建设期利息估算表"可合二为一。

②本表直接适用于新设法人项目,如有多种借款或债券,必要时应分别列出。

③对于既有法人项目,在按有项目范围进行计算时,可根据需要增加项目范围内原有借款的还本付息计算;在计算企业层次的还本付息时,可根据需要增加项目范围外借款的还本付息计算;当简化直接进行项目层次新增借款还本付息计算时,可直接按新增数据进行计算。

④本表可另加流动资金借款的还本付息计算。

表 5.9　资产负债表　　　　　　　　　　　　人民币单位:万元

序号	项目	合计	计算期					
			1	2	3	4	…	n
1	资产							
1.1	流动资产总额							
1.1.1	货币资金							
1.1.2	应收账款							
1.1.3	预付账款							
1.1.4	存货							
1.1.5	其他							
1.2	在建工程							
1.3	固定资产净值							
1.4	无形及其他资产净值							
2	负债及所有者权益 (2.4+2.5)							
2.1	流动负债总额							
2.1.1	短期借款							
2.1.2	应付账款							
2.1.3	预收账款							
2.1.4	其他							
2.2	建设投资借款							
2.3	流动资金借款							
2.4	负债小计(2.1+2.2+2.3)							
2.5	所有者权益							
2.5.1	资本金							
2.5.2	资本公积							
2.5.3	累计盈余公积金							
2.5.4	累计未分配利润							
计算指标	利息备付率/%							
	偿债备付率/%							

注:①对外商投资项目,第 2.5.3 项改为累计储备基金和企业发展基金。

②对既有法人项目,一般只针对法人编制,可按需要增加科目,此时表中资本金是指企业全部实收资本,包括原有和新增的实收资本,必要时,也可针对"有项目"范围编制;此时表中资本金仅指"有项目"范围的对应数值。

③货币资金包括现金和累计盈余资金。

表 5.10　财务计划现金流量表　　　　　　　　人民币单位:万元

序号	项　目	合计	计算期					
			1	2	3	4	…	n
1	经营活动净现金流量 (1.1－1.2)							
1.1	现金流入							
1.1.1	营业收入							
1.1.2	增值税销项税额							
1.1.3	补贴收入							
1.1.4	其他流入							
1.2	现金流出							
1.2.1	经营成本							
1.2.2	增值税进项税额							
1.2.3	营业税金及附加							
1.2.4	增值税							
1.2.5	所得税							
1.2.6	其他流出							
2	投资活动净现金流量 (2.1－2.2)							
2.1	现金流入							
2.2	现金流出							
2.2.1	建设投资							
2.2.2	维持运营投资							
2.2.3	流动资金							
2.2.4	其他流出							
3	筹资活动净现金流量 (3.1－3.2)							
3.1	现金流入							
3.1.1	项目资本金投入							
3.1.2	建设投资借款							
3.1.3	流动资金借款							
3.1.4	债券							
3.1.5	短期借款							

92

续表

序号	项　　目	合计	计算期					
			1	2	3	4	…	n
3.1.6	其他流入							
3.2	现金流出							
3.2.1	各种利息支出							
3.2.2	偿还债务本金							
3.2.3	应付利润(股利分配)							
3.2.4	其他流出							
4	净现金流量(1+2+3)							
5	累计盈余资金							

注:①对于新设法人项目,本表投资活动的现金流入为零。

②对于既有法人项目,可适当增加科目。

③必要时,现金流出中可增加应付优先股股利科目。

④.对外商投资项目应将职工奖励与福利基金作为经营活动现金流出。

财务生存能力分析应结合偿债能力分析进行,如果拟安排的还款期过短,致使还本付息负担过重,导致为维持资金平衡必须筹措的短期借款过多,可以调整还款期,减轻各年还款负担。

通常因运营期前期的还本付息负担过重,故应特别注重运营期前期的财务生存能力分析。

通过以下相辅相成的两个方面可具体判断项目的财务生存能力:

①拥有足够的经营净现金流量是财务可持续的基本条件,特别是在运营初期。一个项目具有较大的经营净现金流量,说明项目方案比较合理,实现自身资金平衡的可能性大,不会过分依赖融资来维持运营;反之,一个项目不能产生足够的经营净现金流量,或经营净现金流量为负值,说明维持项目正常运行会遇到财务上的困难,项目方案缺乏合理性,实现自身资金平衡的可能性小,有可能要靠短期融资来维持运营;或者是非经营项目本身无能力实现自身资金平衡,提示要靠政府补贴。

②各年累计盈余资金不出现负值是财务生存的必要条件。在整个运营期间,允许个别年份的净现金流量出现负值,但不能容许任一年份的累计盈余资金出现负值。一旦出现负值时应适时进行短期融资,该短期融资应体现在财务计划现金流量表中,同时短期融资的利息也应纳入成本费用和其后的计算。较大的和较频繁的短期融资,有可能导致以后的累计盈余资金无法实现正值,致使项目难以持续经营。

财务计划现金流量表是项目财务生存能力分析的基本报表,其编制基础是财务分析辅助报表和利润与利润分配表。

5.2 工程项目投资估算

投资估算是在研究并基本确定项目的建设规模、产品方案、技术方案、工艺技术、设备方案、厂址方案、工程建设方案以及项目进度计划等的基础上,按照规定的程序、方法和依据,对拟建项目所需总投资及其构成进行的预测和估计,依据特定的方法,估算项目从筹建、施工直至建成投产所需全部建设资金总额并测算建设期各年资金使用计划的过程。投资估算是项目建议书或可行性研究报告的重要组成部分,是项目经济评价的重要依据之一。

5.2.1 投资估算的编制步骤

按照费用归集形式,建设投资可按概算法或形成资产法分类。根据项目前期研究各阶段对投资估算精度的要求、行业特点和相关规定,可选用相应的投资估算方法。投资估算的内容与深度应满足项目前期研究各阶段的要求,并为融资决策提供基础。

可行性研究阶段的投资估算的编制一般包含静态投资部分、动态投资部分与流动资金估算3部分,主要包括以下步骤:

①分别估算各单项工程所需建筑工程费、设备及工器具购置费、安装工程费,在汇总的基础上,估算工程建设其他费用和基本预备费,完成工程项目静态投资部分的估算;

②在静态投资部分的基础上,估算涨价预备费和建设期利息,完成工程项目动态投资部分的估算;

③估算流动资金;

④估算建设项目总投资。

5.2.2 静态投资部分的估算方法

静态投资部分有很多估算的方法,各有其适用的范围和条件,误差程度也不相同。一般情况下,应根据项目的性质、占有资料和数据的具体情况,选用合适的估算方法。在项目规划和建议书阶段,投资估算的精度较低,可采取简单的匡算法,如单位生产能力估算法、生产能力指数法、系数估算法、比例估算法或混合法等,在条件允许时,也可采用指标估算法;在可行性研究阶段,投资估算精度要求高,需采用相对详细的投资估算方法,即指标估算法。

1)项目规划和建议书阶段投资估算方法

(1)生产能力指数法

生产能力指数法又称指数估算法,它是根据已建成的类似能力和投资额来粗略估算同类但生产能力不同的拟建项目静态投资额的方法。其计算公式为:

$$C_2 = C_1 \left(\frac{Q_2}{Q_1} \right)^n f \tag{5.1}$$

式中 C_1——已建类似项目的静态投资额;

C_2——拟建项目静态投资额;

Q_1——已建类似项目的生产能力;

Q_2——拟建项目的生产能力;

f——不同时期、不同地点的定额、单价、费用变更等的综合调整系数；

n——生产能力指数。

正常情况下，$0 \leqslant n \leqslant 1$，表明造价与规模（或容量）一般会呈非线性关系，且单位造价随工程规模（或容量）的增大而减小。生产能力指数法的关键是生产能力指数的确定，一般要结合行业特点确定，并应有可靠的例证。若已建类似项目规模和拟建项目规模的比值在 $0.5 \sim 2$ 时，n 的取值近似为 1；若已建类似项目规模与拟建项目规模的比值为 $2 \sim 50$，且拟建项目生产规模的扩大仅靠增大设备规模来达到时，则 n 的取值约为 $0.6 \sim 0.7$；若是靠增加相同规格设备的数量达到时，n 的取值约在 $0.8 \sim 0.9$。

（2）系数估算法

系数估算法也称为因子估算法。它是以拟建项目的主体工程费或主要设备购置费为基数，以其他工程费与主体工程费的百分比为系数估算项目的静态投资的方法。在我国常用的方法有设备系数法和主体专业系数法，世行项目投资估算常用的方法是朗格系数法。

①设备系数法。设备系数法是指以拟建项目的设备购置费为基数，根据已建成的同类项目的建筑安装费和其他工程费等与设备价值的百分比，求出拟建项目建筑安装工程费和其他工程费，进而求出项目的静态投资。其计算公式为：

$$C = E(1 + f_1 P_1 + f_2 P_2 + f_3 P_3 + \cdots) + I \tag{5.2}$$

式中　C——拟建项目的静态投资；

E——拟建项目根据当时当地价格计算的设备购置费；

$P_1, P_2, P_3 \cdots$——已建项目中建筑安装工程费及其他工程费等与设备购置费的比例；

$f_1, f_2, f_3 \cdots$——由于时间地点因素引起的定额、价格、费用标准等变化的综合调整系数；

I——拟建项目的其他费用。

②主体专业系数法。主体专业系数法是指以拟建项目中投资比重较大，并与生产能力直接相关的工艺设备投资为基数，根据已建同类项目的有关统计资料，计算出拟建项目各专业工程（总图、土建、采暖、给排水、管道、电气、自控等）与工艺设备投资的百分比，据以求出拟建项目各专业投资，然后加总即为拟建项目的静态投资。其计算公式为：

$$C = E(1 + f_1 P_1' + f_2 P_2' + f_3 P_3' + \cdots) + I \tag{5.3}$$

式中　$P_1', P_2', P_3' \cdots$——已建项目中各专业工程费用与工艺设备投资的比重。

③朗格系数法。这种方法是以设备费购置费为基数，乘以适当系数来推算项目的静态投资。这种方法在国内不常见，是世行项目投资估算常采用的方法。该方法的基本原理是将项目建设中的总成本费用中的直接成本和间接成本分别计算，再合为项目的静态投资。其计算公式为：

$$C = E \cdot (1 + \sum K_i) \cdot K_c \tag{5.4}$$

式中　K_i——管线、仪表、建筑物等项费用的估算系数；

K_c——管理费、合同费、应急费等间接项目费用的总估算系数。

静态投资与设备购置费之比为朗格系数 K_L。即

$$K_L = (1 + \sum K_i) \cdot K_c \tag{5.5}$$

朗格系数包含的内容如表5.11所示。

表5.11 朗格系数常见取值

项 目	固体流程	固流流程	流体流程
朗格系数 K	3.1	3.63	4.74
内容 a.包括基础、设备、绝热、油漆及设备安装费	$E \times 1.43$		
内容 b.包括上述在内和配套工程费	$a \times 1.1$	$a \times 1.25$	$a \times 1.6$
内容 c.装置直接费	$b \times 1.5$		
内容 d.包括上述在内和间接费,总费用	$c \times 1.31$	$c \times 1.35$	$c \times 1.38$

2.可行性研究阶段投资估算方法

为了保证编制精度,可行性研究阶段建设项目投资估算原则上应采用指标估算法。指标估算法是细分、估算、汇总,即首先把拟建建设项目以单项工程或单位工程,按建设内容纵向划分为各个主要生产设施、辅助及公用设施、行政及福利设施以及各项其他基本建设费用,按费用性质横向划分为建筑工程、设备购置、安装工程等费用;然后,根据各种具体的投资估算指标,进行各单位工程或单项工程投资的估算;然后汇集成拟建建设项目的各个单项工程费用和拟建项目的工程费用投资估算;再按相关规定估算工程建设其他费、基本预备费等,形成拟建建设项目静态投资。

(1)建筑工程费用估算

建筑工程费用是指为建造永久性建筑物和构筑物所需要的费用。总的来看,建筑工程费的估算方法有单位建筑工程投资估算法、单位实物工程量投资估算法和概算指标投资估算法。前两种方法比较简单,适合有适当估算指标或类似工程造价资料时使用,当不具备上述条件时,可采用计算主体实物工程量套用相关综合定额或概算定额进行估算,这种方法需要设计达到一定深度,工作量较大。实际工作中可根据具体条件和要求选用。

(2)设备及工器具购置费估算

设备购置费根据项目主要设备表及价格、费用资料估算,工器具购置费按设备费的一定比例计取。对于价值高的设备应按单台(套)估算购置费,价值较小的设备可按类估算,国内设备和进口设备应分别估算。

(3)安装工程费估算

安装工程费一般以设备费为基数区分不同类型进行估算。

(4)工程建设其他费用估算

工程建设其他费用的计算应结合拟建项目的具体情况,有合同或协议明确的费用按合同或协议列入;无合同或协议明确的费用,根据国家和各行业部门、工程所在地地方政府的有关工程建设其他费用定额(规定)和计算办法估算。

(5)基本预备费估算

基本预备费的估算一般是以建设项目的工程费用和工程建设其他费用之和为基础,乘以基本预备费率进行计算。基本预备费率的大小应根据建设项目的设计阶段和具体的设计深度,以及在估算中所采用的各项估算指标与设计内容的贴近度、项目所属行业主管部门的具体规定确定。

$$基本预备费 = （工程费用 + 工程建设其他费用）× 基本预备费费率 \qquad (5.6)$$

3）静态估算法注意事项

不管采取哪种算法,其实质都是拿以往的统计数据来估算未来,只是估算指标粗细程度不同,带来估算精度的差异。例如,估算一所医院的投资,可以以病床数量为其规模（生产能力）指标来算,用生产能力指数法即可。但过去和未来会发生很多变化,如将要投资的医院的设备比以前更先进了、装修档次更高了等。投资估算时若没有考虑这些变化,那么估算精度是不会太高的。过去、未来会有太多的变化,要想提高精度,就必须一一把变化考虑进去,这就注定要把指标细分,让每一个有可能出现变化的地方都能被单独剔出来,进行单独估算。当然,指标分解得越细,工作量也会越大,所需占有的相关基础数据也越多。因此,对投资估算方法绝不能生搬硬套,必须对工艺流程、定额、价格及费用标准进行分析,经过实事求是的选用、调整与换算后,才能提高其精确度。

5.2.3　动态投资部分的估算方法

动态投资部分包括涨价预备费和建设期利息两部分。动态部分的估算应以基准年静态投资的资金使用计划为基础来计算,而不是以编制的年静态投资为基础计算。

1）涨价预备费

（1）涨价预备费的内容

涨价预备费是指针对建设项目在建设期间由于材料、人工、设备等价格可能发生变化引起工程造价变化,而事先预留的费用,亦称为价格变动不可预见费。涨价预备费的内容包括:人工、设备、材料、施工机械的价差费,建筑安装工程费及工程建设其他费用调整,利率、汇率调整等增加的费用。

（2）涨价预备费的测算方法

涨价预备费一般根据国家规定的投资综合价格指数,按估算年份价格水平的投资额为基数,采用复利方法计算。计算公式为:

$$P_f = \sum_{t=1}^{n} I_t \left[(1 + f)^m (1 + f)^{0.5} (1 + f)^{t-1} - 1 \right] \qquad (5.7)$$

式中　P_f——涨价预备费;

　　　　n——建设期年份数;

　　　　I_t——建设期中第 t 年的投资计划额,包括工程费用、工程建设其他费用及基本预备费,即第 t 年的静态投资;

　　　　f——年均投资价格上涨率;

　　　　m——建设前期年限（从编制估算到开工建设）,年。

2）建设期利息

建设期利息包括向国内银行和其他非银行金融机构贷款、出口信贷、外国政府贷款、国际商业银行贷款以及在境内外发行的债券等在建设期间应计的借款利息。

当总贷款是分年均衡发放时,建设期利息的计算可按当年借款在年中支用考虑,即当年

贷款按半年计息,上年贷款按全年计息。计算公式为:

$$q_j = \left(p_{j-1} + \frac{1}{2}A_j\right)i \tag{5.8}$$

式中　q_j——建设期第 j 年应计利息;

　　　P_{j-1}——建设期第 $j-1$ 年末累计贷款本金与利息之和;

　　　A_j——建设期第 j 年贷款金额;

　　　i——年利率。

国外贷款利息的计算中,还应包括国外贷款银行根据贷款协议向贷款方以年利率的方式收取的手续费、管理费、承诺费,以及国内代理机构经国家主管部门批准的以年利率的方式向贷款单位收取的转贷费、担保费、管理费等。

5.2.4　流动资金估算

流动资金估算方法可采用分项详细估算法或扩大指标估算法。

1)分项详细估算法

$$流动资金 = 流动资产 - 流动负债 \tag{5.9}$$
$$流动资产 = 应收账款 + 预付账款 + 存货 + 现金 \tag{5.10}$$
$$流动负债 = 应付账款 + 预收账款 \tag{5.11}$$
$$流动资金本年增加额 = 本年流动资金 - 上年流动资金 \tag{5.12}$$

(一)周转次数的计算

$$周转次数 = 360 天 / 最低周转天数 \tag{5.13}$$

各类流动资产和流动负债的最低周转天数参照同类企业的平均周转天数并结合项目特点确定,或按部门(行业)规定,在确定最低周转天数时应考虑储存天数、在途天数,并考虑适当的保险系数。

(2)流动资产的估算

①存货的估算。存货是指企业在日常生产经营过程中持有以备出售,或者仍然处在生产过程,或者在生产及提供劳务过程中将消耗的材料或物料等,包括各类材料、商品、在产品、半成品和产成品等。为简化计算,项目评价中仅考虑外购原材料、燃料、其他材料、在产品和产成品,并分项进行计算。计算公式为:

$$存货 = 外购原材料、燃料 + 其他材料 + 在产品 + 产成品 \tag{5.14}$$
$$外购原材料、燃料 = 年外购原材料、燃料费用 / 分项周转次数 \tag{5.15}$$
$$其他材料 = 年其他材料费用 / 其他材料周转次数 \tag{5.16}$$
$$在产品 = (年外购原材料、燃料动力费用 + 年工资及福利费 + 年修理费 +$$
$$年其他制造费用) / 在产品周转次数 \tag{5.17}$$
$$产成品 = (年经营成本 - 年营业费用) / 产成品周转次数 \tag{5.18}$$

其他制造费用是指由制造费用中扣除生产单位管理人员工资及福利费、折旧费、修理费后的其余部分。

②应收账款估算。应收账款是指企业对外销售商品、提供劳务尚未收回的资金,计算公式为:

$$应收账款 = 年经营成本 / 应收账款周转次数 \qquad (5.19)$$

③预付账款估算。预付账款是指企业为购买各类材料、半成品或服务所预先支付的款项,计算公式为:

$$预付账款 = 外购商品或服务年费用金额 / 预付账款周转次数 \qquad (5.20)$$

④现金需要量估算。项目流动资金中的现金是指为维持正常生产运营必须预留的货币资金,计算公式为:

$$现金 = (年工资及福利费 + 年其他费用) / 现金周转次数 \qquad (5.21)$$

$$年其他费用 = 制造费用 + 管理费用 + 营业费用 - (以上3项费用中所含的工资及福利费、$$
$$折旧费、摊销费、修理费) \qquad (5.22)$$

(3)流动负债估算

流动负债是指将在1年(含1年)或者超过1年的一个营业周期内偿还的债务,包括短期借款、应付票据、应付账款、预收账款、应付工资、应付福利费、应付股利、应交税金、其他暂收应付款项、预提费用和1年内到期的长期借款等。在项目评价中,流动负债的估算可以只考虑应付账款和预收账款两项。计算公式为:

$$应付账款 = 外购原材料、燃料动力及其他材料年费用 / 应付账款周转次数 \quad (5.23)$$
$$预收账款 = 预收的营业收入年金额 / 预收账款周转次数 \qquad (5.24)$$

2)扩大指标估算法

扩大指标估算法可根据具体项目情况,按建设投资的一定比例、经营成本的一定比例、年营业收入的一定比例、单位产量占用的比例来进行估算。

流动资金一般在投产前筹措,投产后按生产负荷安排,项目计算期末回收。

5.3　新设项目法人项目财务评价案例

该项目为真实的某房地产开发项目,其中某些部分做了适当调整。

本项目预计的有关收益主要为销售收入,根据当地实际情况及消费水平测算:公建、住宅、车位分3年对外销售。

①商场会所等公建:建筑面积25 518 m²,平均销售价格按5 000元/m²计算,销售总收入为12 759万元。

②住宅:建筑面积为105 486 m²,平均售价格按2 000元/m²计算,销售总收入为21 097.2万元。

③车位519个,平均销售价格按40 000元/个计算,销售总收入为2 076万元。

税金及其他如下:

①所得税:企业获得利润后按规定缴纳所得税,税率25%。

②经营税费用(含城市建设维护税按营业税(增值税)额的7%缴纳,教育费附加按上缴营业税(增值税)额的3%)。

③交易管理费及印花税:1.05%。

本建设项目在营运期内发生的主要成本和费用项目有:

①销售佣金:按照各种类型项目的销售额的2.0%综合估算。

②工资福利费:全项目新增定员 30 人,人均年工资福利额为 20 000 元,合计 60 万元。

③广告宣传费、管理费用及其他运营费:按照各种类型项目的销售额的 3% 综合估算。

在对项目进行经济分析时,根据测算,本项目经营期为 3 年,其中建设期为 1 年(考虑到部分工程已经启动,故设一个 0 年)。有关投资假定都集中到零时点上。具体计算过程如表 5.12—表 5.20 所示。

表 5.12 销售计划表

项 目	可销售总量/m²	销售计划	销售价格/(元·m⁻²)	销售总价/万元
商场会所等公建	25 518	第 2 年销售 60%,第 3 年销售 40%	5 000	12 759
住宅	105 486	第 1 年销售 90%,第 2 年销售 10%	2 000	21 097.2
车位	519	第 1 年销售 90%,第 2 年销售 10%	40 000	2 076

表 5.13 ××地产项目投资估算表

序号	工程费用或名称	建设规模/m²	单方造价/(元·m⁻²)	估算价值/万元 建筑工程	设备购置	安装费用	其他费用	合计/万元
一	第一部分费用:工程费用							12 390.34
(一)	住宅	105 486.00	880.00					9 282.77
1	土建工程	105 486.00	800.00	8 438.88				8 438.88
2	给排水工程	105 486.00	35.00			369.20		369.20
3	电气工程	105 486.00	25.00			263.72		263.72
4	弱电、综合布线	105 486.00	20.00			210.97		210.97
(二)	公共建筑	25 518.00	1 045.00					2 666.63
1	土建工程	25 518.00	950.00	2 424.21				2 424.21
2	给排水工程	25 518.00	50.00			127.59		127.59
3	电气工程	25 518.00	25.00			63.80		63.80
4	弱电、综合布线	25 518.00	20.00			51.04		51.04
(三)	室外工程						0.00	440.94
1	道路硬地	20 453.00	35.00	71.59				71.59
2	绿化工程	24 098.00	30.00	72.29				72.29
3	给排水电气工程	65 688.00	30.00			197.06		197.06
4	曲桥、石景、景亭、水体等景观			100.00				100.00

续表

序号	工程费用或名称	建设规模/m²	单方造价/(元·m⁻²)	估算价值/万元				合计/万元
				建筑工程	设备购置	安装费用	其他费用	
二	第二部分费用		说明及计算式					6 783.98
1	建设单位管理费		财建[2002]394号文件					136.90
2	工程监理费		发改委、建设部(2007)670号文件					263.54
3	工程设计费		国家计委、建设部计价格[2002]10号文件					256.25
4	工程勘察费		一*0.8%					99.12
5	施工图纸审查费		一*0.1%					12.39
6	施工图预算编制费10%							25.63
7	建设用地费							5 800.00
8	工程质量监督费		一*0.1%(该项收费现已取消)					12.39
9	前期工作咨询费		国家计委(1999)1283号文件					75.69
10	环境影响咨询服务费		国家环保总局(2002)125号文件					21.53
11	场地准备费及临时设施费		一*0.5%					61.95
12	招标代理费		国家计委(2002)1980号文件					6.20
13	劳动安全卫生评审费		一*0.1%					12.39
三	预备费							958.72
四	投资方向调节税							
五	建设期利息							315.00
六	流动资金							100.00
七	总投资							20 548.04

表5.14 利润与利润分配表 人民币单位:万元

序号	项目	合计	开发经营期			
			0	1	2	3
1	项目收入	35 932.20	0.00	20 855.88	9 972.72	5 103.60
1.1	销售收入	35 932.20	0.00	20 855.88	9 972.72	5 103.60
1.1.1	商场会所等公建	12 759.00			7 655.40	5 103.60
1.1.2	住宅	21 097.20		18 987.48	2 109.72	

续表

序 号	项 目	合 计	开发经营期			
			0	1	2	3
1.1.3	车位	2 076.00		1 868.40	207.60	
2	经营成本	1 976.61	0.00	1 102.79	558.64	315.18
2.1	销售成本	1 976.61		1 102.79	558.64	315.18
3	营业税金及附加	2 335.59	0.00	1 355.63	648.23	331.73
3.1	销售税费	2 335.59	0.00	1 355.63	648.23	331.73
3.1.1	营业税及附加	1 958.30		1 136.65	543.51	278.15
3.1.2	交易管理及印花税	377.29		218.99	104.71	53.59
4	财务费用	1 523.84	0.00	761.92	507.95	253.97
5	利润总额	31 620.00	0.00	18 397.45	8 765.86	4 456.69
6	所得额					
7	所得税	7 905.00	0.00	4 599.36	2 191.46	1 114.17
8	税后利润	23 715.00		13 798.09	6 574.39	3 342.51
9	法定盈余公积金	1 185.75	0.00	689.90	328.72	167.13
10	可分配利润	22 529.25	0.00	13 108.19	6 245.67	3 175.39
11	息税前利润	33 143.84	0.00	19 159.38	9 273.80	4 710.66
12	利息备付率	21.75		25.15	18.26	18.55
13	偿债备付率	1.67		2.76	1.39	0.74

表 5.15　项目投资现金流量表　　　　　人民币单位:万元

序 号	项 目	合 计	开发经营期			
			0	1	2	3
1	现金流入					
1.1	销售收入	35 932.20		20 855.88	9 972.72	5 103.60
	小计	35 932.20	0.00	20 855.88	9 972.72	5 103.60
2	现金流出					
2.1	固定资本投资	20 548.04	20 548.04			
2.2	经营成本	1 976.61	0.00	1 102.79	558.64	315.18
2.3	营业税金及附加	2 335.59	0.00	1 355.63	648.23	331.73
	小计	24 860.24	20 548.04	2 458.43	1 206.86	646.91
3	所得税前净现金流量		−20 548.04	18 397.45	8 765.86	4 456.69

续表

序号	项目	合计	开发经营期			
			0	1	2	3
4	累计净所得税前现金流量		−20 548.04	−2 150.58	6 615.27	11 071.96
5	调整所得税		0.00	4 789.84	2 318.45	1 177.66
6	所得税后净现金流量		−20 548.04	13 607.61	6 447.41	3 279.02
7	累计所得税后净现金流量		−20 548.04	−6 940.43	−493.02	2 786.00
计算指标		税前		税后		
	NPV	7 879		736		
	IRR	33.61%		8.63%		
	动态投资回收期/年	1.12		1.51		

表 5.16 项目资本金现金流量表　　　　人民币单位:万元

序号	项目	合计	开发经营期			
			0	1	2	3
1	现金流入					
1.1	销售收入	35 932.20	0.00	20 855.88	9 972.72	5 103.60
	小计	35 932.20	0.00	20 855.88	9 972.72	5 103.60
2	现金流出					
2.1	项目资本金	8 219.22	8 219.22			
2.2	经营成本	1 976.61	0.00	1 102.79	558.64	315.18
2.3	营业税金及附加	2 335.59	0.00	1 355.63	648.23	331.73
2.5	所得税	7 905.00	0.00	4 599.36	2 191.46	1 114.17
2.6	贷款本金偿还	12 698.69	0.00	4 232.90	4 232.90	4 232.90
2.7	贷款利息支付	1 523.84	0.00	761.92	507.95	253.97
	小计	34 658.95	8 219.22	12 052.61	8 139.17	6 247.96
3	净现金流量		−8 219.22	8 803.27	1 833.55	−1 144.36
4	累计净现金流量		−8 219.22	584.06	2 417.61	1 273.25
	计算指标 IRR	16%				

表5.17 借款还本付息计划表 人民币单位:万元

序 号	项 目	合 计	开发经营期			
			0	1	2	3
1	贷款及还本付息					
1.1	期初贷款本息累计					
1.1.1	本金					
1.1.2	利息					
1.2	本期贷款	12 328.82	12 328.82			
1.3	本期应计利息	1 893.71	369.86	761.92	507.95	253.97
1.4	本期本金归还	12 698.69		4 232.90	4 232.90	4 232.90
1.5	本期利息支付	1 523.84		761.92	507.95	253.97
1.6	期末贷款本息累计		12 698.69	8 465.79	4 232.90	0.00
	本年年利率					
2	偿还贷款本息的资金来源					
2.1	投资回收	0.00				
2.2	未分配利润	14 222.53		4 994.82	4 740.84	4 486.87
2.3	其他	0.00				

表5.18 销售收入,税金及附加估算表 人民币单位:万元

序 号	项 目	合 计	开发经营期			
			0	1	2	3
1	资金来源					
1.1	销售收入	35 932.20		20 855.88	9 972.72	5 103.60
1.2	项目资本金	8 219.22	8 219.22			
1.3	贷款	12 328.82	12 328.82	0.00	0.00	0.00
小计		56 480.24	20 548.04	20 855.88	9 972.72	5 103.60
2	资金运用					
2.1	固定资产投资	20 548.04	20 548.04			
2.2	经营成本	1 976.61	0.00	1 102.79	558.64	315.18
2.6	财务费用	1 523.84	0.00	761.92	507.95	253.97
2.7	营业税金及附加	2 335.59	0.00	1 355.63	648.23	331.73
2.8	所得税	7 905.00	0.00	4 599.36	2 191.46	1 114.17
2.9	可分配利润	22 529.25	0.00	13 108.19	6245.67	3 175.39

续表

序 号	项 目	合 计	开发经营期			
			0	1	2	3
2.10	各期还本付息	14 222.53	0.00	4 994.82	4 740.84	4 486.87
	小计	71 040.86	20 548.04	25 922.71	14 892.79	9 677.32

表5.19　资金使用计划与资金筹措表　　　人民币单位:万元

序 号	项 目	合 计	开发经营期			
			0	1	2	3
1	开发总投资		20 548.04			
2	资金筹措					
2.1	项目资本金	8 219.22	8 219.22			
2.2	销售收入	35 932.20	0.00	20 855.88	9 972.72	5 103.60
2.3	贷款	12 328.82	12 328.82	0.00	0.00	0.00
2.4	其他					
	小计	56 480.24	20 548.04	20 855.88	9 972.72	5 103.60

表5.20　全部投资敏感性分析表

项 目		内部收益率(IRR)	净现值(NPV)/万元	动态投资回收期/年
基本方案		8.63%	736.44	1.51
租售价格 变化	15%	33.09%	6 623.13	1.12
	10%	28.94%	5 595.07	1.17
	5%	24.78%	4 567.00	1.23
	-5%	16.39%	2 510.87	1.36
	-10%	12.16%	1 482.81	1.44
	-15%	7.90%	454.74	1.53

从现金流量表中可以看到,本项目现金流相当充裕,财务内部收益率、财务净现值及动态投资回收期指标都表明项目有很好的盈利能力如表5.21所示。

表5.21　项目分析结果

项 目	税 前	税 后
FNPV/万元	17 312	10 549
FIRR	129%	82%
动态投资回收期/年	0.55	0.74

本项目拟采用等额本金还款,建设期1年,还款期3年,多张表格都表明本项目有着十分充足的现金流,利息备付率=43.78,偿债备付率=3.44,通过借款还本付息计划表可以看出,所有指标都表明本项目具有较好的贷款偿还能力。

全部投资敏感性分析表明,项目具有极佳的抗风险能力,在目前房地产业不十分景气的大背景下,项目对房价下跌的抵御能力是项目取得成功的最好保障。

5.4 改扩建项目财务评价

改扩建项目不同于新设项目法人项目,指既有企业利用原有资产与资源,投资形成新的生产(服务)设施,扩大或完善原有生产(服务)系统的活动,包括改建、扩建、迁建和停产复建等。局部改扩建项目范围只包括既有企业的一部分,整体改扩建项目范围包含整个既有企业。在保证不影响分析结果的情况下尽可能缩小项目的范围。

改扩建项目具有下列特点:

①项目是既有企业的有机组成部分,同时项目的活动与企业的活动在一定程度上是有区别的;

②项目的融资主体是既有企业,项目的还款主体是既有企业;

③项目一般要利用既有企业的部分或全部资产与资源,且不发生资产与资源的产权转移;

④建设期内既有企业生产(运营)与项目建设一般同时进行。

改扩建项目经济评价应正确识别与估算"无项目""有项目""现状""新增""增量"等5种状态下的资产、资源、效益与费用。"无项目"与"有项目"的口径与范围应当保持一致。避免费用与效益误算、漏算或重复计算。虽然改扩建项目的财务分析涉及5套数据,但并不要求计算5套指标,而是强调以"有项目"和"无项目"对比得到的增量数据进行增量现金流量分析,以增量现金流量分析的结果作为评判项目盈利能力的主要依据。

对于难于计量的费用和效益,可做定性描述。

改扩建项目的经济费用效益分析应采用一般建设项目的经济费用效益分析原理,其分析指标为增量经济净现值和经济内部收益率。关键是应正确识别"有项目"与"无项目"的经济效益和经济费用。

5.5 工程项目财务评价若干问题扩展阅读

5.5.1 财务分析的基本原则

1)费用与效益计算口径一致性原则

将效益与费用限定在同一个范围内,才有可能进行比较,计算的净效益才是项目投入的真实回报。效益与费用估算采用的价格体系应一致。对适用增值税的项目,运营期内投入和产出的估算表格可采用不含增值税价格;若采用含增值税价格,应予以说明,并调整相关表格。

2）费用与效益识别的有无对比原则

有无对比是项目评价中通用的费用与效益识别的基本原则。所谓"有"是指实施项目后的将来状况,"无"是指不实施项目时的将来状况。在识别项目的效益和费用时需注意:只有"有无对比"的差额部分才是由于项目的投资建设增加的效益和费用,即增量效益和费用。采用有无对比的方法,就是为了识别那些真正应该算作项目效益的部分,即增量效益,排除那些由于其他原因产生的效益;同时也要找出与增量效益相对应的增量费用,只有这样才能真正体现项目投资的净效益。

通常会犯的错误是"前后对比",即项目实施前和项目实施后作对比,这种不同时间段的对比本身就是毫无意义的。

有无对比不仅适用于依托老厂进行的改扩建与技术改造项目的增量盈利能力分析,也同样适用于新建项目。对于新建项目,通常可认为无项目与现状相同,其效益与费用均为零。

3）收益与风险权衡的原则

投资人关心的是效益指标,但是,对于可能给项目带来风险的因素考虑得不全面,对风险可能造成的损失估计不足,结果往往有可能使得项目失败。收益与风险权衡的原则提示投资者,在进行投资决策时,不仅要看到效益,也要关注风险,权衡得失利弊后再行决策。

4）定量分析与定性分析相结合,以定量分析为主的原则

经济评价的本质就是要对拟建项目在整个计算期的经济活动,通过效益与费用的计算,对项目经济效益进行分析和比较。一般来说,项目经济评价要求尽量采用定量指标,但对一些不能量化的经济因素,不能直接进行数量分析,对此要求进行定性分析,并与定量分析结合起来进行评价。

5）动态分析与静态分析相结合,以动态分析为主的原则

动态分析是指利用资金时间价值的原理对现金流量进行折现分析;静态分析则不需要对现金流量进行折现分析。项目经济评价的核心是折现,所以分析评价要以折现(动态)指标为主,非折现(静态)指标与一般的财务和经济指标内涵基本相同,较直观,但只能作为辅助指标。

5.5.2　财务分析的价格体系与取价原则

无论是财务评价还是国民经济评价都以定量分析为主,就是要把投入产出、费用效益以价格表示出来,再通过指标计算做出评价。而价格是以一定的货币量表示,货币本身成为衡量财富大小的尺度,不同币种如同不同的尺子,有着不同的尺码。而这些尺子本身的长度受宏观、微观经济影响,会有所伸缩,即升值和贬值,不存在一种绝对的度量体系。因此,在进行财务分析时应尽量使被评价的内容是在同一尺度上进行,这其中的关键就是选择合理的价格体系和取价原则。

1）财务分析涉及的 3 种价格及其关系

（1）基价

基价是指以基年价格水平表示的,不考虑其后价格变动的价格,也称固定价格。如果采用基价,项目计算期内各年价格都是相同的,就形成了财务分析的固定价格体系。一般选择评价工作进行的年份为基年,也有选择预计的开始建设年份的。基价是确定项目涉及的各种货物预测价格的基础,也是估算建设投资的基础。

（2）时价

时价是指任何时候的当时市场价格。它包含了相对价格变动和绝对价格变动的影响,以当时的价格水平表示。

设基价为 P_b,时价为 P_c,各年的时价上涨率为 $C_i(i=1,2,\cdots,n)$,C_i 可以各年相同,也可以不同,则第 n 年的时价 P_{cn} 可由(5.25)式表示:

$$P_{cn} = P_b \times (1 + C_l) \times (1 + C_2) \times \cdots \times (1 + C_n) \qquad (5.25)$$

若各年 C_i 相同,$C_i = C$,则有

$$P_{cn} = P_b \times (1 + C)^n \qquad (5.26)$$

（3）实价

实价是以基年价格水平表示的,只反映相对价格变动因素影响的价格。可以由时价中扣除物价总水平变动的影响求得实价。

只有当时价上涨率大于物价总水平上涨率时,该货物的实价上涨率才会大于零,此时说明该货物价格上涨超过物价总水平的上涨。设第 i 年的实价上涨率为 r_i,物价总水平上涨率为 f_i,则有

$$r_i = \frac{(1 + c_i)^i}{(1 + f_i)^i} - 1 \qquad (5.27)$$

如果所有货物间的相对价格保持不变,则实价上涨率为零,每种货物的实价等于基价,同时意味着各种货物的时价上涨率相同,也即各种货物的时价上涨率等于物价总水平上涨率。

2）财务分析的取价原则

（1）财务分析应采用预测价格

所谓预测价格是在选定的基年价格基础上测算,一般选择评价当年为基年。至于采用上述何种价格体系,要视具体情况决定。

（2）现金流量分析原则上应采用实价体系

采用实价计算净现值和内部收益率进行现金流量分析是比较通行的做法。这样做便于投资者考察投资的实际盈利能力。

（3）偿债能力分析和财务生存能力分析原则上应采用时价体系

用时价进行财务预测,编制利润和利润分配表、财务计划现金流量表及资产负债表是比较通行的做法。这样做有利于描述项目计算期内各年当时的财务状况,相对合理地进行偿债能力分析和财务生存能力分析。

（4）对财务分析采用价格体系的简化

一般在建设期间既要考虑通货膨胀因素,又要考虑相对价格变化,包括对建设投资的估算和对运营期投入产出价格的预测。

项目运营期内,一般情况下盈利能力分析和偿债能力分析可以采用同一套价格,即预测的运营期价格。

项目运营期内,可根据项目和产出的具体情况,选用固定价格或实价。

当有要求或通货膨胀严重时,项目偿债能力分析和财务生存能力分析要采用时价体系。

5.5.3 项目计算期的确定

项目计算期是指对项目进行经济评价应延续的年限,是财务分析的重要参数,包括建设期和运营期。项目财务效益与费用的估算涉及整个计算期的数据。

1)建设期

评价用的建设期与项目进度计划中的建设工期是两个概念,其起止点也不尽相同。评价用的建设期是指从项目资金正式投入起到项目建成投产止所需要的时间。建设期的确定应综合考虑项目的建设规模、建设性质(新建、扩建和技术改造)、项目复杂程度、当地建设条件、管理水平与人员素质等因素,并与项目进度计划中的建设工期相协调。项目进度计划中的建设工期是指项目从现场破土动工起到项目建成投产止所需要的时间,两者的终点相同,但起点可能有差异。对于既有法人融资的项目,评价用建设期与建设工期一般无甚差异。但新设法人项目需要先注册企业,届时就需要投资者投入资金,其后项目才开工建设,因而两者的起点会有差异。因此根据项目的实际情况,评价用建设期可能大于或等于项目实施进度中的建设工期。

2)运营期

评价用运营期应根据多种因素综合确定,包括行业特点、主要装置(或设备)的经济寿命期(考虑主要产出物生命周期、主要装置物理寿命、综合折旧年限等确定)等。

对于中外合资项目还要考虑合资双方商定的合资年限。在按上述原则估定评价用运营期后,还要与该合资运营年限相比较,再按两者孰短的原则确定。

5.5.4 涨价预备费的确定

涨价预备费也称价差预备费,是为应对一些事前难以预料或难以准确计算的费用所预留的资金,完全是一种预测性质的匡算。目前在用的涨价预备费公式主要有原国家计委在《关于核定大中型基本建设项目总投资的通知》中提出的公式,中国国际工程咨询公司编著的《投资项目经济咨询评估指南(1998 版)》给出的计算公式,《投资项目可行性研究指南(2002 版)》给出的计算公式,中国建设工程造价管理协会标准《建设项目投资估算编审规程》、《建设项目设计概算编审规程》给出的计算公式,以及建设部《市政工程投资估算编制办法》中关于"引进技术和进口设备项目投资估算编制办法"中给出的世界银行贷款项目的计算公式。

1992 年 2 月 4 日,原国家计委发布了《关于核定大中型基本建设项目总投资的通知》(计投资〔1992〕382 号)。通知指出:项目总投资包括建设项目概算投资、动态投资。而动态投资则包括两部分:建设期贷款利息和建设期价格变动引起的投资增加额。通知中第六条的内容为:1993 年至 1995 年的投资价格指数按 6% 执行。计算公式:

$$P_f = \sum_{t=1}^{n} I_t \left[(1+f)^{t-1} - 1 \right] \tag{5.28}$$

式中 P_f——计算期价格变动引起的投资增加额;

n——计算期年数;

I_t——计算期第 t 年的建安工程费用和设备及工器具购置费;

f——投资价格指数;

t——计算期第 t 年(以 1992 年为计算期第 1 年)。

根据该通知的内容(主要针对建设项目概算),可确定式(5.27)的计算期第 1 年为编制概算的年份。

1998 年 3 月中国国际工程咨询公司编著出版的《投资项目经济咨询评估指南》给出的计算公式为:

$$P_f = \sum_{t=1}^{n} I_t' [(1+f)^{m+t-1} - 1] \tag{5.29}$$

式中 I_t'——建设期中第 t 年的用款额,包括工程费用、其他费用及基本预备费;

m——估算年到项目开工年的间隔年数;

2002 年 3 月出版的《投资项目可行性研究指南》给出的计算公式为:

$$P_f = \sum_{t=1}^{n} I_t [(1+f)^t - 1] \tag{5.30}$$

2007 年 5 月出版的中国建设工程造价管理协会标准《建设项目投资估算编审规程》(CECA/GC1—2007,国家建筑材料工业标准定额总站主编)、《建设项目设计概算编审规程》(CECA/GC 2—2007,中国石油天然气股份有限公司石油工程造价管理中心主编)和 2009 年 4 月第 5 版全国造价工程师资格考试培训教材《工程造价计价与控制》给出的计算公式为:

$$P_f = \sum_{t=1}^{n} I_t [(1+f)^m (1+f)^{0.5} (1+f)^{t-1} - 1] \tag{5.31}$$

《建设项目投资估算编审规程》中,公式的计算期第 1 年规定为编制项目建议书或可行性研究投资估算的年份;《建设项目设计概算编审规程》中,公式的计算期第 1 年规定为编制设计概算的年份;《工程造价计价与控制》公式中的计算基数为 I_t,而对其计算期第 1 年未作明确规定。《建设项目投资估算编审规程》指出:$(1+f)^{0.5}$ 是按第 t 年投资,分期均匀投入考虑的涨价幅度。

2007 年 11 月出版的《市政工程投资估算编制办法》(上海市政工程设计研究总院主编)中,新建、改建和扩建的市政工程项目的价差预备费计算公式同式(5.27),"引进技术和进口设备项目投资估算编制办法"中给出的世界银行贷款项目的计算公式为:

$$P_f = \sum_{t=1}^{n} I_t' [(1+f)^{t-1} + \frac{f}{2} - 1] \tag{5.32}$$

式(5.32)的计算期第 1 年为编制可行性研究投资估算的年份。$f/2$ 是按国外惯用的年中计算假定,即项目费用发生在每年年中,假定物价上涨率的一半来计算每年的价格上涨预备费,这里的所谓"一半"是指按单利方法考虑的简单的一半。

不同投资方案采用不同公式所得到的涨价预备费之间的差距还是较大的,所以应根据具体情况选择合适的涨价预备费公式。

5.5.5 建设项目财务评价内容的选择

根据《国务院关于投资体制改革的决定》精神,建设项目或审批、或核准、或备案,在评价方法、评价重点、费用效益识别和估算方面可根据行业特点和项目特点进行选择,如表 5.22 所示。

表 5.22　建设项目经济评价内容选择参考表

项目类型			财务分析			经济费用效益分析	费用效果分析	不确定性分析	风险分析	区域经济与宏观经济影响分析
分析内容			生存能力分析	偿债能力分析	盈利能力分析					
政府投资	直接投资	经营	☆	☆	☆	☆	△	☆	△	△
		非经营	☆	△		☆	☆	△	△	△
	资本金	经营	☆	☆	☆		△	☆	△	△
		非经营	☆	△		☆	☆	△	△	△
	转贷	经营	☆	☆	☆		△	☆	△	△
		非经营	☆	☆		☆	☆	△	△	△
	补助	经营	☆	☆	☆		△	☆	△	△
		非经营	☆	☆		☆	☆	△	△	△
	贴息	经营	☆	☆	☆		△	☆	△	△
		非经营								
企业投资（核准制）		经营	☆	☆	☆	△	△	☆	△	△
企业投资（备案制）		经营	☆	☆	☆	△	△	☆	△	△

注：①表中☆代表要做；△代表根据项目的特点，有要求时做，无要求时可以不做。具体使用的指标见相关分析条文。

②企业投资项目的经济评价内容可根据规定要求进行，一般按经营性项目选用，非经营项目可参照政府投资项目选取评价内容。

本章小结

　　本章分为基本部分和扩展部分。基本部分围绕财务分析的基本步骤进行编写，主要包括准备财务基础数据、编制相关辅助报表、融资前分析、融资后分析、进行不确定性分析。前面章节没有提及的投资估算也在本章作了介绍。这些基本内容读者可结合案例进行阅读理解。

　　在扩展部分主要介绍一些更深入的知识，包括财务分析的基本原则、财务分析的价格体系与取价原则、项目计算期的确定、涨价预备费的确定、建设项目财务评价内容的选择。

复习思考题

1. 财务评价的概念是什么？内容包括那些？

2. 财务评价的基本步骤是什么？

3. 项目财务评价时,需要编制哪些主要辅助报表和基本报表?

4. 项目投资现金流量表和自有资金现金流量表的主要差别有哪些?

5. 建设投资估算的方法及其适用的条件有哪些?

6. 财务评价的基本指标有哪些?如何计算?如何利用指标得出分析结论?

7. 财务评价时所采用的价格体系如何确定?

8. 改扩建项目与新设法人项目在财务评价时有何异同?

9. 把本章案例用电子表格进行计算。

第 6 章

国民经济评价

本章导读

- **基本要求** 了解国民经济评价的概念和必要性;熟悉国民经济评价与财务评价的异同点;熟悉国民经济评价费用效益的识别;了解国民经济评价费用效益的计量;熟悉国民经济评价参数;掌握国民经济评价指标的含义及其计算方法。
- **重点** 国民经济评价与财务评价的异同点;国民经济评价费用、效益的识别原则;外部效果的概念;对转移支付的处理;影子价格的概念和寻求方法;国民经济评价参数;国民经济评价指标的含义及其计算方法;在财务评价基础上编制国民经济评价效益费用流量表应注意的问题。
- **难点** 影子价格的概念和寻求方法。

所谓国民经济评价,是按合理配置稀缺资源和社会经济可持续发展的原则,采用影子价格、社会折现率等国民经济评价参数,从国民经济全局的角度出发,考查工程项目的经济合理性。

6.1 国民经济评价概述

6.1.1 国民经济评价的概念

国民经济评价是在合理配置社会资源的前提下,从国家经济整体利益的角度出发,计算项目对国民经济的贡献,分析项目的经济效率、效果和对社会的影响,评价项目在宏观经济上的合理性。

6.1.2 国民经济评价的必要性

经济费用效益分析是项目评价方法体系的重要组成部分,市场分析、技术方案分析、财务分析、环境影响分析、组织机构分析和社会评价都不能代替经济费用效益分析的功能和作用。

经济费用效益分析的理论基础是新古典经济学有关资源优化配置的理论。从经济学的角度看,经济活动的目的是通过配置稀缺经济资源用于生产产品和提供服务,尽可能地满足社会需要。当经济体系功能发挥正常,社会消费的价值达到最大时,就认为是取得了经济效率,达到了"帕累托最优"。

在现实经济中,依靠两种基本机制来实现这种目的。一是市场定价机制,通过这种机制,厂商对由市场供求水平决定的价格作出反应,并据此从事自利的经济活动;二是政府部门通过税收补贴、政府采购、货币转移支付,以及为企业运行制定法规等,进行资源配置的决策活动,从而影响社会资源的配置状况。

在完全竞争的完善的市场经济体系下,竞争市场机制能够对经济资源进行有效配置,产出品市场价格将以货币形态反映边际社会效益,而投入品的市场价格将反映边际社会机会成本(关于这一描述会在影子价格部分详细说明)。利润最大化自然会导致资源的有效配置,财务分析与经济费用效益分析的结论一致,不需单独进行经济费用效益分析。这种理想市场具有这样一些特征:

①所有资源的产权一般来说是清晰的;

②所有稀缺资源都进入市场,由供求来决定其价格;

③完全竞争;

④人类行为无明显的外部效应,公共物品数量不多;

⑤短期行为不存在。

在现实经济中,市场并不能完全符合理想市场特征:

①资源产权不完全或不存在。

②无市场、薄市场(Thin Market),导致资源的价格偏低或无价格,易造成资源浪费。

③外部效应(Externalities),是指企业或个人行为对其外部所造成的影响,并且这种影响没有在项目自身范围内得到体现。它造成内部成本(直接成本或私人成本)和社会成本的不一致,导致实际价格不同于最优价格。

社会成本(Social Cost) = 内部成本(Private Cost) + 外部成本(External Cost)

所谓外部成本是企业活动对外部造成影响而没有承担的成本。

④自由市场难以满足社会对公共物品的需求。公共物品(Public goods,是指只有外部效应的产品)有两个方面的特性:一是公共物品的消费没有机会成本,即个人对公共物品的消费并不影响其他消费者对同一公共物品的消费;二是供给的不可分性(Jointness in Supply),即为一个消费者生产公共物品就必须为所有消费者生产该物品。由于消费者不会为消费公共物品而付钱,可以"搭便车",企业就不愿意提供公共物品,因此,自由市场不能提供公共物品,或提供过少的公共物品和过多的私人物品。

⑤短视计划(Myopia Planning)。为满足当前消费而提前使用资源,这就不利于自然资

源的保护和可持续发展。

由于市场本身的原因及政府不恰当的干预,都可能导致市场配置资源的失灵,市场失灵导致市场价格难以反映建设项目的真实经济价值,客观上需要通过经济费用效益分析来反映建设项目的真实经济价值,判断投资的经济合理性,为投资决策提供依据。

综上所述,正是由于国民经济评价所采用的立场和视角的难以替代性,以及现实市场的缺陷,造就了国民经济评价必要性。

6.1.3　国民经济分析的适用范围

对于财务价格扭曲,不能真实反映项目产出的经济价值,财务成本不能包含项目对资源的全部消耗,财务效益不能包含项目产出的全部经济效果的项目,需要进行经济费用效益分析。下列类型项目应进行经济费用效益分析:具有垄断特征的项目、产出具有公共产品特征项目、外部效果显著的项目、资源开发项目、涉及国家经济安全的项目、受过度行政干预的项目。

6.1.4　国民经济评价的方法

国民经济评价和财务评价在方法上有一定的区别,但区别不是根本性的,因此掌握了两者的不同就可以循着财务评价的方法完成国民经济评价。

1)国民经济评价和财务评价的主要区别

(1)评价角度和出发点的差异

财务评价是从项目的财务主体、投资者甚至债权人角度,分析项目的财务效益和财务可持续性、投资各方的实际收益或损失、投资或贷款的风险及收益;国民经济评价则是从全社会的角度分析评价项目对社会经济的净贡献。

(2)效益和费用的含义及范围划分的差异

财务评价只是根据项目直接发生的财务收支计算项目的直接效益和费用,称为现金流入和现金流出;国民经济评价则从全社会的角度考察项目的效益和费用,不仅要考虑直接的效益和费用,还要考虑间接的效益和费用,称为效益流量和费用流量。同时,从全社会的角度考虑,项目的有些财务收入或支出不能作为效益或费用,如企业向政府缴纳的大部分税金和政府给予企业的补贴等。

(3)采用的价格体系的差异

财务评价使用预测的财务收支价格体系,可以考虑通货膨胀因素;国民经济评价则使用影子价格体系,不考虑通货膨胀因素。

(4)评价内容的差异

财务评价包括盈利能力分析、偿债能力分析和财务生存能力分析三方面的分析;而国民经济评价只有盈利性分析,即经济效率的分析。

(5)基准参数的差异

财务评价最主要的基准参数是财务基准收益率;国民经济评价的基准参数是社会折现率。

6)计算期可能不同

财务评价计算期根据项目实际情况,国民经济评价计算期可长于财务评价计算期。

2)国民经济评价与财务评价的相同之处

①两者都采用效益与费用比较的理论方法。

②两者都遵循效益和费用识别的有无对比原则。

③两者都根据资金时间价值原理进行动态分析,计算内部收益率和净现值等指标。

3)国民经济评价与财务评价之间的联系

在多数情况下,国民经济评价是在财务评价基础之上进行的,通常是利用财务评价中所估算的财务数据为基础进行所需要的调整计算,得到经济效益和费用数据。当然,国民经济评价也可以独立进行,即在项目的财务评价之前就进行国民经济评价。

6.2 国民经济效益和费用的识别

6.2.1 国民经济效益与费用

凡项目对社会经济所作的贡献,均计为项目的经济效益,包括项目的直接效益和间接效益。凡社会经济为项目所付出的代价(即社会资源的耗费,或称社会成本)均计为项目的经济费用,包括直接费用和间接费用。

1)直接效益

项目直接效益是指由项目产出(包括产品和服务)带来的,并在项目范围内计算的,体现为生产者和消费者受益的经济效益,一般表现为项目为社会生产提供的物质产品、科技文化成果和各种各样的服务所产生的效益。如工业项目生产的产品、矿产开采项目开采的矿产品、邮电通讯项目提供的邮电通讯服务等满足社会需求的效益;运输项目提供运输服务满足人流物流需要、节约时间的效益;医院提供医疗服务满足人们增进健康减少死亡的需求;学校提供的学生就学机会满足人们对文化、技能提高的要求;生产者获得的成本节约等。

项目直接效益有多种表现:

①项目产出用于满足国内新增加的需求时,项目直接效益表现为国内新增需求的支付意愿。

②当项目的产出用于替代其他厂商的产品或服务时,使被替代厂商减产或停产,从而使其他厂商耗用的社会资源得到节省,项目直接效益表现为这些资源的节省。

③当项目的产出直接出口或者可替代进口商品,从而导致进口减少,项目直接效益还表现为国家外汇收入的增加或支出的减少。

以上所述的项目直接效益大多数在财务分析中能够得以反映,尽管有时这些反映会有一定程度的价值失真。对于价值失真的直接效益在经济分析中应按影子价格重新计算。

④对于一些目标旨在提供社会服务的行业项目,其产生的经济效益与在财务分析中所描述的营业收入无关。例如,交通运输项目产生的经济效益体现为时间节约、运输成本降低等,教育项目、医疗卫生和卫生保健项目等产生的经济效益体现为人力资本增值、生命延续

或疾病预防等。

2) 直接费用

项目直接费用是指项目使用社会资源投入所产生并在项目范围内计算的经济费用,一般表现为投入项目的各种物料、人工、资金、技术以及自然资源而带来的社会资源的消耗。

项目直接费用也有多种表现:

①当社会扩大生产规模满足项目对投入的需求时,项目直接费用表现为社会扩大生产规模所增加耗用的社会资源价值。

②当社会不能增加供给时,导致其他人被迫放弃使用这些资源来满足项目的需要,项目直接费用表现为社会因其他人被迫放弃使用这些资源而损失的效益。

③当项目的投入导致进口增加或减少出口时,项目直接费用还表现为国家外汇支出的增加或外汇收入的减少。

直接费用一般在项目的财务分析中已经得到反映,尽管有时这些反映会有一定程度的价值失真。对于价值失真的直接费用在经济分析中应按影子价格重新计算。

3) 转移支付

项目的有些财务收入和支出是社会经济内部成员之间的"转移支付"。从社会经济角度看,并没有造成资源的实际增加或减少,不应计作经济效益或费用。经济分析中,转移支付主要包括:项目(企业)向政府缴纳的所得税、增值税、消费税和营业税等,政府给予项目(企业)的各种补贴,项目向国内银行等金融机构支付的贷款利息和获得的存款利息。在财务分析基础上调整进行经济分析时,要注意从财务效益和费用中剔除转移支付部分。

较为特殊的情况是,有些税费体现的是资源价值的补偿,若没有更好的方式体现资源的真实价值时,一般可暂不作为转移支付处理。这些税费主要有:体现资源稀缺价值的资源税和补偿费、体现环境价值补偿的税费等。

4) 间接效益与间接费用

在经济分析中应关注项目外部效果。拟建项目会对项目以外产生诸多影响,包括正面影响和负面影响,可将这些影响统称为外部效果。外部效果是指项目的产出或投入给他人(生产者和消费者之外的第三方)带来了效益或费用,但项目本身却未因此获得收入或付出代价。习惯上也把外部效果分为间接效益(外部效益)和间接费用(外部费用)。

①间接效益是指由项目引起的,在直接效益中没有得到反映的效益。主要包括:

a. 劳动力培训效果。项目使用劳动力,使非技术劳动力经训练而转变为技术劳动力,引起人力资本增值的效果。但这类外部效果通常难于定量计算,一般只作定性说明。

b. 技术扩散效果。先进技术项目的实施,由于技术人员的流动,技术在社会上扩散和推广,整个社会都将受益。这类外部效果影响明显并可以设法货币量化的,应予定量计算,否则可只作定性说明。

c. 环境改善的效益。某些项目在为社会提供产品或服务的同时,有可能对环境产生有利影响,如林业项目对气候的影响进而导致农业增产的效益;某些旨在提高质量、降低成本的项目,由于技术、设备或原料的改变导致环境质量的改善、污染物处理费用的降低等。这类间接效益应尽可能量化和货币化。

c. 上、下游企业相邻效果。上、下游企业相邻效果指项目对上、下游产业链的影响。项目的"上游"企业是指为该项目提供原材料或半成品的企业。项目的实施可能会刺激这些上游企业得到发展,增加新的生产能力或是使原有生产能力得到更充分的利用。如兴建汽车厂会对为汽车厂生产零部件的企业产生刺激,对钢铁生产企业产生刺激。项目的"下游"企业是指使用项目的产出作为原材料或半成品的企业。项目的产出可能会对下游企业的经济效益产生影响,使其闲置的生产能力得到充分利用,或使其节约生产成本。如兴建大型乙烯联合企业,可满足对石化原料日益增长的需求,刺激乙烯下游加工行业的发展。

很多情况下,项目对上、下游企业的相邻效果可以在项目的投入和产出的影子价格中得到反映,不再计算间接效果。如大型乙烯项目的产品价格已经市场化或以进口替代计算其影子价格,就不应再计算下游加工行业受到刺激增加生产带来的间接效益。也有些间接影响难于反映在影子价格中,需要作为项目的外部效果计算。

e. 乘数效果。这是指项目的实施使原来闲置的资源得到利用,从而产生一系列的连锁反应,刺激该地区经济发展乃至影响其他地区。在对经济尚不发达地区的项目进行经济分析时可能会需要考虑这种乘数效果,特别应注意选择乘数效果大的项目作为扶贫项目。需注意不宜连续扩展计算乘数效果。如果拟同时对该项目进行经济影响分析,该乘数效果可以在经济影响分析中体现。

②间接费用是指由项目引起的,在直接费用中没有得到反映的费用。通常项目对环境及生态的不利影响是不少项目主要的间接费用。如矿业、工业项目通常会对大气、水体和土地造成一定污染,给养殖业带来损失等;严重的甚至会造成生态破坏,进而对人类产生不利影响。尽管我国有严格的环境影响评价制度,要求污染物达标排放,但这种影响仍然会或多或少存在。这种间接费用虽然较难计算,但必须予以重视;可参照本书第5章所述的环境价值评估方法;有时也可按同类企业所造成的损失估计,或按环境补偿费用和恢复环境质量所需的费用估计等;实在不能定量计算的,应作定性描述。

③在识别计算项目的外部效果时需注意不能重复计算。如果项目产出以影子价格计算的效益已经将部分外部效果考虑在内了,就不必再计算该部分外部效果;项目投入的影子价格大多数也已经充分计算了投入的社会成本,不应再重复计算间接的上游效益。有些间接效益能否完全归属所评价的项目,往往也是需要仔细论证的。比如一个地区的经济发展制约因素往往不止一个,可能有能源、交通运输、通讯等,瓶颈环节有多个,不能简单地归于某一个项目;又如在评价交通运输项目时,要考虑到其他瓶颈制约因素对当地经济发展的影响,不能把当地经济增长都归因于该项目。

④可以采用调整项目范围的办法,解决项目外部效果计算上的困难。由于项目外部效果计算上的困难,有时可以采用调整项目范围的办法,将项目的外部效果变为项目以内。调整项目范围的一种方法是将项目的范围扩大,将具有关联性的几个项目合成一个"项目群"进行经济分析,这样就可以将这几个项目之间的相互支付转化为项目内部,从而相互抵消。例如,在评价相互联系的煤矿、铁路运输和火力发电项目时,可以将这些项目合成一个大的综合能源项目,这些项目之间的相互支付就转为大项目内部。

⑤项目的外部效果往往体现在对区域经济和宏观经济的影响上,对于影响较大的项目,需要专门进行经济影响分析,同时可以适当简化经济费用效益分析中的外部效果分析。

6.2.2 识别效益和费用的原则

①对经济效益与费用进行全面识别:对项目所涉及的所有成员及群体的费用和效益作全面分析;

②遵循有无对比的原则;

③遵循效益和费用识别和计算口径对应一致的基本原则:正确识别正面和负面外部效果,防止误算、漏算或重复计算;

④合理确定效益和费用的空间范围和时间跨度;

⑤正确处理转移支付;

⑥遵循以本国社会成员作为分析对象的原则。

6.2.3 估算效益与费用的原则

(1)支付意愿原则

项目产出正面效益的计算应遵循支付意愿(WTP)原则,分析社会成员为项目产出愿意支付的价值。

(2)受偿意愿原则

项目产出负面影响的计算应遵循接受补偿意愿(WTA)原则,分析社会成员为接受这种不利影响所要求补偿的价值。

(3)机会成本原则

项目投入的经济价值的计算应遵循机会成本原则,分析项目所占用资源的机会成本。机会成本应按该资源的最佳可行替代用途(也称次优用途)所产生的效益计算。

(4)实际价值计算原则

项目经济分析应对所有效益和费用采用反映资源真实价值的实际价格进行计算,不考虑通货膨胀因素的影响,但可考虑相对价格变动。

6.3 影子价格

国民经济评价使用影子价格,而非市场价格。影子价格更能体现资源的价值,能更好地描述宏观经济的运行。理解了影子价格就能更好地理解国民经济评价的实质与精髓。

6.3.1 影子价格的概念

影子价格通常是对某一种资源而言的,即某种资源处于最佳分配状态时,其边际产出价值。影子价格这一术语是由荷兰数理经济学家、计量经济学创始人詹恩·丁伯根和苏联经济学家康特罗维奇最先提出的,也被称为计算价格,在苏联又被称为最优计划价格。

影子价格的概念可通过以下虚拟的例子加以理解。

假设某种资源 R(如化肥)的所有用途就是两种,即生产产品 A(如稻谷)和生产产品 B(如玉米),其市场价格为 6 元/单位。不使用 R 进行生产时,A 的产值为 600 元,B 的产值为 300 元;把 10 单位的 R 投入生产 A 产品,A 的产值便由原来的 600 元增长到 648 元,增加的

48 元产值是由于资源 A 带来的。平均每增加 1 单位资源 A,产值增加了 4.8 元,可以认为这 1 单位资源 A 的边际产出价值为 4.8 元。这样一来,社会会扩大 A 产品的生产,投入更多的 R。如果资源 R 是稀缺资源,则 R 必涨价,涨价的上限就是 4.8 元。现假设资源 R 供应充足,价格不会变化,更多的资源 R 会投入到 A 产品生产。增量资源 R 的边际产出是递减的,如表 6.1 所示,直到投入到 80 单位的 R,其边际产出价值为 0.60 元。此时 R 的边际产出价值恰好与它的市场价格相等。如果再增加 R 的投入量则边际产出价值会低于其市场价格,因此市场便会维持 0.60 元/单位和 80 单位的投入量。

表 6.1 影子价格示例计算分析表

原料投入量 /单位	产品 A		产品 B	
	产值/元	边际产出/(元·单位$^{-1}$)	产值/元	边际产出/(元·单位$^{-1}$)
0	600	—	300	—
10	648	4.8	326	2.6
20	690	4.2	352	2.6
30	729	3.9	376	2.4
40	762	3.3	396	2.0
50	786	2.4	414	1.8
60	807	2.1	428	1.4
70	822	1.5	438	1.0
80	828	0.6	446	0.8
90	831	0.3	452	0.6
100	825	−0.6	455	0.4

对于产品 B 的生产可以得到类似的分析结果,即维持 0.60 元/单位和 90 单位的投入量。此时,市场达到均衡,不同用途的资源 R 边际产出价值都相等,资源 R 的市场价格体现了其实际经济价值,资源 R 的分配处于最合理状态,市场价格与其影子价格相等。

按一般情况,资源总是稀缺的,假设资源 R 总共只能得到 $S(S < 170)$,那么可能出现两种情况:其一,R 涨价从而抑制需求,这种情况下,通过市场演化能达到新的均衡,市场价格依然反映其影子价格;其二,不能涨价(政府价格干预),从前面的分析中可以得知,资源 R 的边际产出一定高于其市场价格,也就是说,资源 R 的影子价格高于其市场价格。此时,投入 R 来生产 A,B 是有利可图的,投资人会趋之若鹜去争夺 R,这就给权力寻租留下了空间。若同时具备政府限价和资源 R 供应充分这两个条件,就会造成 A,B 的产能过剩。

由于某种原因,R 的影子价格与其市场价格相背离,财务评价主要站在投资人立场上来评估,他只会关心盈利与否,而不太会关心为什么盈利。站在全社会的立场看,项目之所以会赚钱的原因,就是因为政府出于民生考虑,限制或贴补了 R 的市场价格(如现在的居民用水用电价格),项目或投资人是赚了钱,而全社会亏了本。这种情况显然是应该避免的,那么在国民经济评价时,就必须用 R 的影子价格来进行分析才能得到合理的结论。

影子价格在社会经济运行中并不实际发生,它仅是一种虚拟的价格。一种资源的影子价格并不是一个固定值,它将随社会经济结构的变化而发生变化。在投资项目中,无论是投入物或是产出物均可视为一种社会资源。由此,进行项目评价时所面临的要素全部为社会资源。研究资源的影子价格也就可以完全解决项目评价的价格问题。

6.3.2　寻求影子价格的方法

按照影子价格的概念,找出影子价格的前提是资源处于最佳分配状态。那么从理论上讲,能够将各种资源及其各种使用途径都一一列出,通过投入产出表进行优化,从而达到资源的最佳分配,此时各种资源最后一个单位的边际产出价值就是这些资源的影子价格。这是一种计划经济的模式。按前面的分析,在一个有效市场上,资源会趋向于合理分配,此时资源的市场价格比较接近于它的实际经济价值,也即这时市场价格能够近似地代替影子价格。这是西方市场经济的方法。

显而易见,如果按计划经济的模式寻找影子价格,需要对国民经济各部门的相互联系以及各种资源的可用量掌握得比较清楚,同时还要考虑各种宏观政策变化对各部门使用资源量的影响。这样的大规模信息量的获得与处理难度相当大。市场经济条件下,在一个具体国度中(例如某一国家内部),资源的分配尽管趋向于合理流动,但是由于社会环境中各种各样人为因素的正向或负向干扰,通常无法达到在一个国度内的资源最佳利用。因此,某一国家内的市场价格往往也会因为偏离其实际经济价值较远而不能作为影子价格来使用。

尽管如此,如果超出某一国度,从国际市场的角度来分析,人为的干扰尽管存在,但是相对某一国家内部会少些。因此,在某些情况下可以用国际市场价格近似地替代影子价格。

上述讨论的是可以有多种用途的中间产品,它们的影子价格可以用机会成本或相同的边际产出价值来表示;如果是最终消费品(如香烟),则没有可以选择的别种用途,此时影子价格无法用机会成本或边际产出价值来表示。对此只能以其使用价值的原则来表示它的实际经济价值,也即以用户的"支付意愿"作为最终消费品的影子价格。

1) 货物分类

按货物(广义的货物,指项目的各种投入和产出)是否具有可外贸性,将货物分为可外贸货物和非外贸货物;按货物价格机制的不同,分为市场定价货物和非市场定价货物。可外贸货物通常属于市场定价货物;非外贸货物中既有市场定价货物也有非市场定价货物。

土地、劳动力和自然资源有其特殊性,被归类为特殊投入物。

明确货物类型之后,即可针对性地采取适当的定价原则和方法。

2) 市场定价货物的影子价格

市场价格由市场形成,可以近似反映支付意愿或机会成本。

进行国民经济分析应采用市场价格作为市场定价货物的影子价格的基础,另外,加上或者减去相应的物流费用作为项目投入或产出的"厂门口"(进厂或出厂)影子价格。

(1)可外贸货物影子价格

项目使用或生产可外贸货物,将直接或间接影响国家对这种货物的进口或出口,包括:项目产出直接出口、间接出口和替代进口以及项目投入直接进口、间接进口和减少出口。原则上，对于那些对进出口有不同影响的货物，应当区分不同情况，采取不同的影子价格定价方法。但在实践中，为了简化工作，可以只对项目投入中直接进口的和产出中直接出口的，以进出口价格为基础确定影子价格；对于其他几种情况仍按国内市场价格定价。

$$直接进口的投入的影子价格（到厂价） = 到岸价（CIF） \times 影子汇率 + 进口费用$$
$$(6.1)$$

$$直接出口的产出的影子价格（出厂价） = 离岸价（FOB） \times 影子汇率 - 出口费用$$
$$(6.2)$$

影子汇率是指外汇的影子价格，应能正确反映国家外汇的经济价值，由国家指定的专门机构统一发布。

进口费用和出口费用是指货物进出口环节在国内所发生的各种相关费用，包括货物的交易、诸运、再包装、短距离倒运、装卸、保险、检验等物流环节上的费用支出，也包括物流环节中的损失、损耗以及资金占用的机会成本，还包括工厂与口岸之间的长途运输费用。对进口费用和出口费用都用人民币计价，一般情况下可直接按财务价值取值。

（2）市场定价的非外贸货物影子价格

价格完全取决于市场的，且不直接进出口的项目投入和产出，按照非外贸货物定价，其国内市场价格作为确定影子价格的基础，并按下式换算为到厂价和出厂价：

$$投入影子价格（到厂价） = 市场价格 + 国内运杂费 \qquad (6.3)$$
$$产出影子价格（出厂价） = 市场价格 - 国内运杂费 \qquad (6.4)$$

如果项目的投入物或产出物的规模很大，项目的实施将足以影响其市场价格，导致"有项目"和"无项目"两种情况下市场价格不一致，在项目评价实践中，取二者的平均值作为测算影子价格的依据。

（3）项目投入与产出的影子价格中流转税处理原则

①对于产出品，增加供给满足国内市场供应的，影子价格按支付意愿确定，含流转税；顶替原有市场供应的，影子价格按机会成本确定，不含流转税。

②对于投入品，用新增供应来满足项目的，影子价格按机会成本确定，不含流转税；挤占原有用户需求来满足项目的，影子价格按支付意愿确定，含流转税。

③在不能判别产出或投入是增加供给还是挤占（替代）原有供给的情况下，可简化处理为：产出的影子价格一般包含实际缴纳流转税，投入的影子价格一般不含实际缴纳流转税。

3）不具备市场价格的产出效果的影子价格

某些项目的产出效果没有市场价格，或市场价格不能反映其经济价值，特别是项目的外部效果往往很难有实际价格计量。对于这种情况，应遵循消费者支付意愿和（或）接受补偿意愿的原则测算影子价格。

4）特殊投入的影子价格

项目的特殊投入主要包括：劳动力、土地和自然资源，其影子价格需要采取特定的方法确定。

（1）影子工资——劳动力的影子价格

影子工资是指项目使用劳动力而社会为此付出的代价，包括劳动力的机会成本和劳动力转移而引起的新增资源消耗。

劳动力机会成本是指拟建项目占用的劳动力,因而是不能再用于其他地方或享受时间而被迫放弃的价值,应根据项目所在地的人力资源市场及就业状况、劳动力来源以及技术熟练程度等方面分析确定。技术熟练程度要求高的、稀缺的劳动力,其机会成本高,反之机会成本低。劳动力的机会成本是影子工资的主要组成部分。

新增资源消耗是指劳动力在本项目新就业或由原来的岗位转移到本项目而发生的经济资源消耗,包括迁移费、新增的城市基础设施配套等相关投资和费用。

实际计算时,影子工资 = 名义工资 × 工资换算系数(所谓名义工资即财务评价中的工资及职工福利费之和)。

(2)土地影子价格

土地是一种稀缺资源。项目占用了土地,社会就为此付出了代价,无论是否实际需要支付费用,都应根据机会成本或消费者支付意愿计算土地影子价格。土地的地理位置对土地的机会成本或消费者支付意愿影响很大,因此土地地块的地理位置是影响土地影子价格的关键因素。

①非生产性用地的土地影子价格。项目占用住宅区、休闲区等非生产性用地,市场完善的,应根据市场交易价格作为土地影子价格;市场不完善或无市场交易价格的,应按消费者支付意愿确定土地影子价格。

②生产性用地的土地影子价格。项目占用生产性用地,主要指农业、林业、牧业、渔业及其他生产性用地,按照这些生产用地的机会成本及因改变土地用途而发生的新增资源消耗进行计算,即:

$$土地影子价格 = 土地机会成本 + 新增资源消耗$$

土地机会成本按照项目占用土地而使社会成员由此损失的该土地"最佳可行替代用途"的净效益计算。通常该净效益应按影子价格重新计算,并用项目计算期各年净效益的现值表示。

土地机会成本的计算公式如下:

$$OC = \frac{NB_0 (1+g)^{\tau+1} \times [1 - (1+g)^n (1+i_s)^{-n}]}{i_s - g} \tag{6.5}$$

式中　OC——土地机会成本;

　　　n——项目计算期;

　　　NB_0——基年土地的最佳可行替代用途的净效益(用影子价格计算);

　　　τ——净效益计算基年距项目开工年的年数;

　　　g——土地的最佳可行替代用途的年平均净效益增长率;

　　　i_s——社会折现率($i_s \neq g$)。

新增资源消耗:新增资源消耗应按照在"有项目"情况下土地的占用造成原有地上附属物财产的损失及其他资源耗费来计算。项目经济分析中补偿费用一般可按相关规定的高限估算。由政府出资拆迁安置的,其费用也应计入新增资源消耗。业主自行开发土地的,土地平整等开发成本通常应计入工程建设投资中,在土地影子费用估算中不再重复计算。

(3)自然资源影子价格

矿产等不可再生资源的影子价格应当按该资源用于其他用途的机会成本计算;水和森

林等可再生资源的影子价格可以按资源再生费用计算。为方便测算,自然资源影子价格也可以通过投入替代方案的费用确定。

5)时间节约价值的估算

交通运输等项目,其效果可以表现为时间的节约,需要计算时间节约的经济价值。应按照有无对比的原则分析"有项目"和"无项目"情况下的时间耗费情况,区分不同人群、货物,根据项目具体特点分别测算旅客出行时间节约和货物运送时间节约的经济价值。

(1)出行时间节约的价值

出行时间节约的价值可以按节约时间的受益者为了获得这种节约所愿意支付的货币数量来度量。在项目经济费用效益分析中,应根据所节约时间的具体性质分别测算。

如果所节约的时间用于工作,时间节约的价值应为因时间节约而进行生产从而引起产出增加的价值。在完善的劳动力市场下,企业支付给劳动者的工资水平,可以看作是劳动者的边际贡献,因此可以将企业负担的所得税前工资、各项保险费及有关的其他劳动成本用于估算时间节约的价值。

如果所节约的时间用于闲暇,应从受益者个人的角度,综合考虑个人家庭情况、收入水平、闲暇偏好等因素,采用意愿调查评估方法进行估算。

(2)货物时间节约的价值

货物时间节约的价值应为这种节约的受益者为了得到这种节约所愿意支付的货币数量。在项目经济费用效益分析中,应根据不同货物对运输时间的敏感程度以及受益者的支付意愿测算时间节约价值。

6.4 国民经济费用效益分析

6.4.1 经济费用效益分析指标

1)经济净现值

经济净现值(ENPV)是指用社会折现率将项目计算期内各年的经济净效益流量折算到项目建设期初的现值之和,是经济费用效益分析的主要指标。

经济净现值的计算式为:

$$ENPV = \sum_{t=1}^{n} (B - C)_t (1 + i_s)^{-t} \tag{6.6}$$

式中 B ——经济效益流量;

C ——经济费用流量;

$(B - C)_t$ ——第 t 年的经济净效益流量;

n ——计算期,以年计;

i_s ——社会折现率。

评价准则:$ENPV \geqslant 0$,可行;反之,不可行。

经济净现值是反映项目对社会经济净贡献的绝对量指标。项目的经济净现值 $\geqslant 0$ 表示社会经济为拟建项目付出代价后,可以得到符合或超过社会折现率所要求的以现值表示的社会盈余,说明项目的经济盈利性达到或超过了社会折现率的基本要求,则认为从经济效率看,该项目可以被接受。经济净现值越大,表明项目所带来的以现值表示的经济效益越大。

2) 经济内部收益率

经济内部收益率(EIRR)是指能使项目在计算期内各年经济净效益流量的现值累计等于零时的折现率,是经济费用效益分析的辅助指标。经济内部收益率可由下式表达:

$$\sum_{t=1}^{n} (B - C)_t (1 + EIRR)^{-t} = 0 \tag{6.7}$$

式中 $EIRR$——经济内部收益率,其余符号同前。

评价准则:$EIRR \geqslant i_s$,可行;反之,不可行。

经济内部收益率是从资源配置角度反映项目经济效益的相对量指标,表示项目占用的资金所能获得的动态收益率,反映资源配置的经济效率。项目的经济内部收益率等于或大于社会折现率时,表明项目对社会经济的净贡献达到或者超过了社会折现率的要求。

3) 效益费用比

效益费用比是指计算期内效益流量的现值与费用流量的现值的比率,国民经济评价的辅助指标。

$$R_{BC} = \frac{\sum_{t=1}^{n} B_t (1 + i_s)^{-t}}{\sum_{t=1}^{n} C_t (1 + i_s)^{-t}} \tag{6.8}$$

式中 R_{BC}—— 效益费用比;

B_t—— 第 t 期的经济效益;

C_t—— 第 t 期的经济费用。

6.4.2 经济费用效益分析报表

经济费用效益分析主要报表是"项目投资经济费用效益流量表"(表6.2);辅助报表一般包括建设投资调整估算表、流动资金调整估算表、营业收入调整估算表和经营费用调整估算表。如有要求,也可以编制国内投资经济费用效益流量表。

表 6.2 项目投资经济费用效益流量表

序号	项 目	计算期								
		1	2	3	4	5	6	7	8	9
1	效益流量			2 766	2 766	2 766	2 766	2 766	2 766	3 662
1.1	销售收入			2 610	2 610	2 610	2 610	2 610	2 610	2 610
1.2	回收固定资产余值									374
1.3	回收流动资金									522
1.4	项目间接效益			156	156	156	156	156	156	156
2	费用流量	3 300	6 494	1 021	1 021	1 021	1 021	1 021	1 021	1 021

续表

序号	项目	计算期								
		1	2	3	4	5	6	7	8	9
2.1	建设投资	3 300	5 000							
2.2	流动资金		522							
2.3	经营费用		972	972	972	972	972	972	972	972
2.4	项目间接费用		49	49	49	49	49	49	49	49
3	净效益流量	−3 300	−6 494	1 745	1 745	1 745	1 745	1 745	1 745	2 641

项目投资经济费用效益流量表用以综合反映项目计算期内各年的按项目投资口径计算的各项经济效益与费用流量及净效益流量,用来计算项目投资经济净现值和经济内部收益率指标。该表的编制与项目的融资方案无关。

6.4.3 编制项目投资经济费用效益流量表的方式

经济费用效益流量表可以按照前述效益和费用流量识别和计算的原则和方法直接进行编制,也可在财务现金流量的基础上进行调整编制。

1)直接编制

①识别(包括量化)经济效益和经济费用,包括直接效益、直接费用和间接收益、间接费用。

②分析确定各项投入和产出的影子价格,对各项产出效益和投入费用进行估算,同时可以编制必要的辅助表格。

③根据估算的效益流量和费用流量,编制项目投资经济费用效益流量表。

④对能够货币量化的外部效果,尽可能货币量化,并纳入经济效益费用流量表的间接费用和间接效益;对难以进行货币量化的产出效果,应尽可能地采用其他量纲进行量化;难以量化的 应进行定性描述。

⑤采用直接编制经济费用效益流量表方式的项目,其直接效益一般比较复杂,可结合项目目标,视具体情况采用不同方式分别估算。

2)在财务分析项目投资现金流量表基础上调整编制经济费用效益流量表

(1)调整直接效益流量

项目的直接效益大多数为营业收入。产出需要采用影子价格的,用影子价格计算营业收入。应分析具体供求情况,选择适当的方法确定产出影子价格。出口产品用影子汇率计算外汇价值。重新计算营业收入,编制营业收入调整估算表。

(2)调整建设投资

①将建设投资中涨价预备费从费用流量中剔除。

②根据具体情况,建设投资中的劳动力可按影子工资计算费用,也可不予调整。

③有进口用汇的应按影子汇率换算并剔除作为转移支付的进口关税和进口环节增

值税。

④建设投资的国内费用中含有的增值税进项税额可根据市场定价的非外贸货物(投入)影子价格定价原则以及各类投入的市场供求情况决定是否剔除,也即采用含税价格还是不含税价格;其他费用通常不必调整。

⑤调整建设投资中土地费用。

⑥其他的费用一般可认为等同于财务价值,通常不必调整。

(3)调整经营费用

经营费用可采取以下方式调整计算:

①对需要采用影子价格的投入,用影子价格重新计算;

②对一般投资项目,人工工资可不予调整,即取影子工资换算系数为1;

③人工工资用外币计算的,应按影子汇率调整;

④对经营费用中的除原材料和燃料动力费用之外的其余费用,通常可不予调整。

(4)调整流动资金

如果财务分析中流动资金是采用扩大指标法估算的,经济分析中可仍按扩大指标法估算,但需要将计算基数调整为以影子价格计算的营业收入或经营费用,再乘以相应的系数估算。如果财务分析中流动资金是按分项详细估算法估算的,在剔除了现金、应收账款、预收账款、预付账款和应付账款后,剩余的存货部分要用影子价格重新分项估算。

(5)回收资产余值

该项一般不必调整。

(6)识别并估算间接效益和间接费用

按照上述效益和费用范围调整的要求,识别项目的间接效益和间接费用,并尽可能予以货币化估算。

6.5　国民经济评价案例

6.5.1　案例概况

案例为某城市新建市政道路,设计时速 40 km/h,总投资 1 866.26 万元。上级财政支持70%,约 1 306.4 万元,其余30%约 559.88 万元由地方财政筹集。项目建设工期为 2 年,资金在建设期按工程实施进度分期全部投入。

表 6.3　交通流量预测

年　度	新路交通量 /(cpu·h⁻¹)	新路日交通量 /(cpu·d⁻¹)	新路客、货运输量/千吨	新路旅客运输量/万人
2010	458	4 580	6 870	66
2015	623	6 230	9 345	90
2020	916	9 160	13 740	132
2025	1 345	13 450	20 175	194
2030	1 977	19 770	29 655	285

社会折现率8%,贸易费用率6%,项目计算期为22年,其中建设期2年,运营期20年。

6.5.2 效益计算

1)汽车运输成本

汽车运输成本按下式计算:

$$C = 1\ 283.412 - 31.565\ 8\ V + 0.261\ 07\ V^2$$

式中 C——单位成本,元/(千吨·km);

V——车速,km/h。

表6.4 运输成本表

路 况	速度/(km·h^{-1})	运输成本/元·(千吨·km)$^{-1}$	成本差/元·(千吨·km)$^{-1}$	里程/km
绕行老路	25	657.435 75		2
新路	40	438.492	218.943 75	1.2

2)运输效益计算

(1)运输成本降低效益

有项目由于解决了绕行问题,提高了车辆行驶速度,减少了油耗和材料消耗,从而比无项目时相应降低了运输成本,前后运输成本差额的累计值即为有项目时的经济效益,计算公式为:

$$B_{11} = (C_w L_W - C_y L_y) Q_n$$

式中 B_{11}——按正常运输量计算的运费节约效益,万元/年;

C_w, C_y——分别为无项目和有项目时的单位运输费用/元(t·km)$^{-1}$;

L_W, L_y——分别为无项目和有项目时的运输距离,km。

Q_n——正常运输量,万吨/年。

表6.5 运输成本节约效益表

年度	交通流量/(千吨·年$^{-1}$)	老路绕行里程/km	新路里程/km	老路运输成本/元·(千吨·km)$^{-1}$	新路运输成本/元·(千吨·km)$^{-1}$	运输成本差/元·(千吨·km)$^{-1}$	运输成本节约效益/万元
2011	6 870	2.00	1.20	657.44	438.49	218.94	541.82
2012	7 365	2.00	1.20	657.44	438.49	229.89	580.86
2013	7 860	2.00	1.20	657.44	438.49	241.39	619.90
2014	8 355	2.00	1.20	657.44	438.49	253.45	658.94
2015	8 850	2.00	1.20	657.44	438.49	266.13	697.98
2016	9 345	2.00	1.20	657.44	438.49	279.43	737.02
2017	10 224	2.00	1.20	657.44	438.49	293.41	806.35

续表

年度	交通流量/(千吨·年⁻¹)	老路绕行里程/km	新路里程/km	老路运输成本/元·(千吨·km)⁻¹	新路运输成本/元·(千吨·km)⁻¹	运输成本差/元·(千吨·km)⁻¹	运输成本节约效益/万元
2018	11 103	2.00	1.20	657.44	438.49	308.08	875.67
2019	11 982	2.00	1.20	657.44	438.49	323.48	945.00
2020	12 861	2.00	1.20	657.44	438.49	339.65	1 014.32
2021	13 740	2.00	1.20	657.44	438.49	356.64	1 083.65
2022	15 027	2.00	1.20	657.44	438.49	374.47	1 185.15
2023	16 314	2.00	1.20	657.44	438.49	393.19	1 286.65
2024	17 601	2.00	1.20	657.44	438.49	412.85	1 388.16
2025	18 888	2.00	1.20	657.44	438.49	433.49	1 489.66
2026	20 175	2.00	1.20	657.44	438.49	455.17	1 591.16
2027	22 071	2.00	1.20	657.44	438.49	477.93	1 740.70
2028	23 967	2.00	1.20	657.44	438.49	501.82	1 890.23
2029	25 863	2.00	1.20	657.44	438.49	526.91	2 039.77
2030	27 759	2.00	1.20	657.44	438.49	553.26	2 189.30
2031	29 655	2.00	1.20	657.44	438.49	580.92	2 338.83

(2)旅客运输时间节约效益

当项目不成立时,旅客运输全由原有道路承担,而项目建成后,旅客运行的时间缩短为0.07 h,其经济效益计算如下:

$$BTP = QP \cdot G \cdot (T_1 - T_2) \cdot a$$

式中　BTP——旅客运输时间节约效益,万元;

QP——新路旅客运输量,万人;

G——本区人均小时国民收入,元/(人·h);

T_1——旧路运输时间,h;

T_2——新路运输时间,h;

a——乘客生产性出行时间占总出行时间的比重,h。

人均小时国民收入[元/(人·h)] = 人均国民收入(元)/年人均工作时间(h)

年人均工作时间(h) = (年天数 - 周日 - 节假日) × 每日工作小时
= (365 - 107 - 7) × 8 = 2 032(h)

据当地近3年统计资料,本区人均国民收入为5 000元/年,故可求得:

本区人均小时国民收入 = 2.46 元/(人·h)

计算旅客运输时间节约效益时,本区人均小时国民收入按年增长率5%考虑。

表6.6　旅客运输时间节约效益表

年　度	旅客运输量/万人	节约时间/h	国民收入 /(元·h^{-1})	节约时间 利用系数	旅客时间节约 效益/万元
2011	66	0.07	2.46	0.70	7.95
2012	71	0.07	2.58	0.70	8.95
2013	75	0.07	2.71	0.70	10.03
2014	80	0.07	2.85	0.70	11.19
2015	85	0.07	2.99	0.70	12.45
2016	90	0.07	3.14	0.70	13.80
2017	98	0.07	3.30	0.70	15.85
2018	107	0.07	3.46	0.70	18.08
2019	115	0.07	3.63	0.70	20.49
2020	123	0.07	3.82	0.70	23.09
2021	132	0.07	4.01	0.70	25.90
2022	144	0.07	4.21	0.70	29.74
2023	157	0.07	4.42	0.70	33.90
2024	169	0.07	4.64	0.70	38.41
2025	181	0.07	4.87	0.70	43.28
2026	194	0.07	5.11	0.70	48.54
2027	212	0.07	5.37	0.70	55.75
2028	230	0.07	5.64	0.70	63.57
2029	248	0.07	5.92	0.70	72.02
2030	266	0.07	6.22	0.70	81.17
2031	285	0.07	6.53	0.70	91.05

(3)减少在途货物运输时间节约效益

减少在途货物运输时间效益,体现在新线货物运输提高了送达速度,从而引起资金周转时间缩短所产生的效益,以及误期罚款的减少;一般按在途货物所需流动资金利息减少支出量及误期罚款来计算。

$$BTC = QW \cdot P \cdot i \cdot (T_1 - T_2)$$

式中　　BTC——减少在途货物运输时间节约效益,万元;

　　　　QW——新路完成的货运量,万吨;

　　　　P——在途货物平均价值,元/t;

　　　　i——小时流动资金利率;

　　　　T_1——旧路货物运输时间,h;

　　　　T_2——新路货物运输时间,h。

表 6.7　减少货物在途时间效益表

年　度	货运量/万吨	新老路节约时间/h	货物平均在途价值/元·t⁻¹	小时流动资金利率	货物运输节约时间效益/万元
2011	632.04	0.07	300	9.132 42E − 06	0.12
2012	677.58	0.07	300	9.132 42E − 06	0.13
2013	723.12	0.07	300	9.132 42E − 06	0.14
2014	768.66	0.07	300	9.132 42E − 06	0.15
2015	814.20	0.07	300	9.132 42E − 06	0.16
2016	859.74	0.07	300	9.132 42E − 06	0.16
2017	940.61	0.07	300	9.132 42E − 06	0.18
2018	1 021.48	0.07	300	9.132 42E − 06	0.20
2019	1 102.34	0.07	300	9.132 42E − 06	0.21
2020	1 183.21	0.07	300	9.132 42E − 06	0.23
2021	1 264.08	0.07	300	9.132 42E − 06	0.24
2022	1 382.48	0.07	300	9.132 42E − 06	0.27
2023	1 500.89	0.07	300	9.132 42E − 06	0.29
2024	1 619.29	0.07	300	9.132 42E − 06	0.31
2025	1 737.70	0.07	300	9.132 42E − 06	0.33
2026	1 856.10	0.07	300	9.132 42E − 06	0.36
2027	2 030.53	0.07	300	9.132 42E − 06	0.39
2028	2 204.96	0.07	300	9.132 42E − 06	0.42
2029	2 379.40	0.07	300	9.132 42E − 06	0.46
2030	2 553.83	0.07	300	9.132 42E − 06	0.49
2031	2 728.26	0.07	300	9.132 42E − 06	0.52

（4）减少交通事故效益

由于新线的建成,提高了行车交通安全,使得交通事故减少而带来的效益,其经济效益的计算如下:

$$BTJ = P \cdot (J_w - J_y) \cdot M_K$$

式中　BTJ——减少交通事故效益,万元;

　　　P——道路交通事故平均损失费,万元/次;

　　　J_w——无项目时道路交通事故率;

　　　J_y——有项目时道路交通事故率;

　　　M_K——车辆行驶量,万车千米/年;

表6.8　减少交通事故效益表

年　度	新路交通量/量·日$^{-1}$	新路行驶量/万车千米	老路交通事故率/次·(万车千米)$^{-1}$	新路交通事故率/次·(万车千米)$^{-1}$	交通事故平均损失/万元·次$^{-1}$	减少交通事故效益/万元
2011	4 580	200.60	0.2	0.1	0.25	5.02
2012	4 910	215.06	0.2	0.1	0.25	5.38
2013	5 240	229.51	0.2	0.1	0.25	5.74
2014	5 570	243.97	0.2	0.1	0.25	6.10
2015	5 900	258.42	0.2	0.1	0.25	6.46
2015	6 230	272.87	0.2	0.1	0.25	6.82
2017	6 816	298.54	0.2	0.1	0.25	7.46
2013	7 402	324.21	0.2	0.1	0.25	8.11
2019	7 988	349.87	0.2	0.1	0.25	8.75
2020	8 574	375.54	0.2	0.1	0.25	9.39
2021	9 160	401.21	0.2	0.1	0.25	10.03
2022	10 018	438.79	0.2	0.1	0.25	10.97
2023	10 876	476.37	0.2	0.1	0.25	11.91
2024	11 734	513.95	0.2	0.1	0.25	12.85
2025	12 592	551.53	0.2	0.1	0.25	13.79
2026	13 450	589.11	0.2	0.1	0.25	14.73
2027	14 714	644.47	0.2	0.1	0.25	16.11
2028	15 978	699.84	0.2	0.1	0.25	17.50
2029	17 242	755.20	0.2	0.1	0.25	18.88
2030	18 506	810.56	0.2	0.1	0.25	20.26
2031	19 770	865.93	0.2	0.1	0.25	21.65

6.5.3　费用调整及计算

1)主材影子价格

本项目主要材料以地方材料为主,不进行影子价格调整。需要换算影子价格的主材为沥青,其影子价格换算如表6.9所示。

表 6.9　主材影子价格计算表

材料名称	单位	口岸价/元	距离/km		费用/[元·(t·km)⁻¹]		影子换算系数		贸易费率	影子价格/元
			铁路	公路	铁路	公路	铁路	公路		
石油沥青	t	1 759	3 100	245	0.09	0.5	1.84	1.26	0.06	2 532.25

注:影子价格 = 口岸价×(1 + 贸易费率)+ 铁路运费×运距×影子换算系数 + 公路运费×运距×影子换算系数

2)人工影子费用

道路建设项目在建设中需要大量的民工,按《建设项目经济评价方法与参数》(第三版)的有关规定,民工的影子换算系数为 0.5,其他人员影子工资换算系数为 1.0。本项目的人工构成为民工 70%、其他人员 30%,则人工影子工资系数为 0.65。

3)土地影子费用

土地是项目的特殊投入物。在国民经济评价中,土地影子费用(LSP)包括土地机会成本(LOC)和新增资源消耗费用(IC)。

$$LSP = LOC + IC$$

LOC 可按前述土地机会成本的公式计算。

IC 是国民经济为项目所用土地而新增加的资源消耗,本项目中主要指房屋拆建补偿费用,用房屋建筑工程影子价格换算系数 1.1 调整,计算结果如表 6.10 及表 6.11 所示。

表 6.10　土地机会成本计算表

土地类别	占地面积/亩	可能代替用途	征用年限	年净国民经济效益/[元·(年·亩)⁻¹]	年净国民经济效益增长率	机会成本/(元·亩⁻¹)	机会成本总额/万元
荒地	0						
园林地	0						
鱼塘	0						
耕地	35.1	水稻	20	850	0.002 5	17 453.40	61.26
合计	35.1		20			17 453.40	61.26
社会折现率	0.08						

表 6.11　拆迁补偿国民经济费用计算表

单位:万元

费用类别	调整前费用	调整后费用	差额
土地补偿及安置	351.00	61.26	289.74
青苗补偿		0.00	0.00
房屋拆迁补偿			
合计	351.00	61.26	289.74

4) 道路维护成本计算

道路建成后,项目的费用主要为道路养护、管理及大修费用。根据当地经验,养护费用约为 5 万元/(km·年),管理费用约为 1 万元/(公里·年),并以每年平均 5% 的速度增长。本项目按 10 年进行一次大修考虑,大修费用约为 9.5 万元/km。

5) 项目建设的经济费用

依据上述原则,对本项目投资估算各项费用进行调整,调整结果如表 6.12 所示。

表 6.12　经济费用调整表

项　目	调整原则	估算费用/万元	经济费用/万元
一、建安工程费用	调整	1 210.26	1 128.62
1. 人工	调整	118.25	76.86
2. 税金	剔除	40.25	0.00
3. 不调整部分	不调整	1 051.76	1 051.76
二、设备及工器具购置费	调整		0.00
三、工程建设其他费	调整	486.36	486.36
1. 移民安置及土地补偿	调整	351.00	61.26
2. 不调整部分	不调整	135.36	135.36
四、预备费		169.66	161.50
五、建设期贷款利息	剔除		0.00
合计		1 866.28	1 776.48

6.5.4　国民经济指标及敏感性分析

1) 评价指标计算

根据项目效益与费用编制的《国民经济效益费用流量表》(表 6.13、表 6.14)计算的评价指标如下:

经济净现值 $ENPV=1\,331.82$ 万元;

经济内部收益率 $EIRR=14.46\%$;

经济效益费用比 $RBC=1.78$。

2) 敏感性分析

由于项目受很多不确定因素影响,特别是项目的效益难以准确预测,本报告针对投资变化、费用变化和效益变化进行了经济可行性的敏感性分析,效益变化临界值为 82.2%,见表 6.15。敏感性分析结果表明:本项目抵抗外界变化能力较强,国民经济风险较小。

单位：万元

表6.13　国民经济效益费用流量表（一）

序号	项目	2009	2010	2011	2012	2013	2014	2015	2016	2017	2018	2019	2020
1	效益流量	0	0	554.91	595.32	635.81	676.38	717.05	757.81	829.85	902.05	974.44	1 047.03
1.1	运输成本减少效益			541.82	580.86	619.90	658.94	697.98	737.02	806.35	875.67	945.00	1 014.32
1.2	旅客运输时间节约效益			7.95	8.95	10.03	11.19	12.45	13.80	15.85	18.08	20.49	23.09
1.3	减少货物在途时间效益			0.12	0.13	0.14	0.15	0.16	0.16	0.18	0.20	0.21	0.23
1.4	减少交通事故效益			5.02	5.38	5.74	6.10	6.46	6.82	7.46	8.11	8.75	9.39
2	费用流量	647.86	1 128.62	9.06	9.51	9.99	10.49	11.01	11.56	12.14	12.75	13.39	14.06
2.1	建设投资	647.86	1 128.62										
2.2	维护管理费			9.06	9.51	9.99	10.49	11.01	11.56	12.14	12.75	13.39	14.06
3	净效益流量	−647.86	−1 128.62	545.85	585.81	625.82	665.89	706.03	746.25	817.71	889.30	961.06	1 032.97
4	净效益流量现值	−599.87	−967.61	433.31	430.58	425.92	419.63	411.96	403.17	409.06	411.92	412.18	410.21
5	累计净效益流量现值	−599.87	−1 567.48	−1 134.17	−703.58	−277.66	141.96	553.93	957.10	1 366.16	1 778.08	2 190.26	2 600.46

表6.14 国民经济效益费用流量表（二）

单位：万元

序号	项目＼年度	2021	2022	2023	2024	2025	2026	2027	2028	2029	2030	2031
1	效益流量	1 119.82	1 226.13	1 332.76	1 439.73	1 547.06	1 654.78	1 812.95	1 971.72	2 131.13	2 291.22	2 452.06
1.1	运输成本减少效益	1 083.65	1 185.15	1 286.65	1 388.16	1 489.66	1 591.16	1 740.70	1 890.23	2 039.77	2 189.30	2 338.83
1.2	旅客运输时间节约效益	25.90	29.74	33.90	38.41	43.28	48.54	55.75	63.57	72.02	81.17	91.05
1.3	减少货物在途时间效益	0.24	0.27	0.29	0.31	0.33	0.36	0.39	0.42	0.46	0.49	0.52
1.4	减少交通事故效益	10.03	10.97	11.91	12.85	13.79	14.73	16.11	17.50	18.88	20.26	21.65
2	费用流量	109.76	15.50	16.27	17.08	17.94	18.84	19.78	20.77	21.80	22.89	24.04
2.1	建设投资											
2.2	维护管理费	109.76	15.50	16.27	17.08	17.94	18.84	19.78	20.77	21.80	22.89	24.04
3	净效益流量	1 010.06	1 210.63	1 316.49	1 422.64	1 529.12	1 635.95	1 793.17	1 950.95	2 109.32	2 268.33	2 428.02
4	净效益流量现值	371.40	412.17	415.01	415.26	413.27	409.39	415.50	418.57	419.03	417.24	413.53
5	累计净效益流量现值	2 971.86	3 384.04	3 799.05	4 214.30	4 627.58	5 036.97	5 452.47	5 871.04	6 290.07	6 707.31	7 120.84
	经济指标	经济净现值		7 120.84		经济内部收益率		34.21%		经济效益费用比		5.14

表 6.15 敏感性分析表

指 标		EIRR	ENPV/万元	效益费用比
基本方案		34.21%	7 120.84	5.14
投资变化	15%	30.83%	6 885.72	4.53
	10%	31.87%	6 964.09	4.71
	5%	32.99%	7 042.47	4.92
	−5%	35.55%	7 199.21	5.39
	−10%	37.02%	7 277.59	5.66
	−15%	38.64%	7 355.96	5.96
费用变化	15%	34.15%	7 098.26	5.08
	10%	34.17%	7 105.78	5.10
	5%	34.19%	7 113.31	5.12
	−5%	34.24%	7 128.37	5.17
	−10%	34.26%	7 135.89	5.08
	−15%	34.28%	7 143.42	5.21
效益变化	30%	41.78%	9 772.50	6.69
	20%	39.30%	8 888.61	6.17
	10%	36.78%	8 004.73	5.66
	−10%	31.58%	6 236.95	4.63
	−20%	28.88%	5 353.07	4.12
	−30%	26.07%	4 469.18	3.60

6.5.5 国民经济评价结论

由上述计算结果可知,经济净现值($ENPV$)>0,经济内部收益率($EIRR$)$>$社会折现率 8%,经济效益费用比>1,综合敏感性分析结果表明该项目国民经济评价可行。

6.6 经济分析中的费用效果分析

费用效果分析也称成本效果分析、成本效用分析等,是通过比较项目预期的效果与所支付的费用,判断项目的费用有效性或经济合理性。费用效果分析方法也可以用于财务分析,但更常见的是在国民经济分析时使用。效果难于或不能货币化,或货币化的效果不是项目目标的主体时,在经济评价中应采用费用效果分析法,其结论作为项目投资决策时一体之主。

费用效果分析是项目决策分析与评价的基本方法之一。当项目效果不能或难于货币量化时，或货币量化的效果不是项目目标的主体时，在经济分析中可采用费用效果分析方法，并将其结论作为项目投资决策的依据，如医疗卫生保健、政府资助的普及教育、气象、地震预报、交通信号设施、军事设施等项目。

6.6.1 费用效果分析概述

费用效果分析是通过对项目预期效果和所支付费用的比较，判断项目费用的有效性和项目经济合理性的分析方法。

所谓费用是指社会经济为项目所付出的代价，是可以货币量化计算的。效果是指项目引起的结果、效应或效能，表示项目目标的实现程度，往往不能或难于货币量化。

作为一种方法，费用效果分析既可以应用于财务分析，采用财务现金流量计算；也可以应用于经济分析，采用经济费用效益流量计算。用于前者，主要是项目各个环节的方案比选、项目总体方案的初步筛选；用于后者，除了可以用在上述方案比选、筛选以外，对于项目主体效益难以货币量化的，则取代经济费用效益分析，作为经济分析的最终结论。

费用效果分析有广义和狭义之分。广义的费用效果分析泛指通过比较所达到的效果与所付出的耗费，用以分析判断所付出的代价是否值得。它是项目经济评价的基本原理。广义费用效果分析并不刻意强调采用何种计量方式。狭义的费用效果分析专指耗费采用货币计量，效果采用非货币计量的分析方法。而效果和耗费均用货币计量的称为费用效益分析。项目评价中一般采用狭义的概念。

6.6.2 费用效果分析的要求

费用效果分析遵循多方案比选原则，通过对各种方案的费用和效果进行比较，选择最优或较好的方案。对单一方案的项目，通常不易直接评价其合理性。

进行费用效果分析，项目的备选方案应具备以下条件：

①备选方案是互斥方案或可转化为互斥方案的，且不少于2个。

②备选方案目标相同，且均能满足最低效果标准的要求，否则不能进行比较。

③备选方案的费用可以货币量化，且资金用量不突破预算限额。

④备选方案的效果应采用同一非货币单位度量；如果有多个效果，可通过加权的方法处理成用单一度量单位表示的综合效果。

⑤备选方案应具有可比的寿命周期。

6.6.3 费用效果分析的基本程序

费用效果分析的基本程序如下：

①确立项目目标，并将其转化为可量化的效果；

②拟定各种可以完成任务（达到效果）的方案；

③识别和计算各方案的费用与效果；

④计算指标，综合比较，分析各方案的优缺点；

⑤推荐最佳方案或提出优先采用的次序。

6.6.4　费用效果分析基本指标

①费用效果分析基本指标是效果费用比($R_{E/C}$),即单位费用所达到的效果。

$$R_{E/C} = E/C \tag{6.9}$$

式中　$R_{E/C}$——效果费用比;

　　　E——项目效果;

　　　C——项目费用。

②习惯上也可以采用费用效果比($R_{C/E}$)指标,即单位效果所花费的费用。

$$R_{C/E} = C/E \tag{6.10}$$

6.6.5　费用估算要点

①费用应包括整个计算期内发生的全部费用。

②费用可采用现值或年值表示,备选方案计算期不一致时应采用年值。

6.6.6　效果计量单位的选择

效果可以采用有助于说明项目效能的任何度量单位。选择的度量单位应能切实度量项目目标实现的程度,且便于计算。如供水工程可以选择供水量(t)、教育项目选择受教育人数等。若项目的目标不只一个,或项目的效果难于直接度量,需要建立次级分解目标加以度量时,要用科学的方法确定权重,借助层次分析法对项目的效果进行加权计算,处理成单一度量单位表示的综合效果。

6.6.7　费用效果分析基本方法

1)最小费用法

当项目目标是明确固定的,也即效果相同的条件下,选择能够达到效果的各种可能方案中费用最小的方案。这种满足固定效果寻求费用最小方案的方法称为最小费用法,也称固定效果法。如优化一个满足特定标准的教育设施项目,若为一所学校,则其设施要达到的标准和可以容纳的学生人数事先确定下来,可以采用最小费用法。

2)最大效果法

将费用固定、追求效果最大化的方法称为最大效果法,也称固定费用法。如用于某一贫困地区扶贫的资金通常是事先固定的,扶贫效用最大化是通常要追求的目标,也就是采用最大效果法。

3)增量分析法

当备选方案效果和费用均不固定,且分别具有较大幅度的差别时,应比较两个备选方案之间的费用差额和效果差额,分析获得增量效果所花费的增量费用是否值得,不可盲目选择效果费用比大的方案或者费用效果比小的方案。

采用增量分析法时,需事先确定基准指标,如$[E/C]_0$或$[C/E]_0$(也称截止指标)。如果增量效果超过增量费用,即$\Delta E/\Delta C \geqslant [E/C]_0$或$\Delta C/\Delta E \leqslant [C/E]_0$时可以选择费用高的方案,否则选择费用低的方案。

如果项目有两个以上的备选方案进行增量分析,应按下列步骤选优:

①将方案费用由小到大排队;

②从费用最小的两个方案开始比较,通过增量分析选择优胜方案;

③将优胜方案与紧邻的下一个方案进行增量分析,并选出新的优胜方案;

④重复③,直至最后一个方案,最终被选定的优势方案为最优方案。

本章小结

本章围绕国民经济分析与财务分析的异同进行编写,重点介绍了影子价格的概念及其寻求方法,结合案例讲解了费用效益的识别、费用效益分析以及费用效果分析的方法。

国民经济分析部分(特别是费用效益的量化)是非常灵活且充满智慧的,要把它做好还需更广阔的知识和更开放的思维。

复习思考题

1. 什么是项目国民经济评价?它与财务评价有何异同?国民经济评价的必要性是什么?

2. 在国民经济评价中,识别费用收益的原则是什么?与财务评价的原则有何不同?

3. 项目的外部效果分为哪几种类型?哪些外部效果需要列入国民经济评价的现金流量表中?

4. 什么是影子价格?在项目国民经济效益分析中为什么要采用影子价格度量项目的费用和效益?

5. 什么是费用效益分析?什么是费用效果分析?二者有何异同?

6. 某高速公路项目,年车辆收费收入 600 万元,旅客时间节约价值 800 万元,运输费用节省 200 万元,进行经济费用效益分析时,在不考虑其他因素的情况下,该项目的年经济效益流量应为多少?效益费用比为多少?(1 000 万元/年,5/3)

第7章

价值工程

本章导读

- **基本要求** 了解价值工程的现代科学管理观念与思想、价值工程方法的发展历程以及价值工程的基本概念,比如价值、成本、功能、价值系数等;熟悉价值工程方法的分析步骤;掌握价值工程方法核心和重点,尤其是在价值分析阶段进行功能定义、功能整理与功能评价的方法,并能运用价值工程方法解决实际问题。
- **重点** 价值工程对象的选择,在实践中应当依据一定的原则选择对象才能确保价值工程有针对性;对选择的对象进行功能分析和评价,通过功能整理确定主要的功能评价对象;根据评价结果进行方案创建。
- **难点** 功能整理和功能评价是价值功能分析。

7.1 价值工程概述

7.1.1 价值工程的产生与发展

价值工程(Value Engineering,简称 VE)又称价值分析(Value Analysis,简称 VA),是第二次世界大战以后发展起来的一种现代化管理技术,一种新的技术经济分析方法。它们都是通过产品功能分析以达到节约资源和降低成本的目的,在建筑工程领域也被广泛采用。

价值工程法 20 世纪 40 年代起源于美国,劳伦斯·戴罗斯·麦尔斯(Lawrence D. Miles)是价值工程的创始人。1961 年,美国价值工程协会成立时他当选为该协会第一任会长;在第二次世界大战之后,由于原材料供应短缺,采购工作常常碰到难题;经过实际工作中孜孜不倦地探索,麦尔斯发现有一些相对不太短缺的材料可以很好地替代短缺材料的功能;后来,麦尔斯逐渐总结出一套解决采购问题的行之有效的方法,并且把这种方法的思想及应用推广到其他领域,例如,将技术与经济价值结合起来研究生产和管理的其他问题,这就是早期的价值工程。1955 年,这一方法传入日本后与全面质量管理相结合,得到进一步发扬光大,成为一套更加成熟的价值分析方法。麦尔斯发表的专著《价值分析的方法》使价值工程很快在世界范围内产生巨大影响。

价值工程发展历史上的具有催化剂意义的事情是美国通用电器公司(GE)的石棉事件。第二次世界大战期间,美国原材料市场供应十分紧张,GE 急需石棉板,但该产品的货源不稳定,价格昂贵,时任 GE 工程师的劳伦斯·戴罗斯·麦尔斯(Lawrence D. Miles)开始针对这一问题研究材料代用问题,通过对公司使用石棉板的功能进行分析,发现其用途是铺设在给产品喷漆的车间地板上,以避免涂料沾污地板引起火灾,后来,Miles 在市场上找到一种防火纸,这种纸也可以起到以上作用,并且成本低,容易买到,取得很好的经济效益,这是最早的价值工程应用案例。

通过这个改善,Miles 将其推广到企业其他的地方,对产品的功能、费用与价值进行深入的系统研究,提出了功能分析、功能定义、功能评价以及如何区分必要和不必要功能并消除后者的方法,最后形成了以最小成本提供必要功能,获得较大价值的科学方法。1947 年研究成果以《价值分析》发表。

近年来,世界各工业国家也迅速推广价值工程方法。目前,价值工程的应用已经扩展到钢铁、设备制造等产业部门。我国自 1979 年开始引进价值工程以来,就非常重视其推广及应用,许多企业开始实践并取得显著的经济效果。

价值工程更适宜于量大产品或功能产品的管理上,如批量性住宅。近年来,世界各先进国家住宅功能项目的开发和成本信息现代体系的建立,都有益于价值方法在建设行业中的应用。

价值工程开始于材料的采购和代用品的研究上,继而扩展到产品的研究和设计,零部件的生产和改进,工具、装备的改进等方面;后来又发展到改进工作方法、作业程序、管理体系等领域。总之,凡是有功能要求和需要付出代价的地方都可以用这种方法进行。在建设工程领域,建设程序的不同阶段都可以应用价值工程方法,比如在设计阶段设计方案的选择、材料的选用等,都可以对建设工程项目的价值产生重要的影响。

7.1.2 价值工程的定义

价值工程是指以产品或作业的功能分析为核心,以提高产品或作业的价值为目的,力求以最低寿命周期成本实现产品或作业使用所要求的必要功能的一项有组织的创造性活动,有些人也称其为功能成本分析。价值工程涉及到价值、功能和寿命周期成本等 3 个基本要素。价值工程是一门工程技术理论,其基本思想是以最少的费用换取所需要的功能。这门学科以提高工业企业的经济效益为主要目标,以促进老产品的改进和新产品的开发为核心内容。

1)价值概念

价值工程中所说的"价值"有其特定的含义,与哲学、政治经济学、经济学等学科对价值的定义有所不同。价值工程中的"价值"就是一种"评价事物有益程度的尺度"。价值高说明该事物的有益程度高、效益大、好处多;价值低则说明有益程度低、效益差、好处少。例如,人们在购买商品时,总是希望"物美而价廉",即花费最少的代价换取最多、最好的商品。

价值工程把"价值"定义为:"对象所具有的功能与获得该功能的全部费用之比",即

$$V = \frac{F}{C} \tag{7.1}$$

式中　V——产品或服务的价值;

　　　　F——产品或服务的功能;

　　　　C——产品或服务的成本。

2) 功能概念

价值工程认为:功能对于不同的对象有着不同的含义。对于物品来说,功能就是它的用途或效用;对于作业或方法来说,功能就是它所起的作用或要达到的目的;对于人来说,功能就是他应该完成的任务;对于企业来说,功能就是它应为社会提供的产品和效用。总之,功能是对象满足某种需求的一种属性。认真分析一下价值工程所阐述的"功能"内涵,实际上等同于使用价值的内涵,也就是说,功能是使用价值的具体表现形式。任何功能无论是针对机器还是针对工程,最终都是针对人类主体的一定需求目的,最终都是为了人类主体的生存与发展服务,因而最终将体现为相应的使用价值。因此,价值工程所谓的"功能"实际上就是使用价值的产出量。

3) 成本概念

价值工程所谓的成本是指人力、物力和财力资源的耗费。其中,人力资源实际上就是劳动价值的表现形式,物力和财力资源就是使用价值的表现形式,因此价值工程所谓的"成本"实际上就是价值资源(劳动价值或使用价值)的投入量。

总之,价值工程是采用系统的工作方法,通过各相关领域的协作,对所研究对象功能与成本、效益与费用之间进行系统分析,不断创新,旨在提高所研究对象价值的思想方法和管理技术。

4) 价值工程的基本特点

价值工程实施的过程具有如下特点:

①以使用者的功能需求为出发点;

②对功能进行分析;

③系统研究功能与成本之间的关系;

④努力方向是提高价值;

⑤需要由多方协作,有组织、有计划、按程序地进行。

7.1.3　价值工程的工作程序

价值工程也像其他管理方法一样具有自己独特的一套工作程序。价值工程的工作程序,实质就是围绕产品的功能和成本提出问题、分析问题、解决问题的过程。其具体的工作步骤,以及各步骤应该完成的具体工作内容如表7.1所示。

表 7.1　价值工程的工作程序

价值工程的工作阶段	活动程序		对应问题
	基本步骤	详细步骤	
一、分析问题	功能定义	1. 选择对象	1. 价值工程的研究对象是什么?
		2. 收集资料	
	功能评价	3. 功能定义	2. 这是干什么用的?
		4. 功能整理	
		5. 功能分析及功能评价	3. 成本是多少?
			4. 价值是多少?
二、综合研究	制订创新方案与评价	6. 方案创造	5. 有无其他方法实现同样功能?
		7. 概括评价	6. 新方案的成本是多少?
		8. 指定具体方案	
		9. 实验研究	7. 新方案能满足功能的要求吗?
		10. 详细评价	
三、方案评价		11. 提案审批	
		12. 方案实施	
		13. 成果评价	

7.2　VE 对象的选择与资料收集

选择价值工程实施对象的过程就是定义研究范围的过程,最后明确分析研究的目标即主攻方向。一般说来,在建设工程领域进行价值工程研究时,可以围绕以下几方面考虑价值工程对象的选择。

①从设计阶段看,对体积和重量大、产品结构复杂、性能和技术指标表现差的产品进行价值工程分析,可使产品结构、性能、技术水平得到优化,从而提高产品价值。

②从建设项目施工阶段看,对质量难于保证、量大面广、工艺复杂、工序繁琐、能源和原材料消耗高的产品,通过实施价值工程活动可以实现以最低的寿命周期成本可靠地实现必要功能。

③从建筑产品销售的角度分析,退货索赔多、用户意见多、竞争力差的产品往往是进行价值工程活动的主要对象,在这些方面的价值改善可以赢得消费者的认同,进一步占领更大的市场份额。

④从建设项目成本管理角度看,可以对成本高或成本比重大的产品进行价值工程活动,实现降低产品成本的目的。

当然,在建设工程领域实施价值工程时,对象选择不仅仅局限于上述几方面,只要符合价值工程分析的本质要求,能通过价值工程分析方法解决的问题,都可以作为价值工程实施的对象。

7.2.1 VE对象选择的原则

确定价值工程的对象时,面临很多困难,尤其是建筑工程产品,涉及的技术专业多,建设周期长,如何选择价值工程对象,对能否在获得必要功能的前提下,有效地降低成本有非常重要的影响。通常,选择价值工程对象时,遵循以下的原则可以使选择工作有很大的针对性。

①通常选择体积大、设计复杂、设计影响因素多、项目结构复杂的产品。对于项目结构过于复杂的建设产品,在保证其必要功能的前提下,可通过分解其复杂结构,定义各组成部分的功能和作用,进行合理设计,简化其结构的同时可以大幅度降低成本。例如,市政工程施工中,为了满足交通的要求,柔性路面结构层次逐渐发展为面层、联结层、基层、底基层和垫层,不同结构层具有各自的主要功能;但结构层次过多则需要多种材料、多道工序施工,不但增加路面的造价,且往往因配合不当或施工不当引起质量问题,故可对路面层次进行价值分析。

②选择造价高、占总成本比重大、且对经济效益影响大的产品,例如软土地中的桩基础工程、道路工程中的互通式立交、桥梁下部工程中的桩基础等。

③选择量大面广的产品,如建筑用的砖,商品混凝土等。

④选择质量差、用户意见大的产品,如路面的损坏率高、卫生间漏水等。

⑤选择寿命周期较长的产品,如桥梁、堤坝、防洪建筑等产品。

⑥选择技术经济指标较差的产品。通过与同类产品进行技术性能、经济指标的比较,找出差距大的产品作为价值工程对象。

⑦从畅销产品中选择。为了使企业产品处于有利的竞争地位,必须做到既提高产品功能又不增加售价,甚至降低售价。

⑧选择产品设计年代已久、技术已显陈旧的产品。

7.2.2 VE对象选择的方法

有很多种方法可以帮助我们选择价值工程对象,不同方法适用于不同的价值工程对象,实践中应根据企业条件选用适宜的方法。适宜的对象选择方法是取得较好价值工程效果的前提。常用的选择方法有:因素分析法、ABC分析法、强制确定法、百分比分析法、价值指数法等。

1)因素分析法

因素分析法又称经验分析法,是充分利用专家意见的定性方法,实施过程中,根据价值工程对象选择应考虑的各种因素,凭借分析人员的经验集体研究确定选择对象的一种方法。

因素分析法主要依据分析人员经验做出选择和判断,简单实用,常用于被研究对象彼此相差比较大,以及时间紧迫的情况。在实践中,将这种方法与其他方法相结合,往往能取得更好效果。因素分析法的缺点是由于缺乏定量数据支持、准确性较差,对象选择的正确与否,主要取决于价值工程活动人员的经验及工作态度,有时难以保证分析质量。为了提高分析的准确程度,需要技术水平高、经验丰富、熟练业务的人员参加选择。

2) ABC 分析法

ABC 分析法又称重点选择法或不均匀分布定律法,是应用数理统计分析的方法来选择对象。这种方法由意大利经济学家帕累托提出,其基本原理为"关键的少数和次要的多数"。抓住"关键的少数"可以解决问题的大部分,原理如图 7.1 所示。在价值工程中,这种方法的基本思路是:首先把一个产品的各种部件(或企业各种产品)按成本的大小由高到低排列起来,然后绘成费用累积分布图,然后将占总成本 70% ~ 80% 而占零部件总数 10% ~ 20% 的零部件划分为 A 类部件;将占总成本 5% ~ 10% 而占零部件总数 60% ~ 80% 的零部件划分为 C 类;其余为 B 类。其中 A 类零部件是价值工程的主要研究对象。

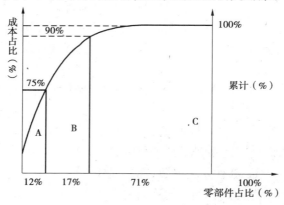

图 7.1　ABC 法分析原理图

除了按成本进行分类,也可以采用其他的数量指标进行分类。有些产品不是由各个部件组成,如工程项目投资等,对这类产品可按费用构成项目分类,如分为管理费、材料费、人工费、机械台班费等,将其中所占比重最大的,作为价值工程的重点研究对象。这种分析方法也可从产品成本利润率、利润比重角度分析,其中利润额占总利润比重最低,而且成本利润率也是最低的,应当考虑作为价值工程的研究对象。

ABC 分析法仅仅围绕成本比重大的零部件或工序为研究对象,有利于集中精力重点突破,取得较大效果,简便易行,因此广泛为人们所采用。但在实际工作中,有时由于成本分配不合理,造成成本比重不大,但用户认为功能重要的对象可能被漏选或排序推后。ABC 分析法的这一缺点可以通过经验分析法、强制确定法等方法补充修正。

3) 强制确定法

强制确定法又称 FD(Force Decision)法,包括 01 法、04 法与多比例评分法,主要用于确定功能重要性系数,是依据功能重要程度选择价值工程对象的一种分析方法。具体做法是:先求出分析对象的成本系数、功能系数;然后计算出价值系数,以揭示出分析对象的功能与成本之间是否相符;如果不相符,价值低的则被选为价值工程的研究对象。这种方法在功能评价和方案评价中经常被应用。

强制确定法从功能和成本两方面综合考虑,比较适用、简便,不仅能明确定义价值工程的研究对象,而且有定量的数据支持。但这种方法是依靠人为打分,不能准确反映功能差距的大小,只适用于部件间功能差别不太大且比较均匀的对象,而且一次分析的部件数目也不宜太多,通常以不超过 10 个为宜。当需要分析的零部件数量很多时,可以采用不同方法共同选择价值工程对象,可以先用 ABC 法、经验分析法选出重点部件,然后再用强制确定法详细地选择;也可以用逐层分析法,从部件选起,然后再重点部件中选出重点零件。

4)百分比分析法

这是一种通过分析某种费用或资源对企业的某个技术经济指标的影响程度的大小(百分比),来选择价值工程对象的方法。

5)价值指数法

这是通过比较各个对象(或零部件)之间的功能水平位次和成本位次,寻找价值较低对象(零部件),并将其作为价值工程研究对象的一种方法。

7.2.3　资料的收集

确定价值工程分析的对象之后,围绕选定对象搜集情报资料的工作也十分重要。但是应视具体情况确定所需的信息资料。对于产品分析来说,围绕选定的对象,一般应搜集以下几方面的信息资料:

①用户方面的信息资料;

②市场销售方面的信息资料;

③技术方面的信息资料;

④经济方面的信息资料;

⑤本企业的基本资料;

⑥环境保护方面的信息资料;

⑦外部协作单位方面的信息资料;

⑧政府和社会有关部门的法规、条例等方面信息资料。

在建筑工程项目进行经济研究的过程中,应重点搜集以下 3 类情报资料。

①内部情报资料:包括企业的经营方针、成本统计数据、生产能力,工时定额、质量统计数据;

②外部企业情报资料:主要包括搜集面临的各竞争对手的经济分析资料、生产资料、质量统计数据及用户反馈等信息资料。比如同类竞争企业的工艺方法,加工、作业管理制度,材料物理特性,设计、生产、销售资料,产量、批量等情况。

③外部市场情报资料:主要包括用户的使用目的及条件,使用中的故障情况,用户今后的需求,使用上存在的主要问题、用户急需解决的问题等。

收集的信息资料一般需加以分析、整理,剔除无效资料,使用有效资料,以利于价值工程活动的分析研究。

7.3　功能分析与评价

价值工程分析阶段主要工作是进行功能定义、功能整理与功能评价。

7.3 1 功能分析

任何产品都具有使用价值,即任何产品的存在都是由于它们具有某种能满足用户所需的特有功能。这是存在于产品中的一种本质属性,人们购买物品的实质是为了获得产品的功能。功能分析是价值工程活动的基本内容。从功能分析入手,系统地对产品进行研究和分析是价值工程活动的核心工作。

功能分析通过分析对象资料,正确表达分析对象的功能并予以满足,明确功能的特征要求,从而弄清产品与部件各功能之间的关系,去掉不合理的功能,使产品功能结构更合理,以达到降低产品成本的目的。通过功能分析,可以对对象"是干什么用的"价值工程提问做出回答,从而准确地掌握用户的功能要求。下面以铁皮外壳的暖水瓶为例,说明功能定义,如表7.2所示。

表7.2 暖水瓶功能定义表

产品及零部件名称	功能定义
暖水瓶	保持温度
瓶胆	减少热传导,减少热辐射
瓶外盖	保持清洁
瓶塞	减少对流
瓶外壳	支持瓶胆,保护瓶胆,固定瓶胆,增加美观
瓶嘴	方便使用
底托	支持瓶胆,保护瓶胆,固定瓶胆,增加美观
把手	方便使用,增加美观

1. 功能分类

为了弄清功能的定义,可根据功能的不同特性进行分类。

(1)按功能的重要程度,产品功能一般可分为基本功能和辅助功能

基本功能是某种产品必不可少的功能,是产品的主要功能,如果不具备这种功能,产品就失去其存在的价值。例如建筑物的主体结构的基本功能是承受荷载,室内间壁墙的基本功能是分隔空间。

辅助功能是为了更有效地实现基本功能而存在的功能,相对基本功能来讲是次要功能,是为了实现基本功能而附加的功能。如墙体的隔音、隔热就是辅助功能,可以使隔墙的分隔功能更有效。

(2)按功能的性质,产品功能可分为使用功能和美学功能

使用功能从功能的内涵上反映其使用属性,而美学功能是从产品外观上反映功能的艺术属性。无论是使用功能和美学功能,他们都是通过基本功能和辅助功能实现的。产品的使用功能和美学功能要根据产品的特点而有所侧重。有的产品应突出其使用功能,例如地下电缆、地下管道等;有的应突出其美观功能,例如瓷砖、建筑物外挂石材等。但是有的产品

（如平板电脑、手机）二者功能兼而有之。

（3）按用户的需求,功能可分为必要功能和不必要功能

必要功能是指用户所要求的功能以及与实现用户所需功能有关的功能,使用功能、美学功能、基本功能、辅助功能等均为必要功能;不必要功能是指不符合用户要求的功能。不必要的功能通常有 3 类:一是多余功能,二是重复功能,三是过剩功能。不必要的功能必然产生不必要的费用,不仅增加用户的经济负担,而且还浪费资源。因此,价值工程的角度分析,一般是指必要功能,即充分满足用户必不可少的功能要求。

（4）按功能的量化标准,产品的功能可分为过剩功能与不足功能

过剩功能是指某些功能虽属必要,但满足需要有余,在数量上超过了用户要求或标准功能水平。不足功能是相对于过剩功能而言的,表现为产品整体功能或零部件功能水平在数量上低于标准功能水平,不能完全满足用户需要。不足功能和过剩功能要作为价值工程的对象,可以通过设计进行改进和完善。

（5）按总体与局部,产品功能可划分为总体功能和局部功能

总体功能和局部功能是目的与手段的关系,产品各局部功能是实现产品总体功能的手段,而产品的总体功能又是产品各局部功能要达到的目的。

上述功能的分类不是功能分析的必要步骤,而是用以分辨确定各种功能的性质和其重要的程度。价值工程正是抓住产品功能这一本质,通过对产品功能的分析研究,正确、合理地确定产品的必要功能,消除不必要功能,加强不足功能,削弱过剩功能;改进设计,降低产品成本。因此,可以说价值工程是以功能为中心,在可靠地实现必要的功能基础上来考虑降低产品成本。

2）功能定义

功能定义就是根据收集到的情报和资料,透过对象产品或部件的物理特征（或现象）,找出其效用或功用的本质属性,并逐项加以区分和规定,以简洁的语言描述出来。

功能定义的目的是:

①明确对象产品和组成产品各部件的功能,借以弄清产品的特性;

②便于进行功能评价,通过评价弄清哪些是价值低的功能和有问题的功能,实现价值工程的目的;

③便于构思方案,定义功能的过程实际上也是为对象产品改进设计的构思过程,为价值工程的方案创造工作阶段作了准备。

7.3.2　功能整理

所谓功能整理,就是对定义得到的产品及其零部件的功能,从系统的思想出发,明确功能之间的逻辑关系,并用图表形式表达,以明确产品的功能系统,排列出功能系统图（图7.2）,从而为功能评价和方案构思提供依据。其目的是通过对功能的定性分析,明确必要功能和不必要功能,并为功能价值的定量评价作好准备。如暖水瓶功能分析的例子中,功能系统图如图 7.3 所示。

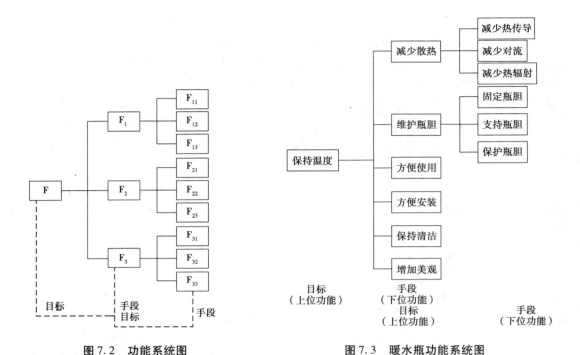

图 7.2   功能系统图   图 7.3   暖水瓶功能系统图

7.3.3   功能评价

功能评价是在功能定义和功能整理完成之后,在已定性确定问题的基础上进一步作定量的分析,即评价功能的价值,是对已定义的功能进行价值的定量评价,从中选择价值低的功能领域进行改善,以期通过方案创造,改进功能的实现方法提高其价值。若进行功能评价,需要求出:功能评价值 F、功能的现实成本 C、功能的价值 V。

1) 功能评价的程序

价值工程分析中的成本有两种:一种是现实成本,是指目前的实际成本;另一种是目标成本,比如标杆性的成本值,希望通过价值工程分析实现的成本值。功能评价就是找出实现功能的最低费用作为功能的目标成本,以功能目标成本为基准,通过与功能现实成本的比较,求出两者的比值(功能价值)和两者的差异值(改善期望值),然后选择功能价值低、改善期望值大的功能作为价值工程活动的重点对象。功能评价的程序如图 7.4 所示。

2) 功能现实成本 C 的计算

功能现实成本的计算与一般的传统的成本核算既有相同点,也有不同之处。两者之间的相同点是指它们在成本的构成项目上是完全相同的;不同之处在于成本确定的对象不同,功能现实成本以功能单位为对象进行计算,而传统的成本核算是以产品或零部件为单位计算。因此,在计算功能现实成本时,就需要根据传统的成本核算资料,将产品或零部件的现实成本换算成功能的现实成本。具体来讲,当一个零部件只具有一个功能时,该零部件的成本就是它本身的功能成本;当一项功能由多个零部件共同实现时,该功能的成本就等于这些零部件的功能成本之和;当一个零部件具有多项功能或同时与多项功能有关时,就需要将零部件成本分摊给各项有关功能,至于分摊的方法和分摊的比例,可根据具体情况决定。

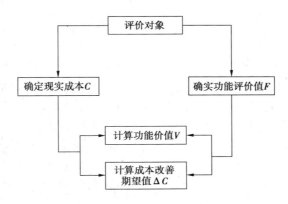

图7.4 功能评价程序

3)功能评价值 F(目标成本)的计算

对象的功能评价值 F(目标成本),是指可靠地实现用户要求功能的最低成本,可以根据图纸和定额,也可根据国内外先进水平或根据市场竞争的价格等来确定。它可以理解为是企业有把握,或者说应该达到的实现用户要求功能的最低成本。从企业的角度来看,功能评价值可以看成是企业预期的、理想的成本目标值,实践中可以采用经验估算法、实际调查法、功能重要程度评价法计算 F 值,常用功能重要性系数评价法计算。

功能重要性系数评价法是根据功能重要性程度确定功能评价值的方法。使用该方法时,首先将产品功能划分为几个功能区域,根据功能区的重要程度和复杂程度,确定各个功能区的功能重要性系数。然后将产品的目标成本按功能重要性系数分配给各功能区作为该功能区的目标成本,即功能评价值。

4)计算功能价值 V,分析成本功能的合理匹配程度

功能价值 V 的计算方法可分为两大类,即功能成本法与功能指数法。简单来讲,功能指数法是通过计算功能评价系数(简称功能系数)和成本系数,并通过功能系数与成本系数的比较来计算功能价值,由此描述功能的重要程度、复杂程度、用户需求强度与成本之间的协调关系等。功能指数法又称为相对值法或功能指数法。

功能成本法是直接计算功能所必需消耗的最低成本,用金额表达功能的量值,并与实现用户所需要的某项必要功能的最低成本相比较,经过分析、对比,求得对象的价值系数和成本降低期望值,并根据计算得到的数值确定价值工程的改进对象,故又称为绝对值法。这种方法便于更好地从功能成本的角度出发,合理地确定功能与成本的具体数值,其表达式如7.2所示。

$$V_i = \frac{F_i}{C_i} \tag{7.2}$$

式中　V_i——第 i 个评价对象的价值系数;

　　　F_i——第 i 个评价对象的功能评价值(目标成本);

　　　C_i——第 i 个评价对象的现实成本。

根据上述计算公式得到的功能的价值系数有以下几种可能结果,它们分别代表不同的意义。

$V=1$，表示功能评价值等于功能现实成本。这表明评价对象的功能现实成本与实现功能所必需的最低成本大致相当，说明评价对象的价值为最佳，一般无需改进。

$V_i<1$，此时功能现实成本大于功能评价值。这表明评价对象的现实成本偏高，而功能要求不高。这时有一种可能是存在着过剩的功能，另一种可能是功能虽无过剩，但实现功能的条件或方法不佳，以致使实现功能的成本大于功能的实际需要。

$V_i>1$，说明该部件功能比较重要，但分配的成本较少，即功能现实成本低于功能评价值。这种情况应具体分析，可能功能与成本分配已较理想，或者有不必要的功能，或者应该提高成本。

$V=0$ 时，因为只有分子为 0，或分母为 ∞ 时，才能是 $V=0$。根据上述对功能评价值 F 的定义，分子不应为 0，而分母也不会为 ∞，要进一步分析。如果是不必要的功能，该部件则取消；但如果是最不重要的必要功能，要根据实际情况处理。

5）确定价值工程对象的改进范围

从以上分析可以看出，对产品部件进行价值分析，就是使每个部件的价值系数尽可能趋近于 1。为此，确定的改进对象如下：

（1）F/C 值低的功能

计算结果表明 $V_i<1$ 的功能区域，基本上都应该进行改进，特别是值比 V_i 值小得多的功能区域，力求使 $V_i=1$。

（2）$\Delta C_i=(C_i-F_i)$ 值大的功能

ΔC 是成本降低的期望值，也是成本降低的绝对值。当 n 个功能区域的价值系数同样低时，就要优先选择 ΔC_i 数值大的功能区域作为重点对象。

（3）复杂的功能

复杂的功能区域，说明其功能是通过很多构配件（或作业）来实现的，通常复杂的功能区域，其价值系数也较低。

（4）问题多的功能

尽管在功能系统图上的任何一级改进都可以提高其价值，但是改进的多少，取得的效果的大小却是不同的。越接近功能系统图的末端，改进的余地越小，越只能作结构上的小改动；相反，越接近功能系统图的前端，功能改进空间就可以越大，就越有可能作原理上的改变，从而带来显著效益。

7.4 改进方案的制订与评价

7.4.1 改进方案的制订

在正确的功能分析和评价的基础上，改进方案的制订是从提高对象的功能价值出发，针对应改进的具体目标，通过创造性的思维活动，提出能够可靠地实现必要功能的新方案。从某种意义上讲，价值工程的创新特点主要体现在方案制订过程中，改进方案的制订是价值工程取得成功的关键一步。价值工程分析的所有前述步骤所讨论的一些问题，如选择对象、收集资料、功能成本分析、功能评价等,虽然都很重要,但都服务于改进方案的制订。即使前面的工作做得再好,如果不能创造出高价值的创新方案,也就不会产生好的价值工程分析结果。所以,从实践的角度来看,改进方案的制订是决定价值工程成败的关键阶段。

改进方案制订的理论依据是功能载体具有替代性。这种功能载体替代的重点应放在以功能创新的新产品替代原有产品和以功能创新的结构替代原有结构方案。而方案创造的过程是思想高度活跃、进行创造性开发的过程。为了引导和启发创造性地思考,可以采取各种定性的、能激发创造性思维的方法。比较常用的方法有以下几种:

(1)头脑风暴法(BS,Brain Storming)

头脑风暴法是指通过脑袋与脑袋之间的相互碰撞刺激,激发出创造性想法的方法。具体地说,就是由对改进对象有较深了解的人员组成的小集体在非常融洽和不受任何限制的气氛中进行讨论、座谈,打破常规、积极思考、互相启发、集思广益,提出创新方案。这种方法可使获得的方案新颖、全面、富于创造性,并可以防止片面和遗漏。

通常在实践中,这种方法以5~10人的小型会议的方式进行为宜,会议的主持者应熟悉研究对象,思想活跃,知识面广,善于启发引导,使会议气氛融洽,使与会者广开思路,畅所欲言。在实施头脑风暴的过程中,主持者不能嘲笑参会者提出的看似有趣的方案,也不允许参会者之间相互嘲笑,头脑风暴会议可以按以下原则进行:

①鼓励畅所欲言,自由地发表意见;

②希望提出的方案越多越好;

③对所有提出的方案不加任何评价;

④要求结合别人的意见提设想,借题发挥;

⑤会议应有记录,以便于整理研究;

⑥提方案的过程中,不需要过多的思考该方案是否可行等问题。

(2)歌顿(Gorden)法

这是美国人歌顿在1964年提出的方法。这个方法也是在会议上提方案,但与头脑风暴法最大的区别就是,使用哥顿法时,究竟研究什么问题、目的是什么,只有会议的主持人知道,以免其他人受约束。例如,想要研究试制一种新型剪板机,主持会议者请大家就如何把东西切断和分离提出方案。当会议进行到一定程度,主持人宣布会议的具体要求,在此联想的基础上研究和提出各种新的具体方案。

这种方法的指导思想是把要研究的问题适当抽象,以利于开拓思路。在研究到新方案时,会议主持人开始会议之前并不对要解决的问题做太多的解释,而只是对大家作一番抽象和笼统的介绍,但是要求大家要尽可能地提出各种设想,以激发出有价值的创新方案。这种方法要求会议主持人机智灵活、提问得当。提问太具体,容易限制思路;提问太抽象,则方案可能离题太远。

(3)专家意见法

这种方法又称德尔菲(Delphi)法,使用这种方法的主要目的在不同意见之间取得一致意见,由组织者将研究对象的问题和要求,函寄给若干有关专家,使他们在互不商量的情况下提出各种建议和设想,专家返回设想意见,经整理分析后,归纳出若干较合理的方案和建议,再函寄给有关专家征求意见,再回收整理,如此经过几次反复后专家意见趋向一致,从而最后确定出新的功能实现方案。这种方法的特点是专家们彼此不见面,研究问题时间充裕,可以无顾虑、不受约束地从各种角度提出意见和方案;缺点是花费时间较长,可能需要经过多次的反复征求专家意见才能取得一致的意见,缺乏面对面的交谈和商议。

(4)专家检查法

这个方法不是靠大家想办法,而由主管设计的工程师做出方案设计,提出完成所需功能的办法和生产工艺,然后依顺序请各方面的专家(如材料方面的、生产工艺的、工艺装备的、成本管理的,采购方面的)审查,并提出改进的意见。这种方法先由熟悉的人进行审查,以提高效率。

7.4.2 改进方案评价与选择

在改进方案制订阶段提出多种多样的设想和方案,能否付诸实施并取得预期的效果,就必须对各个方案的优缺点和可行性进行分析、比较、论证和评价,并在评价过程中进一步完善有希望的方案。方案评价包括概略评价和详细评价两个方面。其评价内容都包括技术评价、经济评价、社会评价以及综合评价,如图 7.5 所示。

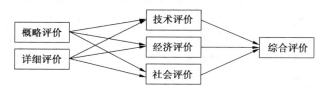

图 7.5 改进方案评价步骤示意图

在对改进方案进行评价时,无论是概略评价还是详细评价,通常先从技术评价开始,然后再分别进行经济评价和社会评价,最后进行综合性评价。

1)概略评价

概略评价是初步评价方案创新阶段提出的各个方案设想。初步评价的主要目的是淘汰那些明显不可行的方案,筛选出少数几个有较高潜在价值的改进方案,为进一步的详细评价提供评价对象。概略评价主要围绕以下几方面内容进行:

①技术可行性方面:应分析和研究创新方案能否满足所要求的功能及其本身在技术上是否能实现;

②经济可行性方面:应分析和研究产品成本能否降低及降价幅度,以及实现目标成本的可能性;

③社会评价方面:应分析研究创新方案对社会影响的大小;

④综合评价方面:应分析和研究实施创新方案能否使价值工程活动对象的功能和价值有所提高。

2)详细评价

详细评价是在掌握大量数据资料的基础上,对通过概略评价筛选的少数方案,从技术、经济、社会 3 个方面进行详细、深入的评价分析,为提案的编写和审批提供依据。详细评价的内容包括以下几个方面:

①技术可行性方面:主要以用户需要的功能为评价标准,对创新方案的必要功能条件

可能实现的程度做出分析评价;特别是对产品或零部件,一般要对功能的实现程度(包括性能、质量、产品寿命等)、可靠性、可维修性、操作性、安全性以及系统的协调性等进行评价。

②经济可行性方面:主要考虑成本、利润、企业经营的要求;创新方案的适用期限与数量;实施方案所需费用、节约额与投资回收期以及实现方案所需的生产条件等。

③社会评价方面:主要研究和分析实施创新方案可能会给国家和社会带来的影响(如环境污染、生态平衡、国民经济效益等)。

④综合评价方面:在上述3种评价的基础上,对整个创新方案的诸多因素作出全面系统的评价。首先,要明确规定评价项目,即确定评价所需的各种指标和因素;然后,分析各个方案对每个评价项目的满足程度;最后,再根据方案对各评价项目的满足程度来权衡利弊,判断各方案的总体价值,从而选出总体价值最大的方案,即技术上先进、经济上合理、社会上有利的最优方案。

7.5　应用价值工程进行建筑产品设计方案优选的案例

本小节以某实际发生的房地产开发项目为例,对其采用价值工程评价法进行产品决策的分析,并比较现实状况与分析结果是否一致,。

案例背景:某房地产开发商计划在某市城区内的某二级地段开发住宅小区,地块的占地面积为200亩,一边临水,一边紧邻城市次干道,周边居民收入水平和环境条件处于中等水平。现需要对此地块住宅小区开发进行产品的档次进行定位分析。

7.5.1　价值工程法应用的一般步骤

对房地产项目进行产品定位可以运用价值工程分析法,其决策的大致步骤如下:

①首先选择价值工程分析对象,并编制价值工程的评价方案。根据房地产项目产品的设计构思,提出几种可能的项目产品实施的可行性方案,为各方案的比较分析提供基础。

②搜集资料,确立功能指标体系。对房地产项目产品设计方案的有关评价指标进行实际现状调查,构建价值工程分析的功能评价指标体系。

③确定功能指标的重要性系数。根据住宅用户、销售人员和房地产专家对房地产项目产品市场适应性的评价,确定产品功能指标的重要性系数。

④确定不同产品方案功能评价系数。根据房地产项目产品方案与是否适应市场特性,结合产品功能指标的重要性系数,确定各方案的功能评价系数。

⑤确定价值系数,准确选择方案。根据以上的功能评价系数和成本系数,确定不同方案的价值功能系数,并对各方案进行比较和权衡后,改进并选择能够适应市场需求的产品方案。

7.5.2　拟定方案及确定成本系数

根据地块的城市规划用途、地段特征以及周边城市居民的收入水平状况,现初步拟定开发建设三种不同住宅标准的住宅小区,具体的建设方案如表7.3所示。为了简化计算,并清楚说明价值功能的应用过程,把开发商的住宅建造成本和居民愿意或实际购买住宅的整体功能所花成本转换为成本系数。

表7.3　三个方案的特征和成本系数分析

方案名称	主要特征	平均成本		成本系数 C	
		单位造价	市场售价	单位造价	市场售价
方案一	智能化高档住宅小区,小高层框架结构,小区环境幽雅、富有特色,小区内外结构布置具有很强的人文气息	2 200	2 750	0.40	0.404
方案二	中档住宅小区,配套环境较好,住宅设计采用框架结构,智能化条件一般	2 000	2 250	0.33	0.331
方案三	环境一般化的低档经济型住宅小区,住宅设计采用框架-砖混结合	1 500	1 800	0.27	0.26

7.5.3　功能指标系统的选择

把住房作为一个独立完整的"产品"进行功能定义和评价,而不再将住房细分下去。功能指标系统的选取,主要考虑对住房市场需求和住房功能定位有直接影响的重要因素,因此,主要考虑建立下列功能指标:经济适用(价格适中、布局合理),生活便捷(设施完备、使用方便),环境适宜(环境舒适、政策配套),使用安全(结构牢固、三防齐全),资产增值(地段改良、市场发展)。

7.5.4　功能指标重要性系数的确定

首先对上述5个大类指标采用市场调查方式打分,分别对用户、专家和销售人员进行市场调查,并请求他们根据自己的经验对上述5个指标进行打分,并据此确定在目前的市场环境下的指标功能重要性系数,并把它们作为确定市场各类人员对指标细分评分调查表的有效性标准,这样做的主要目的,是为了防止因个人偏好影响,而导致与实际市场情况相差太远。

根据市场调查结果进行指标计算的具体过程不在这里详细讨论,对市场调查得到的数据进行整理分析可得以上5个指标的重要性系数分别为:

$$f_1 = 0.3, f_2 = 0.25, f_3 = 0.2, f_4 = 0.15, f_5 = 0.10$$

不同档次住宅中的各功能指标重要程度不同,首先选取相应的目标客户、市场销售人员、专家等有代表性的相关群体为调查对象,以保证市场调查结果的科学性和合理性,再运用指标之间相对重要性对各指标评分,然后加权系数(0.4,0.30,0.30)求和并归一化,得出各功能重要系数。根据市场调查结果计算各功能重要性系数,如表7.4所示。

表 7.4　功能重要性系数的评分

功能		用户评分(g_1)		专家评分(g_2)		销售人员评分(g_3)		功能重要系数
		得分	修正值(0.4)	得分	修正值(0.3)	得分	修正值(0.3)	$g = \dfrac{g_1 + g_2 + g_3}{100}$
经济适用 (0.30)	价格适中	20	8	17	5.1	21	6.3	0.194
	布局合理	13	5.2	14	4.2	11	3.3	0.127
生活便捷 (0.25)	设施完备	12	4.8	12	3.6	14	4.2	0.126
	使用方便	7	2.8	10	3	10	3	0.088
环境适宜 (0.20)	环境舒适	15	6	12	3.6	13	3.9	0.135
	政策匹配	8	3.2	7	2.1	7	2.1	0.074
使用安全 (0.15)	结构牢固	7	2.8	8	2.4	8	2.4	0.076
	三防齐全	7	2.8	8	2.4	5	1.5	0.067
资产增值 (0.10)	地段改良	6	2.4	7	2.1	6	1.8	0.063
	市场发展	5	2	5	1.5	5	1.5	0.050
合计		100	40	100	30	100	30	1.000

7.5.5　方案的功能满足程度评分

对 3 个方案的情况,采取按功能细分的状况和拟订方案的项目特征进行比较适应性打分,然后用细分功能指标重要性系数进行修正,得出功能评价系数,如表 7.5 所示。

表 7.5　3 个方案的功能满足程度评分

功能因素	重要性系数(g)	A	修正值(d_1)	B	修正值(d_2)	C	修正值(d_3)
价格适中	0.194	4	0.776	7	1.358	8	1.552
布局合理	0.127	2	0.254	7	0.889	8	1.016
设施完备	0.126	4	0.504	8	1.008	7	0.882
使用方便	0.088	7	0.616	10	0.880	4	0.352
环境舒适	0.135	7	0.945	8	1.080	2	0.270
政策匹配	0.074	6	0.444	9	0.666	4	0.296
结构牢固	0.075	5	0.375	9	0.675	4	0.300
三防齐全	0.067	8	0.536	7	0.469	3	0.201
地段改良	0.063	10	0.630	9	0.567	2	0.126
市场发展	0.050	4	0.200	7	0.350	8	0.400
方案总分		57	5.280	81	7.942	50	5.395
功能评价系数(F)			0.284		0.427		0.290

7.5 6 方案价值系数的计算

将表7.5计算得到的结果和表7.4的成本系数分别代入表7.6和表7.7,按价值功能系数计算公式($V = F/C$),求出价值功能系数。

表7.6 各方案价值系数的计算(单位造价)

方案名称	功能评价系数	成本系数	价值系数	最优选择
	F	C	$V = F/C$	
方案一	0.284	0.40	0.710	
方案二	0.427	0.33	1.294	最优
方案三	0.290	0.27	1.074	

表7.7 各方案价值系数的计算(销售价格)

方案名称	功能评价系数	成本系数	价值系数	最优选择
	F	C	$V = F/C$	
方案一	0.284	0.401	0.71	
方案二	0.427	0.335	1.27	最优
方案三	0.290	0.275	1.05	

根据单位造价(表7.6)和销售价格(表7.7)的价值系数计算结果可知:方案二最优。因此,在上述地段、环境等状况下,此项目应该选择建造中档价位住宅小区的产品决策方案最为合理。

此案例分析评价的结果与项目产品的实际现状一致。这结果表明:价值工程法对房地产项目产品决策的应用具有有效性。

运用价值工程法对具体项目的实证分析表明:

①价值工程分析法主要的目的是为了提高房地产项目产品的整体价值,使项目产品具有较强的市场适应性,充分满足市场需求。价值工程法兼顾功能和成本两个方面,与成本管理和质量管理不同,两者都是只侧重于一个方面,成本侧重于项目产品成本,质量管理侧重于项目功能。它通过性价比的比较进行市场适应性调整,不仅能够改善产品性能,而且可以增强产品市场竞争力,协调产品市场的供需平衡,致力于提高产品价值。

②价值工程分析法可使产品决策更为科学和可靠。价值工程法能从多个方面考虑影响项目产品市场竞争力的影响,即对影响产品"功能实现"的主要因素进行分析和评价,确定产品的功能和成本范围,从而理性地选择产品决策方案。它可以克服目前单调的"成本—价格—利润"产品决策过程和定性的多因素分析法的弊端,从而使房地产项目产品决策理论及其评价方法体系得到进一步的完善。

③价值工程分析法注重对用户所需的产品功能进行分析。价值工程法不直接研究产品实物本身,以房地产项目产品为例,而是抽象地研究住宅成本与用户所要求功能之间的相互

适应性问题。它把成本、功能、用户需求有机地联系起来,提高产品价格性价比和环境的适应性。这种方法可使房地产开发商认真地、全面地了解和分析具体市场环境下产品的市场需求状况,确保产品决策理性和客观性。

但是,价值工程分析法并没有分析房地产项目产品的经济可行性,所以在实践中,还需通过进行技术经济分析弥补价值工程法的缺陷,以保证产品决策的科学性。也就是说,价值工程法还必须结合相关的方法,才能发挥其更好的作用。

本章小结

本章主要阐述以下主要内容。

①价值工程的发展历程。价值工程方法是非常重要的管理技术之一,本章简要地介绍了价值工程产生和发展的历史,使读者能对这种管理技术本质产生一定的认识,便于读者理解价值工程基本概念和应用的背景。

②价值工程基本概念的介绍。不同于传统的成本管理和质量管理技术,它们都关注项目产品的一个方面,即前者重视成本,后者重视功能,而价值工程同时考虑项目产品的成本和功能。所以,在应用价值工程的过程中,需要从价值工程的角度去定义成本、功能、价值系数等概念,这些概念与管理学中提及的概念既有相同点,又存在不同点。

③阐述了价值工程分析的步骤。价值工程实施应当遵循一定的步骤,简要阐述了价值工程分析的具体步骤,主要介绍了价值工程对象选择,价值工程分析和评价,以及进行方案创造等过程,每一个步骤具体要实施的方法和遵循的原则;重点介绍了功能分析和评价。功能分析是对分析对象经过功能分析和整理,采用功能系统图的形式表达项目产品的功能分布情况,而功能评价则把实现产品功能的成本和具体的功能结合起来,评价其性价比,从而确定产品是否需要进一步的改进。在此基础上,则需要考虑改进方案的创造问题。

④最后通过在房地产开发项目方案决策中应用价值工程的案例说明如何运用价值工程提高决策的科学性。

复习思考题

1. 什么是价值工程?价值工程的价值含义是什么?提高价值有哪些途径?

2. 什么是寿命周期和寿命周期成本费用?价值工程中为什么要考虑寿命周期成本费用?

3. 价值功能的工作程序是什么?

4. ABC 分析法和强制确定法选择分析对象的基本思路和步骤是什么?

5. 什么是功能整理?怎样绘制功能系统图?将你熟悉的某种生活日用品及其组成部分进行功能分析,并绘出功能系统图。

6. 造价工程师在某开发公司的某幢公寓建设工程中,采用价值工程的方法对该工程的设计方案和编制的施工方案进行了全面的技术经济评价,取得了良好的经济效益和社会效益。有 4 个设计方案 A,B,C,D,经有关专家对上述方案根据评价指标 F1 ~ F5 进行技术经济分析和论证,得出如下资料(见表 7.8 和表 7.9)。

表 7.8 功能重要性评分表

方案功能	F1	F2	F3	F4	F5
F1		4	2	3	1
F2	0		1	0	2
F3	2	3		3	3
F4	1	4	1		1
F5	3	7	1	3	

表 7.9 方案功能评分及单位造价

方案功能	方案功能得分			
	A	B	C	D
F1	9	10	9	8
F2	10	10	8	9
F3	9	9	10	9
F4	8	8	8	7
F5	9	7	9	6
单位造价/(元·m^{-2})	1 420	1 230	1 150	1 360

问题:
(1)计算功能重要性系数。
(2)计算功能系数、成本系数、价值系数并选择最优设计方案。

第 8 章

经营预测与决策

本章导读

• **基本要求**　本章将介绍企业在经营管理过程中的预测与决策。学生在学习过程中,首先要了解经营预测有哪些作用以及经营预测是如何进行分类;其次要掌握经营预测的主要的两种方法——定性预测方法和定量预测方法;最后,根据经营的预测来做出相应的决策,决策的类型分为确定型决策、非确定型决策和风险决策。

• **重点**　掌握定性预测和定量预测的方法,并能够运用这两种方法解决一定的预测问题;熟悉决策技术当中的非确定型决策和风险型决策。

• **难点**　时间序列分析法,风险型决策。

8.1　经营预测方法

8.1.1　概述

　　预测是指对某一事物的动态及发展趋向事先作出预计和推测;而经营预测是指根据企业现有的经济条件和掌握的历史资料以及客观事物的内在联系,对企业生产经营活动的未来发展趋势及其状况所进行的预计和推算。在社会主义市场经济条件下,企业间的竞争是不可避免的,企业要想在竞争中立于不败之地,就必须对整个市场的发展趋势作出准确的预测。企业必须在准确的经营预测的基础上进一步进行决策和规划。预测是一个过程,大致可分为搜集预测数据,运用预测方法,进行预测分析,取得预测结果4个阶段。

1)预测的作用

预测在企业经营管理中起着重要作用。在市场经济条件下,企业经营条件瞬息万变,如何使企业具有弹性,适应环境,在竞争中取胜就变得至关重要。预测就是预见事物发展的未来趋向,为决策和计划提供依据的活动。只有经过适时精确的预测,才能抓住机遇,作出决策。具体地说,预测的作用主要体现在以下几个方面:

(1)预测是决策的前提

通过预测,可以了解和掌握建筑市场的动态和发展趋势,提供一定条件下生产经营各个方面未来可能实现的数据,为决策提供依据。没有准确、科学的预测,要作出符合客观实际的决策是不可能的。

(2)预测是拟订企业经营计划的依据

通过预测,掌握建筑产品的投资方向、类型及构成比例,掌握企业的资源需求情况与供应条件,对企业未来的生产能力和技术发展有所估计,才能确立正确的经营目标,制订出切实可行的经营计划。

(3)预测有助于提高企业的竞争能力

在实行招标承包制的情况下,建筑企业的竞争能力主要表现为得标率的高低。企业依据科学的预测,充分了解竞争的形势和竞争对手的情况,才能采取合理的投标策略,在竞争中争取主动。

(4)预测能增强企业的应变能力

通过对外部环境、施工条件变化及各种不可控因素的充分估计,针对不同情况多准备几套应变方案,就可以提高企业对各种情况的应变能力。

2)预测的分类

(1)按预测时间划分

①长期预测:一般指对预测对象在5年或更长时间内可能的状况所作的推测和预计,又称远景预测。

②中期预测:一般指1年以上5年以下的预测,是长期预测的具体化和短期预测的依据。

③短期预测:一般指年度、季度或月度预测,又称近期预测。

为了使长期预测、中期预测和短期预测在时间上协调一致,弥补各自的不足,减少差异,可在预测体系中制订一个滚动式的预测方案,不断修正预测结果,以保持预测结果的科学性和完整性。

(2)按预测范围划分

①宏观预测:即整个国民经济,一个地区、一个部门的预测,如固定资产投资方向、建筑产品的构成比例预测等。

②微观预测:即一个企业、一个单位的发展情况预测,如对企业经济活动状态的估计、资源需求预测等。

(3)按预测的方法划分

①定性预测:又称直观判断预测,是指通过直观材料或判断的方法对事物的未来发展变

化趋势进行的分析,是在数据不足的情况下,或难以获得数据、或没有必要去收集详细的数据时,凭借个人的经验、知识或集体的智慧和直观的材料,对事物的性质和规定进行预测,而不是依靠复杂的数学工具进行的预测。

②定量预测:是根据历史的数据,采用相适应的数学公式或数学模型对事物未来发展变化趋势进行量的分析。它是在原始数据比较充足或数据来源多且稳定的情况下常采用的方法,比定性预测精确。

③综合预测:即综合采用两种或两种以上方法进行的预测。综合预测可以是定性与定量综合,定性与定性综合,定量与定量综合。但多数情况下是定性与定量的综合。

一般情况下,经营预测方法主要采用两种:定性预测和定量预测。

8.1.2 定性预测方法

所谓定性预测技术,就是依靠熟悉业务知识、具有丰富经验和综合分析能力的人员或专家,根据已经掌握的历史资料和直观材料,运用知识、经验和分析判断能力,对事物的未来发展趋势作出性质和程度上的判断,然后再通过一定的形式综合各方面的判断,得出统一的预测结论。值得注意的是,定性预测技术一定要与定量预测技术配合使用。定性预测方法又称为主观预测方法,它简单明了,不需要数学公式,依据是来源不同的各种主观意见。

定性预测在工程实践中被广泛使用,特别适合于对预测对象的数据资料(包括历史的和现实的)掌握不充分,或影响因素复杂(难以用数字描述,或对主要影响因素难以进行数量分析)等情况。定性预测偏重于对市场行情的发展方向和施工中各种影响施工项目成本因素的分析,能发挥专家经验和主观能动性,比较灵活,而且简便易行,可以较快地提出预测结果。但是在进行定性预测时,也要尽可能地搜集数据,运用数学方法,其结果通常也是从数量上做出测算。常见的定性预测方法有以下几种:

1)专家会议法

专家会议法又称之为集合意见法,是将有关人员集中起来,针对预测的对象,交换意见,预测工程成本。参加会议的人员,一般选择具有丰富经验,对经营和管理熟悉,并有一定专长的各方面专家。这个方法可以避免依靠个人的经验进行预测而产生的片面性。但因受专家个性和心理因素或其他专家意见的影响,同时受参加人数和讨论时间的限制,会影响预测的科学性和准确性,为此要注意专家的选择和操作技巧。例如:对材料价格市场行情预测,可邀请材料设备采购人员、计划人员、经营人员等;对工料消耗分析,可邀请技术人员、施工管理人员、材料管理人员、劳资人员等;估计工程成本,可邀请预算人员、经营人员、施工管理人员等。

【例8.1】A建筑公司承建位于某市的商住楼的主体结构工程(框剪结构)的施工(以下简称H工程),建筑面积10 000 m²,20层,工期1994年1月至1995年2月。公司在施工之前将进行H工程的成本预测工作,该公司召开由本公司的9位专业人员参加的预测会议,预测H工程的成本。各位专家的意见分别为:485,500,512,475,480,495,493,510,506元/m²。由于结果相差较大,经反复讨论,意见集中在480(3人)、495(3人)、510(3人)。试采用专家会议法预测成本。

【解】根据已知条件确定预测成本(y)为：

$$y = (480 \times 3 + 495 \times 3 + 510 \times 3)/9 \text{ 元}/m^2 = 495 \text{ 元}/m^2$$

2)专家意见征询法

专家意见征询法又称德尔菲法,是采用匿名的方法,就预测的问题,征询有关专家的看法和意见,然后将所得的各种意见加以综合、归纳和整理,再反馈给各个专家,进一步征询意见,经过多次这样的反复和循环,直到预测的问题得到较为满意的结果。采用这种预测方法,专家互不见面,因而可以消除相互间心理上的影响,做到自由充分地发表意见;通过反馈,每个专家都知道持有的不同意见及原因,有机会修改自己的意见。这种方法不仅建立在集体判断基础上,也用了一定的统计方法。采用专家意见征询法要比一个专家的判断预测或一组专家开会讨论得出的预测方案准确一些,一般用于较长期的预测。

(1)专家意见征询法的程序和方法

①组织专家开展特尔菲法预测,需要成立一个预测领导小组。领导小组负责草拟预测主题,编制预测事件一览表,选择专家,以及对预测结果进行分析、整理、归纳和处理。

②专家的选择是关键。专家一般指掌握某一特定领域知识和技能的人,人数不宜过多,一般10~20人为宜。该法可避免当面讨论时相互干扰,或者当面表达意见时可能受到约束等弊病。该方法以信函方式与专家直接联系,专家之间没有任何联系。

③预测内容根据预测任务,制定专家应答的问题提纲,说明做出定量估计、进行预测的依据及其对判断的影响程度。

④预测程序:

a.提出要求,明确预测目标,用书面通知被选定的专家或专门人员。要求每位专家说明有什么特别资料可用来分析这些问题以及这些资料的使用方法。同时,请专家提供有关资料,并请专家提出进一步需要哪些资料。

b.专家接到通知后,根据自己的知识和经验,对所预测事件的未来发展趋势提出自己的观点,并说明其依据和理由,以书面答复主持预测的单位。

c.预测领导小组根据专家预测的意见,加以归纳整理,对不同的预测值分别说明预测值的依据和理由(根据专家意见,但不注明哪个专家意见),然后再寄给各位专家,要求专家修改自己原先的预测,以及提出还有什么要求。

d.专家接到第二次信后,就各种预测的意见及其依据和理由进行分析,再次进行预测,提出自己修改的意见及其依据和理由;如此反复往返征询、归纳、修改、直到意见基本一致为止;修改的次数,根据需要决定。

8.1.3 定量预测方法

定量预测是使用历史数据或因素变量来预测需求的数学模型,根据已掌握的比较完备的历史统计数据,运用一定的数学方法进行科学的加工整理,借以揭示有关变量之间的规律性联系,用于预测和推测未来发展变化情况的一类预测方法。定量预测方法种类很多,在这一节当中我们主要学习两种方法:时间序列分析法和因果分析预测法。

1)时间序列分析法

这是目前普遍采用的经济预测的基本方法。该方法是将历史资料和数据,按时间顺序排成一序列,根据时间序列所反映的经济现象的发展过程、方向和趋势,进行时间序列外推或延伸,以预测经济现象未来可能达到的水平。时间序列分析法有两个基本特点:其一,它承认在影响事物变动的基本因素未发生改变的情况下,其发展具有延续性;其二,承认事物发展的不规律性,所以采用各种方法对数据进行处理,消除不规律(偶然性)因素的干扰和影响。经济社会中的各种事物或现象的时间序列组成十分复杂,按它们作用的效果大致可分为:长期趋势、季节性变化、循环变动和偶然性波动等,相应的预测方法也有许多,这里简要介绍几种常用的方法。

(1)平滑法

这是时间序列分析方法中最简单的一种。它分为简单滑动平均法和单指数平滑法。

①简单滑动平均法:

$$F_{t+1} = S_t = \frac{1}{n}(x_t + x_{t-1} + \cdots + x_{t-n+1}) \tag{8.1}$$

式中　x_t——t 时刻的真实值或观察值;

　　　F_{t+1}——$t+1$ 时刻的预测值。

上式也可以写成如下形式:

$$F_{t+1} = \frac{1}{n}(x_t - x_{t-n}) + F_t \tag{8.2}$$

由式(8.2)可以看出,随着所使用的历史数据或样本点的数量 n 的增加,平滑作用逐渐加强。

简单滑动平均法显然只适合于水平样式的数据,如果历史数据中存在明显的上升或下降趋势,或者有季节性波动则这种方法是不适用的。因此它只能用来对一些变化平衡或缓慢量进行预测,如对需求量稳定的商品的销量进行预测。

对于式(8.1)或式(8.2),如果其中的 n 等于1,则成为:

$$F_{t+1} = x_t \tag{8.3}$$

也就是说,$t+1$ 时刻的预测值就是 t 时刻的观察值,或者说是用当前的观察值来预测下一期的数值。这种方法称为 Naive(天真)预测法。这种方法虽然过于简单,可以说是没有进行预测,但是它可以作为评价其他时间序列法预测结果好坏的一个标准。如果你使用了一个非常复杂的时间序列分析模型来对某一个问题进行预测,其误差比这种简单的天真预测法还糟糕,则这个模型显然不是一个好的预测模型。

②单指数平滑法:由于式(8.1)或式(8.2)在实际应用中存在许多缺点,如零权值问题,数据存贮量大问题。因此人们希望有一种简单的用于实际预测的方法,这样就提出来了指数平滑法,其中最简单的就是单指数平滑法。由于数据是呈水平趋势变化,因此在式(8.2)中用 F_t 来代替 x_{t-n} 不会引起太大误差,因此得到下式:

$$F_{t+1} = \frac{1}{n}(x_t - F_t) + F_t \tag{8.4}$$

或者

$$F_{t+1} = \frac{1}{n}x_t + \left(1 - \frac{1}{n}\right)F_t \tag{8.5}$$

令 $\alpha = \frac{1}{n}$,则有

$$F_{t+1} = \alpha x_t + (1 - \alpha) F_t \qquad (8.6)$$

式中，α 为预测值的平滑系数。

式(8.6)不仅计算简便，而且所需历史数据极少(只有 1 个)。同时，式(8.6)中实际上包含了所有的历史数据，也就是说克服了所谓零权值的问题，因为将式(8.6)展开后可以写如下形式：

$$F_{t+1} = \alpha x_t + \alpha(1 - \alpha) x_{t-1} + \alpha(1 - \alpha)^2 x_{t-2} + \alpha(1 - \alpha)^3 x_{t-3} + \cdots \qquad (8.7)$$

式(8.6)也可以写成如下形式：

$$F_{t+1} = F_t + \alpha(x_t - F_t) \qquad (8.8)$$

由于 $e_t = (x_t - F_t)$，所以

$$F_{t+1} = F_t + \alpha e_t \qquad (8.9)$$

由式(8.9)可以看出，预测值实际上就是在上一次预测值的基础上加上 α 乘以上次预测的误差。显然，如果 $\alpha \to 1$，则在预测值中包含很大的调整；相反如果 $\alpha \to 0$，调整量变小，预测值或预测曲线趋于平缓。因此，单指数平滑法适用的范围与简单平滑法相同，只适用于水平样式的数据。

(2)线性指数平滑法

如果时间序列呈现一种趋势(上升或下降)，则单指数平滑法会有一种滞后性，因此在这种情况下要采用其他方法。如果这种趋势是一种线性上升或下降的趋势，则可采用线性指数平滑法。

$$T_t = \beta(S_t - S_{t-1}) + (1 - \beta) T_{t-1} \qquad (8.10)$$

$$S_t = \alpha x_t + (1 - \alpha)(S_{t-1} + T_{t-1}) \qquad (8.11)$$

$$F_{t+m} = S_t + m T_t \qquad (8.12)$$

式中　S_t——预测值的平滑值；

　　　α——预测值的平滑系数；

　　　T_t——趋势值(斜率)的平滑值；

　　　β——趋势值的平滑系数；

　　　F_{t+m}——$t + m$ 时刻的预测值

注意，这里可以进行 m 步以后的预测，而简单平滑法或单指数平滑法只能进行一步以后的预测。

【例8.1】对表8.1中的观察值进行预测。

表8.1　例8.1 观察数据汇总表

时　间	观察值	单指数平滑值 $\alpha = 1.0$	误　差
1	3		
2	6	3	3
3	9	6	3
4	12	9	3
5	15	12	3

续表

时　间	观察值	单指数平滑值 $\alpha = 1.0$	误　差
6	18	15	3
7	21	18	3
8	24	21	3
9	27	24	3
10	30	27	3

【解】若 $\alpha = 1.0, \beta = 1.0$，则对于时期 2 有：

$S_2 = \alpha x_2 + (1 - \alpha)(S_1 + T_t) = (1)x_2 + (0)(S_1 + T_1) = 6$

$T_2 = \beta(S_2 - S_1) + (1 - \beta)T_1 = (1)(6 - 3) + (0)(T_1) = 3$

对于时期 3 有：

$S_3 = (1)x_3 + (0)(S_2 + T_2) = 9$

$T_3 = (1)(9 - 6) + (0)(3) = 3$

继续照此方法计算下去，对于时期 10 有：

$S_{10} = (1)x_{10} + (0)(S_9 + T_9) = 30$

$T_{10} = (1)(30 - 27) + (0)(37 + 3) = 3$

由此可以看出，在计算过程中，每次首先更新 S 的值，然后再更新 T 的值。有了这两项数值，就可以进行预测值的计算。例如对时期 11 有：

$F_{11} = S_{10} + (1)T_{10} = 30 + (1)3 = 33$

同理，还可以对 12，13，14 期的数据进行预测，它们分别为：

$F_{12} = S_{11} + (2)T_{11} = 30 + (2)3 = 36$

$F_{13} = S_{12} + (3)T_{12} = 30 + (3)3 = 39$

$F_{14} = S_{13} + (4)T_{13} = 30 + (4)3 = 42$

当然在上述例子中，观察值中不包含随机成分，所以平滑系数值都取的是 1，且误差为 0。如果实际观察值是包含随机成份的，则平滑系数值要小于 1，且预测误差也不会等于 0。

（3）季节性指数平滑法

在实际工作中，常常会遇到一些带有季节性变动的数据，对此可以使用 Winters 的季节性指数平滑法模型进行预测。其公式可写为：

$$S_t = \alpha \frac{x_t}{I_{t-L}} + (1 - \alpha)(S_t + T_{t-1}) \tag{8.13}$$

$$T_t = \beta(S_t - S_{t-1}) + (1 - \beta)T_{t-1} \tag{8.14}$$

$$I_t = \gamma \frac{x_t}{S_t} + (1 - \gamma)I_{t-L} \tag{8.15}$$

$$F_{t+m} = (S_t + mT_t)I_{t-L+m} \tag{8.16}$$

式中　S_t——消除了季节因素影响的平滑值；

α——预测值的平滑系数；

T_t——趋势值(斜率)的平滑值；

β——趋势值的平滑系数；

I_t——季节因素的平滑值；

γ——趋势值的平滑系数；

L——季节的长度(如在一年中一个季节中所包含的月数)；

F_{t+m}——$t+m$ 时刻的预测值。

注意：这里也可以进行 m 步以后的预测，与线性指数平滑法相同。

季节系数实际上就是 $\frac{x_t}{S_t} = \frac{实际观察值}{平滑趋势值}$，它表明了季节因素的影响。

【例8.2】现有按季节收集的销售数据，如表8.2所示。

假定平滑系数为 $\alpha = 0.20, \beta = 0.10, \gamma = 0.05$，这里的季节值 $L = 4$。试进行经营预测。

表8.2　例8.2按季节收集的销售数据

年份	季节	时期	销售额(1 000)	季节系数(前4个为初值)	T平滑值	预测值 $m=1$
1992	1	1	362	0.96	—	—
	2	2	385	1.02	—	—
	3	3	432	1.14	—	—
	4	4	341	0.88	—	—
1993	1	5	382	1.00	9.17	—
	2	6	409	1.07	14.7	424.79
	3	7	498	1.18	14.99	481.10
	4	8	387	0.90	15.07	383.53
1994	1	9	473	1.01	15.64	444.32
	2	10	513	—	—	495.53
	3	11	582	—	—	—
	4	12	474	—	—	—
1995	1	13	544	—	—	—
	2	14	582	—	—	—
	3	15	681	—	—	—
	4	16	557	—	—	—
1996	1	17	628	—	—	—
	2	18	707	—	—	—
	3	19	773	—	—	—
	4	20	592	—	—	—

续表

年　份	季　节	时　期	销售额(1 000)	季节系数(前4 个为初值)	T 平滑值	预测值 $m=1$
1997	1	21	627	1.01	—	—
	2	22	725	1.07	—	—
	3	23	854	1.18	17.40	—
	4	24	661	0.90	17.51	—
		25	—	—	—	753.03

【解】这里的计算需要利用 Winters 的公式逐步进行,计算到 24 期时有:

$$F_{24} = (S_{23} + (1)T_{23})I_{20} = (709.56 + 17.4)0.90 = 654.03$$

$$S_{24} = (0.2)\frac{x_{24}}{I_{24-4}} + (1 - 0.2)(S_{23} + T_{23})$$

$$= 0.2\frac{661}{0.90} + 0.8(709.56 + 17.40) = 728.06$$

$$T_{24} = (0.1)(S_{24} - S_{23}) + (1 - 0.1)T_{23}$$

$$= 0.1(728.06 - 709.56) + 0.9(17.40) = 17.51$$

$$I_{24} = 0.05\frac{x_{24}}{S_{24}} + (1 - 0.05)I_{24-4}$$

$$= 0.05\frac{661}{728.06} + 0.95(0.902\ 4) = 0.902\ 7$$

对于 25,26,27,28 期的销售额进行预测时,显然需要用到 m 值,以及其他季节系数值。最终结果为:

$$F_{25} = [728.06 + (1)17.5 = (1.01) = 753.00$$

$$F_{26} = [728.06 + (2)17.5 = (1.07) = 816.5$$

$$F_{27} = [728.06 + (3)17.5 = (1.18) = 921.1$$

$$F_{28} = [728.06 + (4)17.5 = (0.90) = 718.3$$

2) 因果分析法

因果分析预测法就是根据事物内在的因果关系来预测事物发展趋势的方法。社会经济现象是普遍联系和相互依存的,通过分析各种原因或条件对现象变化的影响作用来推测未来情形。因果分析法一般适用于中长期预测。因果关系预测法常用的主要是回归分析法:依据自变量次幂的不同,可分为线性回归和非线性回归;按自变量个数不同可分为一元回归和多元回归。其中最常用的是一元线性回归分析预测法。

一元线性回归分析预测法是分析一个因变量和一个自变量的关系的一种方法,影响市场变动的因素是多方面的,如果其中的一个因素是主要的和起决定作用,而且其自变量与因变量之间的数据分析呈线性趋势,就可以用一元线性回归方程进行预测。其基本公式是:

$$Y = a + bX \tag{8.17}$$

式中 Y——因变量,预测值;

      X——自变量,影响因素;

      a,b——回归系数。

具体运算过程是根据统计资料先求出回归系数 a,b,然后将其代入回归方程,求出未来的预测值。回归系数 a,b 可以应用最小二乘法求得,其公式是:

$$a = \bar{Y} - b\bar{X}, b = \left(\sum X_i Y_i - \bar{X} \sum Y_i \right) / \left(\sum X_i^2 - \bar{X} \sum X_i \right) \tag{8.18}$$

式中 $\bar{Y}$——各期因变量的平均值,即 $\bar{Y} = \sum Y_i/n$;

      $\bar{X}$——各期自变量的平均值,即 $\bar{X} = \sum X_i/n$;

      Y_i——各期因变量数据;

      X_i——各期自变量数据。

【列8.3】某企业 1989—1998 年的广告费与销售额的资料如表 8.3 所示,假设 1999 年该企业的广告费为 100 万元,预测 1999 年该企业的销售额。

表 8.3   例 8.3 中广告费和销售额数据   单位:万元

年度 项目	1989	1990	1991	1992	1993	1994	1995	1996	1997	1998
广告费	20	32	28	44	40	52	76	60	88	92
销售额	240	300	280	420	400	440	500	480	560	600

【解】首先求回归系数,按照求回归系数 a,b 的要求列出计算表,见表 8.4。

表 8.4   计算表格

年份	Y_i（销售额）	X_i（广告费）	X_i^2	$X_i Y_i$
1989	240	20	400	4 800
1990	300	32	1 024	9 600
1991	280	28	784	7 840
1992	420	44	1 936	18 480
1993	400	40	1 600	16 000
1994	440	52	2 704	22 880
1995	500	76	5 776	38 000
1996	480	60	3 600	28 800
1997	560	88	7 744	49 280
1998	600	92	8 464	55 200
$n = 10$	$\sum Y_i = 4\ 220$	$\sum X_i = 532$	$\sum X_i^2 = 34\ 032$	$\sum X_i Y_i = 250\ 880$

代入公式求回归系数:

$$\bar{Y} = \sum Y_i/n = 422; \bar{X} = \sum X_i/n = 53.2$$

$$b = \sum X_i Y_i - \overline{X} \sum Y_i / \sum X_i^2 = \overline{X} \sum X_i = 4.6$$

$$a = \overline{Y} - b\overline{X} = 422 - 4.6 \times 53.2 = 177.28$$

因此,可得回归议程为:

$$Y = a + bX = 177.28 + 4.6X$$

将 1999 年的广告费代入 X 可得 1999 年销售额的预测值为 637.28 万元。

8.2　决策技术

8.2.1　概述

1) 决策的概念

决策是一个动态过程。决策活动包括从确定目标、方案比选、方案实施跟踪到方案修正的全过程。没有这一系列过程,决策就容易陷于主观、盲目,导致失误。决策的目的是为了实现企业的一定目标或解决企业发展中的某一问题。企业经营管理中每个时期都有它的目标,为实现企业的目标,要解决许许多多的问题,要想正确解决这些问题,使企业的经营有更好的经济效益,就必须进行科学的决策。决策的核心问题是如何进行多方案的选择。凡是要作的决策,都必须有意识地拟定不同的实施方案,然后根据决策的标准选出较理想的方案。只有通过比较、鉴定,才能作出正确的决策。

决策要有科学的标准和依据。决策要提倡用科学的数据说话,排除主观成见,但又要体现决策者的智慧、经验、胆识。这样才能做到大胆的开拓精神和实事求是精神的相互结合。决策选择结果一般应是较理想的方案。影响一项事物发展的因素十分复杂,在有限的时间和条件下,不可能对所有因素都给予同样的考虑,因此,决策只能做到尽可能的圆满,而不可能做到完美无缺。

2) 决策的分类

企业在生产经营管理活动中所进行的决策是十分广泛的,按不同的标志可将决策划分成多种类型。

(1) 按决策重要程度及其分工划分

按决策重要程度及其分工可将决策划分为战略决策、管理决策和业务决策 3 类。战略决策是对企业全局性的重大问题所作的决策,如经营目标、产品结构、市场开拓等方面的决策,是企业最高管理阶层所作的决策;管理决策又称战术决策,它以战略决策为指导,根据战略决策的要求,解决执行中的问题,结合企业内外条件,安排一定时期的任务,解决生产中存在的某些缺陷,进行企业内部的协调与控制,实现系统优化,主要由企业的中级管理层负责制订;业务决策是为了提高企业正常工作效率的一种决策,主要是解决作业任务中的问题,其特点是技术性强,时间紧,一般由基层负责制定。

(2) 按决策的形态性质划分

按决策的形态性质可将决策划分为程序化决策和非程序化决策两种。前者是指可按一套常规的处理方式进行的决策,主要适用于企业的例行性工作或经常反复出现的活动;后者是一种不重复出现的非例行性的决策,由于非例行性的事件往往变化大,影响因素多,突发性强,因此不可能建立起一个固定的决策模式,常常要依靠决策者的知识、经验、信息和对未来发展的判断能力来做出决策。

(3)按时间因素划分

按时间因素可将决策划分为长期决策和短期决策。长期决策往往和规划有关,并较多地注意企业的外部环境;短期决策是实现战略目标所采取的手段,它比前者更具体,考虑的时间短一些,主要着眼于企业内部,通过生产要素的优化配置与动态管理,实现战略目标。

(4)按决策应用的方法划分

按决策应用的方法划分,可将决策划分为定性决策和定量决策。前者是不用或少用数据与模型,主要凭借决策者的经验和判断力在众多可行方案中寻找满意方案的过程,主要适用于缺乏数据或需迅速做出决定的场合;后者是借助于数据分析与量化模型进行决策的方法。

(5)按确定性程度划分

按确定性程度可将决策划分为确定型决策、非确定型决策、风险决策3种。确定型决策是指影响决策的因素或自然状态是明确的、肯定的,某一行动方案的结果也是确知的,因而比较容易判断与选择;风险型决策又称随机型决策,是指某一行动方案的结果不止一个,即多种自然状态,究竟哪一种自然状态出现不能确定,但其出现的概率可知,在这类问题的决策中,企业无论采用何种方案都存在风险;不确定型决策是指某一行动方案可能出现几种结果,即多个自然状态,且各种自然状态的概率也不确知,企业是在完全不确定的情况下所进行的决策。本节我们将主要学习这3种决策。

8.2.2 确定型决策

1)进行确定型决策分析的条件和步骤

(1)确定型决策的条件

确定型决策分析是指决策者对所决策问题的未来情况有十分清楚的了解,有关条件都能准确地列举,只有一种确定的自然状态,这时的决策分析称为确定型决策分析。进行确定型决策分析时,被决策的问题应具备下列条件:

①存在决策者希望达到的自然状态;

②只存在一个确定的自然状态;

③存在着可供决策者选择的不同方案;

④可以计算出各种方案在确定自然状态下的报酬值。

(2)确定型决策的步骤

进行确定型决策分析一般按下列步骤进行:

①明确决策目标,收集与决策问题有关的信息;

②明确存在的自然状态 x_i;

③列出可供选择的不同方案 $A = \{a\}$;

④确定报酬函数 $R(a, x_i)$;

⑤建立决策数学模型,通常列出决策表;

⑥确定决策准则,找出最优方案。

2)确定型决策的方法

(1)直观法

直观法是一种简单的确定型决策方法。其特点是利用一二个单项指标作为决策选择的主要依据。

【例8.4】某企业需选购一种机器,以满足年产10 000个产品的要求。市场上有3种类型的机器可供选择,即A,B,C 3种,具体条件是A种机器需20万元,年产产品10 000个以上,该产品用A机器生产其单位成本为100元;若用B种机器需投资30万元购买,年产产品也为10 000个以上,但单位产品成本可降为90元;若用C种机器需投资15万,但年产品仅为6 000个,故需购买2台C机器才能满足年产10 000个产品的需求,但单位产品成本为95元。该产品的单位产品价格为110元,问选用哪种机器好?

【解】A机器投资回收期 = 投资额/年产品数 × (单价 - 单位成本)

$$= \frac{200\ 000}{10\ 000 \times (110 - 100)}$$

$$= 2(年)$$

$$B 机器投资回收期 = \frac{300\ 000}{10\ 000 \times (110 - 90)}$$

$$= 1.5(年)$$

$$C 机器投资回收期 = \frac{150\ 000 \times 2}{10\ 000 \times (110 - 95)}$$

$$= 2(年)$$

由此计算可看出,B种机器投资回收期最短,仅用1.5年,故应选B种机器进行产品生产。

(2)两种方案比较法

该法是通过求经济临界点的办法来比较两个方案进行决策。

【例8.5】设有2个投产方案,甲方案需要总固定资本500万元,其单位可变成本为2 200元;乙方案需要总固定资本1 000万元,其单位可变成本为2 000元,问当年产量为4万件时,采用哪种投产方案经济效果好?

【解】

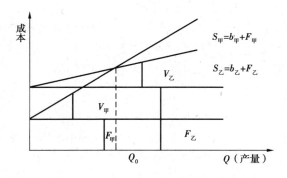

图8.1　两方案成本—产量示意图

图 8.1 中，$S_甲$ 为甲方案总成本，$V_甲$ 为甲方案可变成本（$b_甲$ 为单位变动成本），$F_甲$ 为甲方案总固定资本；$S_乙$ 为乙方案总成本，$V_乙$ 为乙方案可变成本（$b_乙$ 为单位变动成本），$F_乙$ 为乙方案总固定资本；Q_0 为临界点产量。求 Q_0。

在产量为 Q_0 时，有 $S_甲 = S_乙$，故

$$F_甲 + b_甲 \cdot Q_0 = F_乙 + b_乙 \cdot Q_0$$

$$Q_0 = (F_乙 - F_甲)/(b_甲 - b_乙) = (1\,000 - 500)/(2\,200 - 2\,000) = 2.5（万件）$$

根据上述计算可知临界点产量为 2.5 万件，因要求年产量为 4 万件，故采用乙方案比采用甲方案好，因为乙方案的总成本此时小于甲方案的总成本。

（3）成本与收入比较法

该法即用总成本与总收入进行比较，求出盈亏点时的产量，进行相应的决策。

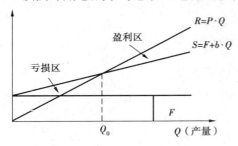

图 8.2　某方案 R,S 和 Q 关系示意图

【例 8.6】设某一生产方案如被采纳后，其单位产品的价格（P）为 2 200 元，需总固定成本（F）为 500 万元，单位可变成本（b）为 2 100 元，问当年生产多少件产品时，采用这个方案才能盈利而不亏本？

【解】首先根据题意画出示意图，如图 8.2 所示。

因为在 Q_0 点有 $R = S$，故 $P \cdot Q_0 = F + b \cdot Q_0$

$$Q_0 = F/(p - b) = 500 万/(2\,200 - 2\,100) = 50\,000（件）$$

即只有当计划产量超过 5 万件时才能盈利，否则就会亏本。

8.2.3　非确定型决策

非确定型决策又称非标准决策或非结构化决策，是指决策人无法确定未来各种自然状态发生的概率的决策。不确定型决策的主要方法有：等可能性法、保守法、冒险法、乐观系数法和最小最大后悔值法。

1）非确定型决策条件和特点

（1）非确定型决策条件

①存在着决策者希望达到的目标（利益最大或损失最小）；

②存在着两个或两个以上的行动方案可供决策者选择；

③存在着两个或两个以上的不以决策者的主观意志为转移的自然状态；

④不同的行动方案在不同自然状态下的相应益损值（利益或损失）可以计算出来；

⑤各种自然状态出现的可能性（概率）决策者预先无法估计或计算。

（2）非确定型决策特点

非确定型决策的特点是，通过决策者的主观判断进行决策。同一事物，站在不同的角度进行观察，将有不同的结果；同一决策问题，由于不同决策者的知识水平、观察能力、决策经验、感知力和判断力的不同，将有不同的决策结果。

2）非确定型决策方法

（1）等可能性法

等可能性法也称拉普拉斯决策准则。采用这种方法，是假定自然状态中任何一种发生的可能性是相同的，通过比较每个方案的损益平均值来进行方案的选择。在利润最大化目标下，选择平均利润最大的方案；在成本最小化目标下选择平均成本最小的方案。

（2）保守法

保守法也称瓦尔德决策准则，小中取大的准则。决策者不知道各种自然状态中任一种发生的概率，决策目标是避免最坏的结果，力求风险最小。运用保守法进行决策时，首先在于确定的结果，力求风险最小。运用保守法进行决策时，首先要确定每一可选方案的最小收益值，然后从这些方案最小收益值中，选出一个最大值，与该最大值相对应的方案就是决策所选择的方案。

（3）冒险法

冒险法也称赫威斯决策准则，大中取大的准则。决策者不知道各种自然状态中任一种可能发生的概率，决策的目标是选最好的自然状态下确保获得最大可能的利润。冒险法在决策中的运用是：首先，确定每一可选方案的最大利润值；然后，在这些方案的最大利润中选出一个最大值，与该最大值相对应的那个可选方案便是决策选择的方案。由于根据这种准则决策也能有最大亏损的结果，因而称之冒险投机的准则。

（4）乐观系数法

乐观系数法也称折衷决策法。决策者确定一个乐观系数 $\varepsilon(0.5,1)$，运用乐观系数计算出各方案的乐观期望值，并选择期望值最大的方案。

（5）最小最大后悔值法

最小最大后悔值法也称萨凡奇决策准确性则，决策者不知道各种自然状态中任一种发生的概率，决策目标是确保避免较大的机会损失。运用最小最大后悔值法时，首先，要将决策矩阵从利润矩阵转变为机会损失矩阵；然后，确定每一可选方案的最大机会损失；再次，在这些方案的最大机会损失中，选出一个最小值，与该最小值对应的可选方案便是决策选择的方案。

8.2.4　风险型决策

1）风险型决策的特征

风险型决策是决策者根据几种不同自然状态可能发生的概率所进行的决策。我们先来通过一个实例归纳出风险型决策的特征。

某建筑公司承建一项工程，需要决定下个月是否开工。如果开工后天气好，可以按期完成，就可获得利润 5 万元；如果开工后天气坏，则造成损失 2 万元；如果不开工，不管天气是好是坏，都要付出窝工损失费 5 千元。根据历史气象资料，预测下个月天气好的概率为 0.4，天气坏的概率为 0.6。为使利润最大损失最小，该公司应决定开工还是不开工？

列表如下：

自然状态 状态概率 行动方案	天气好	天气坏
	0.4	0.6
开工	50 000	−20 000
不开工	−5 000	−5 000

由上述例子不难看出风险型决策存在以下一些特点：

①存在着不以决策者主观意志为转移的两种以上的自然状态；

②存在着决策者根据有关资料事先估计或计算出来的各种自然状态将会出现的概率；

③存在着可以具体计算出来的不同行动方案在不同自然状态下的损益值；

④存在着决策者希望达到的一个或一个以上明确的决策目标；

⑤存在着决策者可以主动选择的两个以上的行动方案。

2 风险型决策方法

（1）期望值法

期望值法是根据各种自然状态的概率，计算出不同方案的期望值，以期望收益值最大或期望损失值最小的方案为最优方案进行决策的方法。

①净现值期望值的计算公式为：

$$E(NPV_t) = \sum_{n=1}^{n} X_{it}P_{it} \tag{8.19}$$

式中　$E(NPV_t)$——第 t 年净现值期望值；

　　　X_{it}——第 t 年第 i 种情况下的净现值；

　　　P_{it}——第 t 年第 i 种情况发生的概率；

　　　n——为发生的状态或变化范围数。

②整个项目寿命周期净现值的期望值的计算公式为：

$$E(NPV) = \sum_{i=1}^{m} \frac{E(NPV_t)}{(1+i)^t} \tag{8.20}$$

式中　$E(NPV)$——整个项目寿命周期净现值的期望值；

　　　i——折旧率；

　　　n——项目寿命周期长度；

　　　$E(NPV_t)$——第 t 年净现值的期望值。

（2）决策树法

决策树分析法是常用的风险分析决策方法。该方法是一种用树形图来描述各方案在未来收益的计算，如图 8.3 所示。比较以及选择的方法，其决策是以期望值为标准的。人们在未来可能会遇到多种不同的情况,每种情况均有出现的可能,人们目前无法确知,但是可以根据以前的资料来推断各种自然状态出现的概率。在这样的条件下,人们计算的各种方案在未来的经济效果只能是考虑到各种自然状态出现的概率的期望值,与未来的实际收益不会完全相等。

如果一个决策树只在树的根部有一决策点,则称为单级决策;若一个决策不仅在树的根部有决策点,而且在树的中间也有决策点,则称为多级决策。

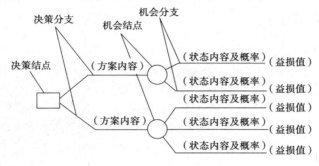

图 8.3 决策的树结构模型

本章小结

(1)经营预测方法。预测就是根据过去和现在估计未来,而决策者在一定信息和经验的基础上,借助相关工具、技巧和方法,对影响目标实现的诸因素进行分析、计算和判断选优后,对未来行动做出决定。而预测在分类的过程中可按预测的时间、范围和方法进行详细划分。一般情况下经营预测方法主要采用两种:定性预测和定量预测。

(2)决策的技术。决策技术是指决策者在决策过程中所应用的手段、方法和组织程序的总和,它与一定的生产力发展水平相联系。决策技术是管理的一个重要分支,是决策科学化的重要保证。随着新的科学技术在生产领域的应用,企业生产规模不断扩大,影响企业生产的因素越来越多;市场竞争的激烈程度的加强,市场格局的不断改变,影响企业经营状况的经营环境变得越来越难预见。如今的现代企业管理过程当中,做好经营的预测与决策是至关重要的。在做好市场调查的前提之下,经营者根据定性和定量这两种基本方法作出市场预测,然后根据所作的预测选择决策方法,其中就有确定型决策、非确定型决策和风险型决策这 3 种决策方法。

复习思考题

1. 什么叫作经营预测?

2. 经营预测的意义是什么?

3. 简述经营预测的基本步骤。

4. 决策技术一般分为哪几种方法?并简述各方法的主要内容。

5. 某企业生产一种产品,2008 年 1 ~ 12 月份的销售量资料如下表所示:

月份	1	2	3	4	5	6	7	8	9	10	11	12
销量/t	10	12	13	11	14	16	17	15	12	16	18	19

请用平滑指数法预测 2009 年 1 月份销售量(假设 2008 年 12 月份销售量预测数为 16 t, 平滑指数为 0.3)。

第 9 章
建筑工程技术经济分析

本章导读

● **基本要求** 了解一个完整项目工程方案应当是由设计方案和施工方案共同组成;知道如何才能做到设计与施工方案相辅相成,如何减少在施工过程当中由于设计方案的改动而对业主造成工程延期、投资超支等损失;掌握对设计与施工方案技术经济进行全面分析的分析方法和步骤;了解并掌握民用建筑和工业建筑设计和施工方案的技术经济方法以及二者之间的区别与联系。

● **重点** 设计与施工方案技术经济分析的主要方法;建筑设计方案技术经济分析;工业建筑方案技术经济分析;施工方案的技术经济分析。

● **难点** 设计与施工方案技术经济分析中的评分法;影响用地指标的因素分析;工业建筑设计中的主要内容与经济指标。

  在工程产品全寿命周期中不同阶段进行工程造价控制的重点和效果是完全不同的。据有关资料分析,投资决策和初步设计阶段对投资的影响程度为90%左右;技术设计阶段对投资的影响程度为75%左右;施工图设计阶段对投资的影响程度为35%左右;而过去人们所着重的施工阶段,对投资的影响程度则仅为10%左右。显然,工程造价控制的关键在于施工前的投资决策和设计阶段,工程项目的工艺、流程、方案一经确定,则该项目的工程造价也就基本确定了。因此,建筑工程设计、施工中的经济分析工作是一项很重要而且十分有意义的工作。

9.1 设计与施工方案技术经济分析概述

9.1.1 设计与施工方案技术经济分析的目的

同一个工程其设计与施工方案不同,会产生不同的经济效果。因此需同时设计多个施工方案进行选择,而施工方案的技术经济分析是选择最优方案的重要途径,其目的就是从众多的施工方案中选出一个工期短、质量好、材料省、劳动力安排合理、工程成本低、施工安全的最优方案。一个好的施工方案,不仅能降低工程成本,取得较好的经济效益,而且可缩短工期、提高质量和保证安全。简单来说,可以把设计与施工方案技术经济分析目的列为以下几点:

①选择合理的技术形式,在满足使用功能要求的条件下力求经济;

②通过一系列技术经济分析,从若干个可行方案中选取经济效果最佳的方案;

③通过对方案的技术经济分析,使方案不断地得到改进和完善。

9.1.2 设计与施工方案技术经济分析的基本要求

企业在进行设计与施工技术方案及经济分析的时候,首先,要以国家相关政策、法规、规定为总标准,注重方案的总体经济效果,尽可能实现经济、适用、美观的协调统一;其次,对建筑工程项目从设计、施工、管理等方面进行全面、综合地分析(全寿命期),通常情况下采用定性与定量相结合的方法进行技术经济分析;最后,还要注重被选出方案在功能、消耗、价格、时间上的可比性。

9.1.3 设计与施工方案技术经济分析的主要方法

在对设计与施工方案进行技术经济分析的过程中,通常采用评分法和全寿命费用法来进行比对分析。

1)评分法

根据各指标的重要程度给予一定的权数,按方案满足各项指标的程度评分,以总分的高低来判别方案的优劣,公式如下:

$$R_i = \sum_{j=1}^{n} C_j W_j \tag{9.1}$$

R_i——第 i 个方案的总分($i = 1, 2, \cdots, m$);

C_j——各方案中各指标的分值($j = 1, 2, \cdots, n$);

W_j——各指标的权重数值($j = 1, 2, \cdots, n$)

【例 9.1】某建筑工程有 A,B,C,D 4 个设计方案,按适用性、平面布置、经济性、美观性 4 项指标评定。各项指标的权重值(总计为 1)、分值(每项指标最低为 1 分,最高为 10 分)及所得总分值如表 9.1 所示,试选择最优方案。

表 9.1　各方案的指标数据

指标 分值 C_j 权重 W_j 方案 i	适用	平面布置	经济	美观
	0.4	0.2	0.3	0.1
A	9	8	9	7
B	8	7	7	9
C	7	8	9	8
D	6	9	8	9

【解】按式(9.1)对各方案的各指标进行评分,计算过程及结果如表 9.2 所示。

表 9.2　各方案指标计算表

方　案	算　式	总分值 R_i
A	$0.4 \times 9 + 0.2 \times 8 + 0.3 \times 9 + 0.1 \times 7$	8.6
B	$0.4 \times 8 + 0.2 \times 7 + 0.3 \times 7 + 0.1 \times 9$	7.6
C	$0.4 \times 7 + 0.2 \times 8 + 0.3 \times 9 + 0.1 \times 8$	7.9
D	$0.4 \times 6 + 0.2 \times 9 + 0.3 \times 8 + 0.1 \times 9$	7.5
最佳方案	$R\max = 8.6$,即 A 方案最佳	

2)全寿命费用法

全寿命费用法是一种动态计算的方法。当进行多方案比较时,先计算出各方案每年的使用和维修费;然后把初始投资即建造费折算为等额年值,算出在使用年限内每年的回收额;二者之和即为各方案的年度总费用。公式如下:

$$A_j = C_j + P_j(A/P, i, n) \tag{9.2}$$

A_j——方案 j 年度总费用;

C_j——方案 j 年度使用和维修费;

P_j——方案 j 初始投资额。

9.2　建筑设计方案技术经济分析

民用设计在建筑设计中占了很大的比例,下面重点讨论民用建筑设计中的住宅设计参数的经济性问题。住宅设计参数的经济性问题主要涉及两个指标:用地指标和造价指标。

9.2.1　影响用地指标的因素分析

土地作为有限的稀缺资源,在住宅建筑设计中如何科学和合理的利用土地,对于人多地少、城市用地紧张的我国土地资源现状来说具有十分重大的现实意义。住宅设计中影响用地的三要参数有以下几个方面。

1)平面形状对用地的影响

住宅的平面形状对节约用地有显著的影响,平面形状越规则,越有利提高土地利用率。如图9.1所示,虽然A,B两栋住宅楼的用地面积均为304 m²,但A住宅的建筑面积为304 m²,而B住宅的建筑面积只有256.5 m²。

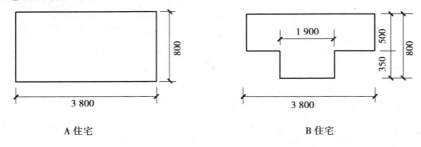

A住宅　　　　　　　　　　　B住宅

图9.1　平面形状对用地的影响

2 剖面形状对用地的影响

如果将住宅的剖面形式做成台阶状,可以降低檐口的高度,从而可以降低住宅的间距,更好地满足住宅日照的要求。如图9.2所示,图中两斜线平行,在住宅高度相同的情况下,两栋住宅为获得相同的日照要求,住宅间距 $d_2 > d_1$。

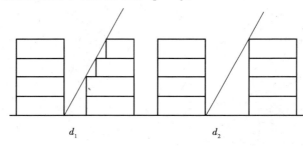

图9.2　剖面形状对用地的影响

3)住宅层数对用地的影响

$$住宅用户基本用地 = 进深 \times 层数 \times 间距系数 \times \frac{每户平均面宽 + 平均山墙间距}{层数}$$

由公式可知:提高住宅层数,可以有效地节约用地,但由于在住宅建设时必须考虑到建筑密度的问题,所以不是说住宅设计时层数越多就越节约用地。住宅层数对用地的影响,可以通过实际数据来进行分析。例如,某地区住宅设计标准如下:进深10.1 m,层高2.8 m,长为63.6 m,每户平均面宽5.3 m,每户平均山墙间距0.7 m,在间距系数为2时住宅层数与节约用地的关系如表9.3所示。

表 9.3　层数与节约用地关系表

层　数	每户用地/m²	与上一层比较节约用地/m²	与第一层比较所占百分比/%
1	94.2		100
2	63.9	30.3	67.8
3	53.8	10.1	57.1
4	48.8	5.0	51.8
5	45.7	3.1	48.5
6	43.7	2.0	46.4
7	42.3	1.4	44.9

从表 9.3 中可以看出,住宅层数由 1 层增至 4 层时,节约用地的效果是十分显著的,而在 6 层以上继续增加层数时,节约用地的效果明显减弱。这是因为随着层数的增加,住宅与住宅之间的日照间距也应相应增加,基地面积在每户建筑面积中所占比重逐步减少,所以节约用地的效果逐渐减弱。同时在设计时还要考虑到高层住宅在建筑成本、建设周期、抗振、防火避难等方面的问题,所以在住宅设计中一定要注意把握好节约用地与降低造价及其他一些指标的关系。从土地费用、工程造价和其他社会因素综合角度分析,一般来说,中小城市以建造多层住宅较为经济;在大城市可沿主要街道建设一部分高层住宅,以合理利用空间,美化市容;对于土地价格昂贵的地区来讲,高层住宅为主也是比较经济的。当然,在满足城市规划要求等条件下,开发住宅的类型是由房地产开发单位根据市场行情进行经济分析比较后决定的。随着我国居民的生活水平和居住水平的提高,一些城市出现了低密度住宅群。

4) 住宅层高对用地的影响

住宅与住宅之间的日照间距与住宅总高度成正比,所以降低层高可以降低住宅的总高度,从而减少住宅间的日照间距,达到节约用地的目的。因为国家对住宅的层高有明确规定,所以在住宅设计时在遵循国家有关规定的前提下尽量降低层高是一种有效节约用地的方法。

5) 每户面宽对用地的影响

在每户建筑面积相同的前提下,加大进深,尽量缩小每户面宽,可以有效地节约用地。但在实际设计中要考虑到进深的加大会不利于采光,甚至出现暗室,即使用内天井采光的方法也会降低住宅的环境质量。

6) 住宅间距对用地的影响

合理地确定住宅间距可有效地节约用地。而住宅间距的确定,除上面提到过的日照条件外,还要考虑通风、视野、绿化、道路、庭院、施工、防火、私密性等一系列问题,在住宅设计的时候应分清主次对各因素进行综合分析研究,在保证住宅功能及居民环境质量的前提下,降低住宅间距,达到节约用地的目的。

7) 住宅群体布置对用地的影响

在住宅设计时,采取高低搭配、点条结合、前后错列及局部东西向布置、斜向布置或拐角单元等手法,可有效地节约用地,并提高住宅区的环境条件,这也是住宅设计中一个不可忽略的因素。

9.2.2 影响造价的设计参数分析

1) 平面形状对造价的影响

平面设计中用每平方米建筑面积的平均外墙周长作为评价造价的指标之一。由于直面装修及建筑热工要求,外墙造价一般比内墙造价高。所以减少外墙周长的经济效果比较显著。外墙周长与平面形状有关,在设计中可采用如下方式来缩短外墙周长。

①平面形状力求规则。规则的平面形状,方形或矩形,这样既可减少外墙周长,又方便施工。如果设计时平面形状凹凸曲折,则增加墙体长度和转角。

②合适的住宅深度。通过加大住宅进深,可减少外墙周长,节省基础和墙体的工程量。

③合适的住宅长度。当住宅进深一定时,适当增加住宅长度,外墙周长会减少。住宅长度在60 m范围内,当地基条件允许时应尽量采用多单元拼接,增加住宅长度。但住宅长度不宜过长,否则因有温度缝的要求而设置双墙,造价反而上升。

2) 平面系数对造价的影响

平面设计合理,可以提高面积利用率,增加使用面积,相应地降低了造价。在住宅设计中,平面系数是评价使用面积是否经济合理的一个参考指标,其意义是以相同的造价取得最大的使用面积。不同的平面布置、不同的住宅层数,其平面系数也不同。多层住宅的平面系数一般在50%以上。影响平面系数的因素主要有以下几个方面:

①结构面积。住宅的结构面积与结构形式、住宅层数、墙体的功能要求有关。要减少结构面积,首先应发展新型建筑材料,合理选择结构体系,尤其是工业化住宅建筑群体系。

②交通面积。与交通面积有关的是住宅的层数以及对交通的功能要求。例如,在高层住宅中,电梯间的设置便增加了交通面积的比重。交通面积过少直接影响使用功能,交通面积过大则增加住宅的造价。提高平面系数,关键是在满足使用要求的前提下,合理布置门厅过道、走廊、楼梯及电梯间等交通面积。

3) 住宅层高对造价的影响

降低层高可以减少墙柱和粉饰工程量。据理论测算,住宅层高每降低10 cm,可降低造价1.2%~1.5%。例如,当住宅层高从3 m降至2.8 m时,可降低造价3%~3.5%。

层高降低可提高住宅区建筑密度,以6层住宅为例,层高降低20 cm或30 cm,可分别提高建筑密度5%~8%,从而可以节约征地拆迁费和城市市政工程费。在寒冷地区,降低层高可节约冬季采暖费用,经济效益十分可观。

4) 住宅层数对造价的影响

住宅层数对造价的影响是个比较复杂的问题。对多层住宅(2~6层)来说,提高层数可相应降低平均每户造价1%左右。但对于高层住宅(7~8层以上)来说,由于要设置电梯和加压水泵等,造价则相应上升。而且,高层住宅的使用功能和环境质量较多层住宅差,因此,一般应控制高层住宅的建造,只有在大城市的特定地区,当高层住宅节约用地效果显著时,才可以建造少量高层住宅。

　　总之,在住宅设计时,必须以满足住宅的使用功能和环境质量要求为前提,这是合理选择设计参数的先决条件;必须防止牺牲必要的安全、卫生条件而片面强调降低造价的错误做法。

9.3　工业建筑设计方案技术经济分析

9.3.1　工业建筑设计中的主要内容

1)总图运输方案设计

(1)厂区总平面图设计

　　厂区总平面图设计是否经济合理,对整个工程设计和施工以及投产后的生产、经营都有重大影响。正确合理的总平面设计可以大大减少建筑工程量,节约建设用地,节省建设投资,加快建设速度,降低工程造价和生产后的使用成本,并为企业创造良好的生产组织、经营条件和生产环境以及树立良好的企业形象,还可以增添优美的艺术整体。

　　①总平面图设计的原则:

- 满足工艺要求,使运输配合协调,避免交叉;
- 考虑功能分区,保证生产联系和工作环境,动力设施靠近负荷中心;
- 因地制宜,节约用地;
- 满足防火、卫生和安全条件,满足施工、绿化和埋设管线的要求;
- 厂容和总体规划协调,减少对环境的影响;
- 有利于管理和考虑发展要求。

　　②总平面布置的技术要求。总平面布置除了满足自然条件、技术条件与要求外,还要考虑如下几个方面:

- 生产要求,做到流程合理、负荷集中、运输通畅;
- 满足防火、防爆、卫生、环保、防地质病害等安全要求;
- 发展要求;
- 湿陷性黄土地区的布置要求;
- 节约用地的措施。

(2)竖向布置

　　①竖向布置的任务:

- 根据自然条件选择、确定厂区竖向布置的系统和方式;
- 确定建(构)筑物、露天堆场、铁路、道路、广场、绿地及排水构筑物等的标高,并有利于厂区内外运输;
- 确定场地平整方案,力求土石方工程量最小,并使厂区填挖方量接近平衡;
- 确定场地排水方式,计算雨水流量和管道断面,保证厂区排水顺利;

- 确定必须建立的人工构筑物。

②竖向布置系统与方式：

- 竖向布置系统可分为平坡式和台阶式两类系统；
- 竖向布置的方式可分为连续式、重点式和混合式。

③设计标高的确定。确定竖向布置标高应遵循以下原则：

- 土石方工程量最小，并使厂区填挖方量达到接近或平衡；
- 保证厂区不受洪水淹没；
- 保证车间之间运输方便；
- 有利于降低建筑造价。

④厂区排水。厂区排水组织方式有明沟排水、管道排水和带盖板的排水沟3种，厂区排水组织方式是，厂区整平坡度一般不小于5%，困难地段不宜少于3%，最大不宜超过6%，排水组织方式包括自由式向外排水、有组织向外排水、用泵抽水外排等方式。

⑤土石方计算。土石方计算的方法包括方格网法、横断面法。

（三）管线综合布置

管线综合布置的任务是使厂区管线之间，以及管线与建（构）筑物、铁路、道路及绿化设施之间相互协调，满足施工、检修、安全等要求和贯彻节约用地的原则。

（4）厂区运输

①厂区运输设计的要求：

- 使厂内外和车间内部运输密切结合，使全厂物料运输形成有机整体；
- 大宗原材料燃料最好直接运至车间或料库；
- 厂区运输系统的设计有利于搬运；
- 保证运输安全；
- 运输、装卸设备的选用满足节约能源和环境要求。

②运输方式的选择：标准轨铁路运输、水上运输、无轨运输、带式运输机运输。

③运输量统计方法有：全厂运输量棋盘表法、全厂运输量统计表法。

④运输工具：厂区运输多以汽车运输为主。

（5）厂区道路

①道路布置要求：

- 道路布置满足生产、运输和消防的要求，使货物运输通畅，人流、物流路线短捷，运输安全，工程量小；
- 道路布置与工厂的总平面布置，竖向布置，铁路、管线、绿化、美化等相协调；
- 道路尽可能与主要建筑物平行布置；
- 道路等级及其主要技术指标的选用，应根据工厂规模、企业类型、道路类别、使用要求、交通量等综合考虑确定；
- 人流集中区段的厂区道路，应设置人行道，尽量使人行方便。

②道路方案设计包括道路形式、路面宽度和纵坡的确定以及路面的选择。

（6）绿化布置

工厂的绿地率一般要求不小于20%，洁净程度要求高的，一般不小于30%。

（7）技术经济指标

厂区总平面布置的技术经济指标，采用多方案比较，以衡量方案设计的经济性、合理性和技术水平，其中主要包括建筑系数和场地利用系数。

（8）总图运输方案比选

①技术经济指标比选。

②功能比选。

③拆迁方案比选。

④运输方案的比选。运输方案比选的要求如下：

• 能够统筹规划场内和外部运输，做到物料流向合理，场内和外部运输、接卸、储存形成完整、连续的系统；

• 项目的外部运输，做到尽量依托社会运输系统，拟自建专用铁路、公路、码头的，应有足够的运量，避免浪费投资；

• 主要产出品、大宗原材料和燃料的运输，避免多次倒运，以降低运输成本，提高运输效率；自建的外部运输线路、车站和码头，符合规划要求。

2）土建工程方案设计

（1）建筑设计的一般规定

①厂房平面和空间设计满足工艺生产要求，流程合理、方便操作、便于管理、利于设备安装维修。

②符合防火、防爆、防震、防腐等安全要求。

③建筑形式的选择，应根据生产特点、建厂地区条件和其他各种因素综合考虑。

④厂房柱网、层高和定位轴线，应遵循国家规定的《建筑模数协调统一标准》和《厂房建筑模数协调标准》的有关规定。

⑤建筑围护结构要满足车间生产上的温、湿度要求，防止车间过热和结露，并应根据需要满足通风、采光要求。

⑥要考虑车间运输对建筑的要求。

⑦生产过程中噪声超过规范的，要采取隔声和吸声等措施。

⑧贯彻适用、经济，在可能条件下注意美观的方针。

（2）结构选型

结构选型要注意以下几点：

①根据生产工艺的特点，满足生产、采光、通风、运输等要求；

②保证厂房结构强度、稳定性和耐久性；

③力求经济合理，注意节约维修费用；

④必须因地制宜；

⑤结构布置和构造处理有利于构件标准化、定型化、通用化；

⑥积极合理地采用新结构、新材料和新技术；

⑦一般采用钢筋混凝土结构。

（3）基础处理

基础埋置深度应考虑以下几点：

①建(构)筑物场地的地质与水文地质条件;

②土壤的冻结深度;

③地下室、地下沟道及地下管线和邻近建(构)筑物的影响;

④基础荷重的大小及性质。

(4)建筑和结构方案比选

在满足生产需要前提下,符合适用、经济、美观原则,结合具体条件合理开展建筑方案设计。

另外,土建工程方案设计还需要编制主要建筑物、构筑物一览表。

3)公用与辅助工程方案设计

公用与辅助工程各分项方案设计中应包括采用标准规范、负荷核算和必要的平衡计算、设备选型并编制主要设备表,进行工程量核算等。通过方案比较,选取适宜的建设方案。

(1)给水排水工程与消防工程的设计

①水源与水处理:

● 供水水源的选择,应在掌握资料的基础上,进行技术经济比较后确定;

● 采用海水或水质较差的水源时,应考虑海水的腐蚀性和海水生物繁殖的影响以及水质不佳带来的问题;

● 采用地下水为水源时,取水构筑物数量应能满足生产、生活及消防用水的要求;

● 给水处理,水质较好时一般不加处理,如水质较差时,须经处理后再用作生产、消防或生活用水。

②给水系统:包括生产、生活、消防(低压)给水系统,软水给水系统,脱盐水给水系统,冷冻水给水系统,循环冷却水系统,专用消防水(高压)给水系统。

③排水系统:包括清洁废水系统、生活污水系统、生产污水系统、雨水排水系统。

④消防系统:

● 采用低压消防制时,如厂区附近无消防队或消防队不能兼顾厂区消防时,应自行设置消防车站;

● 采用临时高压消防制时,厂区并设有满足 3 h 消防用水蓄水池的企业,一般不再设置消防车站;

● 固定消防水泵应采用自灌式引水,确有困难时,可采用真空泵或水射器等形式;

● 室外消火栓应使用方便,标记明显;

● 消防水池的容量按 3 h 内用水总量计算。

(2)供电与通信工程的设计

①供电电源。一般企业应从电力系统取得供电电源,有些企业不能从电力系统购得全部电能时,经有关部门统一规划也可自建电厂。电源电压应根据用电量等条件与电力部门协商确定。一般企业选用 10 kV 电源,当 6 kV 用电设备较多时,可选用 6 kV 电源;用电量较大时,可以采用 35 kV 或 110 kV 电源。

②供电系统。电源系统结线方式:当供电电压为 6 kV 或 10 kV 时,设置两回路专用电源线路和单母线分断高压开关站,也可以采用一回路专用架空线;35 kV/0.4 kV 直变供电方式;当供电电压为 35 kV 或 110 kV,企业用电量大时,设置总降变电所,并尽可能做成终端变

电所;当企业需要自建电厂时,应与电力部门协商电源系统结线方案。

③配电系统。配电系统包括配电电压的确定;配电系统接线,分为树干式和放射式;线路结构;车间变电所。

④动力与配线。低压配电系统总要求是:满足工艺生产对供电可靠性和电能质量的要求;接线简单,操作方便,运行安全;结构合理,施工方便;节省有色金属消耗,节约投资,减少电能消耗和运行费用。

生产车间配电网络接线方式主要有两种:放射式接线方式、链式接线方式,这两种方式常综合运用。线路敷设方式包括桥架系统、电缆沟敷设、电缆支架明敷、线卡明敷、钢管明敷或暗敷等。

⑤照明。种类可分为正常照明和事故照明;方式有一般照明、局部照明和混合照明;照度标准、照度均匀度、灯具要求参照《工业、企业照明设计标准》。

⑥通信。企业一般设置行政管理电话和生产调度电话两种电信设施。

（3）供热工程的设计

①热源的选择。蒸汽或热水一般由热电站或自备锅炉供给。自设锅炉时,蒸汽参数应满足生产、空调与采暖通风的要求,燃料以燃煤为主。锅炉最少配两台,采用相同类型、容量。

②供热管道。管道敷设可选用的方式有架空敷设、地沟敷设和滑地敷设(管墩)3 种。

③热力站应靠近负荷中心,便于与锅炉房管道相连。

（4）通风、空调与除尘工程

通风、空调的设计方案应根据工艺特点、使用要求、室外气象条件、能源状况等,同时符合国家有关规定。

（5）制冷工程

①制冷方式的选择。

②制冷机选型应考虑冷冻水温、有无蒸汽、蒸汽压力高低等因素。台数不宜过多,也不宜少于两台。

（6）工业气体工程

①工业气体包括压缩空气、氧气、氮气、煤气、乙炔气等。

②工业气体的设计,必须遵守《建筑设计防火规范》(GB 50016—2006)、《工业企业设计卫生标准》(GBZ 1—2010)和相应的标准、规范、规定执行。

③站房的布置,应靠近主要用户,通风干燥、采光良好。

④设计容量,按用户的昼夜平均小时消耗量或最大小时消耗量乘以同时使用系数确定。

⑤设备选择,台数按大容量、少机组原则确定并统一型号。

⑥工业气体的管道敷设,注意最大流速、管材选用、静电接地与其他物料管道共架敷设、共沟敷设的要求,并参照有关规定。

（7）分析检验设计

工厂的分析检验工作由车间化验室和中心试验室两部分承担,并有防振、防火、防爆、防尘、防腐蚀、防噪声、防阳光直射等要求。

（8）维修设施

工厂维修一般情况下分为大修和维护安全两级,内容包括设备维修、电气维修、仪表维修、管道维修和土木工程维修。

9)仓储设施

仓储设施要符合保证生产、加快周转、合理储备、防止损失的原则,合理确定仓库面积。

①仓库的组成:有原材料库、设备库、机物料库、成品库、生活用品库、劳保用品库、修缮材料库、包装材料库、化学品库、危险品库等。

②储存方式:包括封闭式(室内)存放、棚库存放及露天存放。

③储存期:是库存储备定额,即由时间(日、月)表示的定额。我国采用的定额方法有供应期法和经济订购批量法。

④仓库面积的确定:可采用荷重法、物料分析法和概略面积指标法等来确定。

⑤装卸运输工具与设备:根据要求可选择人力搬运装卸车辆,叉车及堆垛机,悬挂式或梁式起重机,桥式起重机,板式输送机、带式输送机、辊道式输送机、链式输送机等。

⑥土建要求:仓库设计必须符合国家《建筑设计防火规范》以及其他有关标准、规定的要求。

4)厂外配套工程

(1)厂外配套工程类别

厂外配套工程包括运输配套项目、公用工程配套项目、环保配套项目、其他配套项目。

(2)厂外配套工程的设计原则

①根据工厂生产特点和使用要求,结合建厂地区条件,按照确保生产、因地制宜、合理配置的原则进行设计。

②厂外配套工程建设同城市和地区规划相协调,保证合理布局。

③要考虑使用管理方便,利用已有的条件和设备以及生产协作条件,力求减少工程量,节省投资。

④符合环保要求。

⑤与工厂和当地发展规划相协调。

⑥要在充分调查基础上进行技术经济综合分析、论证,选择最佳方案。

9.3.2 工业建筑设计中的经济指标

1)建筑系数

建筑系数,即建筑密度,是指厂区内(一般指厂区围墙内)建筑物、构筑物和各种露天仓库及堆场、操作场地等的占地面积与整个厂区建筑用地面积之和,是反映总平面图设计用地是否经济合理的指标。建筑系数越大,表明布置越紧凑,可以节约用地,减少土石方量,又可缩短管线距离,降低工程造价。

2)土地利用系数

土地利用系数是指厂区内建筑物、构筑物、露天仓库及堆场,操作场所铁路、道路、广场、排水设施及地上、地下管线等所占面积与整个厂区建设用地面积之比,它综合反映出总平面布置的经济合理性和土地利用效率。

3）工程量指标

它是反映工厂总图投资的经济指标,包括场地平整土石方量,铁路、道路和广场铺砌面积,排水工程、围墙长度及绿化面积。

4）运营费用指标

它是反映运输设计是否经济合理的指标,包括铁路、无轨道路、每吨货物的运输费用及其经常费用等。

5）合理确定厂房建筑的平面布置

平面布置应满足生产工艺的要求,力求合理地确定厂房的平面与组合形式,各车间、各工段的位置和柱网、走道、门窗等单厂平面形状越接近方形越经济,并尽量避免设置纵横跨,以便采用统一的结构方案,尽量减少构件类型和简化构造。

6）厂房的经济层数

对于工艺上要求跨度大和层高高,拥有重型生产设备和起重设备,生产时常有较大振动和散发大量热气和气体的重工业厂房,采用单层厂房是经济合理的。而对于工艺紧凑,可采用垂直工艺流程和利用重力运输方式,设备与产品重量不大,并要求恒温条件的各种轻型车间,采用多层厂房可减少占地面积与基础工程量、缩短运输线路及厂区围墙的长度等。厂房层数的多少应根据地质条件、建筑材料的性能、建筑结构形式、建筑面积、施工方法和自然条件(地震、强风)等因素以及工艺要求等具体情况确定。

多层厂房的经济层的确定主要考虑两个因素:一是厂房展开面积的大小,展开面积越大,经济层数就越可增加;二是与厂房的长度和宽度有关,长度与宽度越大,经济层数越可增加,造价随之降低。

7）合理确定厂房的高度和层高

层高增加,墙与隔墙的建造费用、粉刷费用、装饰费用都要增加;水电、暖通的空间体积与线路增加;楼梯间与电梯间设备费用也会增加;起重运输设备及其有关费用都会提高;还会增加顶棚施工费。决定厂房高度的因素是厂房内的运输方式、设备高度和加工尺寸,其中以运输方式的选择较为灵活。因此,为降低厂房高度,常选用悬挂式起重机、架空运输、带输送、落地龙门起重机以及地面上的无轨运输方式。

8）柱网选择

对单跨厂房,当柱距不变时,跨度越大则单位面积造价越小。这是因为除屋架外,其他结构分摊在单位面积上的平均造价随跨度增大而减少;对于多跨厂房,当跨度不变时,中跨数量越多越经济,这是因为柱子和基础分摊在单位面积上的造价减少。

9）厂房的体积与面积

在满足工艺要求和生产能力的前提下,尽量减少厂房体积和面积,以减少工程量和降低工程造价。为此,要求设计者尽可能地选用先进生产工艺和高效能设备,合理而紧凑地布置总平面图和设备流程图以及运输路线;尽可能把可以露天作业的设备尽量露天而不占厂房的设计方案,如炉窑、反应塔等;尽可能将小跨度、小柱距的分建小厂设计方案合并为大跨度、大柱距的大厂房设计方案,提高平面利用率,减少工程量,降低造价。

9.4 施工方案的技术经济分析

9.4.1 施工方案概述

施工方案是指导和实施分部(分项)工程或专项工程施工的技术经济文件,它是对分部(分项)工程或专项工程中某项施工方法的分析。如某基础的施工,可以有若干个方案,对这些方案所耗用的劳动力、材料、机械、费用及工期等在合理组织的条件下,进行技术经济分析,从中选择最优方案。

施工方案有两种形式:一种是包含在施工组织设计里的施工方案,另一种是独立编制的分部(分项)工程或专项工程施工方案。施工方案的内容包括:施工组织方案和施工技术方案两个方面。施工组织方案主要确定施工程序、施工段的划分、施工流向、施工顺序及劳动组织的安排等;施工技术方案主要选择确定施工方法、施工工艺、施工机械及采取的技术措施等。

9.4.2 施工方案的技术经济分析

1 施工方案选择的原则

施工方案的技术经济分析应围绕质量、工期、成本3个主要方面。选择施工方案的原则是在保证质量和安全的前提下,使工期合理、费用最少、效益最好。

2)施工方案的技术经济评价的步骤

了解工程项目要求→确定分析目的→提出可行方案→收集选定各方案技术经济指标→进行定性定量计算→得出评价结论。

3)施工方案的技术经济比较

在选择确定施工方案时,一般采用多方案评比的方法,从中选优,即对几种可能采用的施工方案作技术经济比较。首先要考虑技术上的可能性,即是否能实现;然后是经济上是否合理。在拟定出若干方案中,如果各施工方案均能满足要求,则最经济的方案就是最优方案。

4)施工方案的技术经济评价方法

施工方案的技术经济评价涉及的因素多而复杂,一般来说需对一些主要分部(分项)工程或专项工程的施工方案进行技术经济比较,如施工机械的选用、施工中各种模板的选用、混凝土运输方案的选择等,尤其是对新技术,要求更为详细;有时也需对一些重大的总体施工方案过行全面技术经济评价。施工方案的技术经济评价一般有定性分析和定量分析两种方法。

(1)定性分析

定性分析法是根据施工经验和管理经验对若干个施工方案的优劣进行分析比较,从中选择出比较合理的施工方案。例如,技术上是否可行、施工操作上的难易程度、施工安全可靠性如何、工期是否适当、经济上是否合理;劳动力和施工机械是否合理;流水段的划分是否适当、施工平面图设计是否合理、临时设施费用是否适当、能否为现场文明施工创造有利条件及季节性施工情况如何等。

（2）定量分析

定量分析一般是通过计算不同施工方案的几个相同的主要技术经济指标（如所消耗的人力、物力、财力和工期等），进行数量比较，综合分析，选择出各项指标较好的施工方案。定量分析法能科学地、合理地分析施工方案的优劣。

①工期指标：当要求工程尽快完成以便尽早投产或使用时，选择施工方案在确保工程质量、安全和成本较低的条件下，优先考虑缩短工期的方案。例如，在钢筋混凝土主体结构施工时往往用增加模板的套数来缩短主体工程的施工工期。

②成本指标：对降低成本指标分析，它可综合反映单位工程或分项工程在采用不同施工方案的经济效果，可按下式计算：

$$降低成本率 = 预算成本 - 计划成本 / 预算成本 \times 100\%$$

式中：预算成本是以施工图为依据按预算价格计算的成本；计划成本是按采用的施工方案确定的施工成本。

③主要材料节约指标：

$$主要材料节约指标 = 主要材料节约量 / 预算材料用量 \times 100\%$$

④机械化程度指标：对机械化程度指标分析时，通过分析，把机械化程度的高低，作为衡量施工方案优劣的重要指标。

⑤施工机械化程度：

$$施工机械化程度 = 机械完成的实物工程量 / 全部实物工程量 \times 100\%$$

本章小结

（1）设计与施工方案技术经济分析。不同的技术与施工方案会对工程产生不同的经济效果，因此，通常情况下，要对施工方案进行技术经济分析并从中选择最优方案。一个优秀的施工方案，不仅能很大程度上降低施工成本，缩短工期，同时也能提高建设产品的安全和质量。设计与施工方案技术经济分析的主要方法通常采用评分法和全寿命法来进行分析比对。

在工程产品全寿命周期的不同阶段进行工程造价控制的重点和效果是完全不同的。据有关资料分析，投资决策和初步设计阶段对投资的影响程度为90%左右；技术设计阶段对投资的影响程度为75%左右；施工图设计阶段对投资的影响程度为35%左右；而过去人们所着重的施工阶段，对投资的影响程度则仅为10%左右。很显然，工程造价控制的关键在于施工前的投资决策和设计阶段，工程项目的工艺、流程、方案一经确定，则该项目的工程造价也就基本确定了。因此，建筑工程设计、施工中的经济分析工作是一项很重要、而且十分有意义的工作。

（2）各项工程中的技术经济分析。本章主要对民用建筑参数、工业建筑设计方案以及施工方案的经济型问题分别进行讨论。在民用住宅技术方案选择的过程中，其中主要涉及用地指标和造价指标。不仅对用地指标的影响因素进行分析，同时也对造价的设计参数进行分析。从而在满足使用功能和环境要求的前提下合理选择有效的经济技术方案。

就工业建筑而言,设计方案的经济技术分析主要包括运输方案、土建方案、公用与辅助工程和场外配套工程这几个方面。而针对施工方案,通常情况下则选用定性分析和定量分析这两种方法。

复习思考题

1 设计与施工方案技术经济分析的基本要求是什么?
2 设计与施工方案技术经济分析的主要方法有哪些?
3 在建筑设计方案技术经济分析中,影响用地指标的因素有哪些?
4 影响造价的设计参数有哪些?
5. 工业建筑设计中的主要内容是什么?

第 10 章
建筑设备更新的技术经济分析

本章导读

- **基本要求**　了解企业在生产过程中所采用的设备会面临哪些磨损,以及相应的补偿方式;掌握建筑设备技术改造和设备更新的技术经济分析过程和方法。
- **重点**　设备磨损的分类及其补偿方式;技术改造项目的技术经济分析;设备更新的技术经济分析。
- **难点**　技术改造的技术经济分析;设备经济寿命的确定;设备更新的决策方法。

10.1　设备的磨损及其补偿方式

10.1.1　设备磨损

设备在使用和闲置过程中不可避免地发生外观形态的变化和技术性能的降低称为磨损。设备磨损分为2类,共4种形式。

1)设备的有形磨损(又称物理磨损)

(1)第Ⅰ类有形磨损

设备在使用过程中,在外力的作用下产生的磨损,如正常使用的磨损、意外破坏损毁、延迟维修的损坏残存等,称为第Ⅰ类形磨损。这种有形磨损通常与机器设备的使用时间和使用强度有关。

(2)第Ⅱ类有形磨损

机器设备在闲置过程中受自然力的作用而产生的磨损,如风吹、日晒、雨淋导致设备的腐

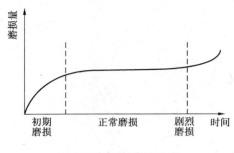

图 10.1　设备磨损曲线

朽、生锈、老化、风化等,称为第Ⅱ类有形磨损。这种磨损通常与机器生锈、金属腐蚀、橡胶和塑料老化等原因有关,时间长了会丧失精度和工作能力。

这两种有形磨损都造成机器设备的技术性陈旧。换句话说,设备的有形磨损导致设备的性能、效率、精度等的降低,使得设备的营运成本和维修费用增加,效率低下,反映了设备使用价值的降低。

2)设备的无形磨损(又称精神磨损、经济磨损)

设备的无形磨损是指由于科学技术进步而不断出现性能更加完善、生产效率更高的设备,使原有设备的价值降低,或者是生产同样结构设备的价值不断降低而使原有设备贬值。同样,无形磨损也分为两种形式。

(1)第Ⅰ类无形磨损

由于相同结构设备再生产价值的降低而产生原有设备价值的贬低,称第Ⅰ类无形磨损。换句话说,这类磨损不改变设备的结构性能,但由于技术的进步、工艺的改善、成本的降低、劳动生产率不断提高,使生产这种设备的劳动耗费相应降低,而使原有设备贬值。但设备本身的信用价值并未降低,设备的技术性能并未改变,不影响到现有设备的正常使用。

(2)第Ⅱ类无形磨损

由于科学技术的进步,不断研发出结构更先进,性能更完善,效率更高,耗费原材料和能源更少的新型设备,使得原有设备相对陈旧落后,其经济效益相对降低而产生贬值称为第Ⅱ类无形磨损。

第Ⅱ类无形磨损的出现,不仅使原设备的价值相对贬值,而且使用价值也受到严重的冲击,如果继续使用原设备,会相对降低经济效益,这就需要用技术更先进的设备来代替原有设备,但是否更换,取决于是否有更新的设备以及原设备贬值的程度。

3)综合磨损

设备的综合磨损是指同时存在有形磨损和无形磨损的损害和贬值的综合情况,对任何特定的设备来说,这两种磨损必然同时发生并且同时相互影响。某些方面的技术要求可能会加快设备有形磨损的速度,与此同时,某些方面的技术进步又可提供例如耐热、耐磨、耐振动、耐腐蚀等的新型材料,使机械设备的有形磨损得到减缓,但其无形磨损加快。

10.1.2　设备磨损的补偿

为了恢复设备的生产能力,保证生产经营的正常运行,设备发生磨损后,需要进行补偿。由于机器设备遭受磨损的形式不同,补偿磨损的方式也不一样。补偿方式通常情况下有修理、更换和现代化改装3种基本形式,如图10.2所示。设备有形磨损的局部补偿是修理,无形磨损的局部补偿是现代化改装;有形磨损和无形磨损的完全补偿是更新。

1)修理

设备的修理通常是指通过更换和维护已经老化、腐蚀和磨损的零部件,使机械设备的相关性能得到恢复或提升。设备的修理可以分为日常维护、小修、中修和大修。

2）更换

更换是设备更新的重要形式，分为原型更新和技术更新。原型更新即简单更新，用结构相同的新设备更换因存在严重有形磨损而导致技术上不宜继续使用的旧设备。这种更换主要解决设备的损坏问题，不具有技术进步的性质；技术更新，即用技术上更先进的设备去更换技术陈旧的设备。它不仅能恢复原有设备的性能，而且可使设备具有更先进的技术水平，具有技术进步的性质。

3）现代化改装

设备的现代化改装是指企业应用现代化的科技成就和先进经验，根据生产的具体需求，对设备进行局部革新、局部改造等，以改善设备的生产效率和设备的现代化水平。现代化改装是一种既能补偿有形磨损，又能补偿无形磨损的补偿方式。

这3种方式的选用并非绝对化。通常采用经济评价方法来决定采用何种补偿方式。一个设备系统，一台设备，在确定其磨损的补偿方式时可以有多种，而不必拘泥于形式上的统一。所以，这就出现了设备维修的多样性和复杂性。设备的磨损形式与补偿方式的相互关系如图 10.2 所示。

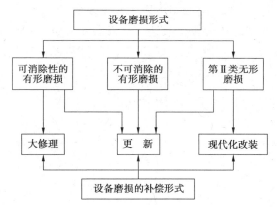

图 10.2　设备磨损的补偿形式与补偿方式之间的关系

10.2　技术改造的技术经济分析

10.2.1　技术改造的概念和原则

1）技术改造的概念

技术改造是指在科学技术进步的前提下，把科学技术成果应用于企业生产的各个环节，用先进的技术改造落后的技术，用先进的工艺代替落后的工艺，用先进的装备取代落后的装备，达到提高质量、提高效率、节约能源、降低原材料损耗、全面提高社会综合效益的目的。技术改造的主要内容有产品革新、工艺改造、生产设备改装更新和劳动环境的改造 4 个方面。

2)技术改造的原则

企业进行技术改造的过程中,应围绕提高综合经济效益这一基本目标。在技术改造的过程中综合各个方面的因素,但技术改造的原则简单来讲应注意遵循适时、适应、适度的原则,有计划、有步骤、有重点地进行技术改造。

(1)适时——选择适当的时机进行技术改造

技术改造应以市场需要为向导,以技术的发展和产品寿命周期的预测为基础,选择适当时机进行。产品寿命周期还分为成长期、成熟期和衰退期。企业应随时关注市场动向,做好充分的市场预测,在产品进入衰退期之前实施技术改造。

(2)适应——选择先进、适宜的技术

技术改造应结合我国社会经济发展的实际水平,选择适合国家资源条件、科技水平和管理水平,又能产生良好经济效益的先进技术,或者应选择与企业承受能力相适应的技术。适宜的技术不一定是最尖端、最先进的技术,而是有一定先进性、技术上可靠、生产上可行、经济上合算、有一定寿命期的技术。

(3)适度——有计划的适度进行改造

技术改造是一项系统工程,要综合考虑各种因素,使项目效益最大化。然而要使项目效益最大化,应以国家、本行业、本部门或本地区的技术发展规划为基本依据,对技术改造进行全面的规划,有重点、有计划地实施技术改造。这需要企业量力而行,不能盲目追求规模,应根据企业的资金情况、产品的市场状况、产品原材料和能源的供应情况以及本企业的员工素质、管理水平等,确定切实可行的技术改造规模。

10.2.2 技术改造的类型及主要内容

1)技术改造的类型

从不同情况和不同角度来分析,技术改造可以分为不同的类型,比较常见的类型划分方法有两种:按技术改造程度划分和按技术改造的目的划分。

(1)按技术改造程度划分

①全面技术改造。这种技术改造是指企业对生产过程的各个环节和单元进行整体全面的技术改造。

②专业技术改造。这是指企业以专业性的项目,例如节能、环保、改善工艺、提高质量、降低原材料损耗等为主要内容进行改造。

③局部技术改造。这一改造是指企业在局部进行的小规模的技术改造。

(2)按技术改造的目的划分

①以增加产品品种或产品更新换代为目的进行改造。

②节能、降低损耗的技术改造。

③提高产品质量的技术改造。

2)技术改造的主要内容

①产品的革新。每一个产品都有其生命期,陈旧和落后的产品就会在市场上失去竞争力,只有不断更新产品,才能提高竞争力,保持长期、稳定的发展。所以,产品的更新对于企

业尤为的重要,应作为技术改造的核心内容。

②技术装备的改装更新。使用不断出现的先进设备取代落后、陈旧的设备,提高生产效率的同时降低能耗,在稳定的基础上提高产品的质量。

③工艺改革。工艺改革是指用新的生产方法或先进的工艺技术路线,取代原有落后的生产方法和工艺。对于大多数专业产品的生产,只有不断提高生产技术,采用先进生产技术路线,才能大大提高产品生产质量并降低生产成本,增强产品市场竞争力。

④生产环境的改造。生产环境或劳动环境的状况,对劳动者的身体健康和心理状况产生很大影响,从而对产品产量和质量产生一定影响。所以生产环境或劳动条件的改善,是技术改造的一项重要内容。

10.2.3 技术改造的技术经济分析

企业技术改造项目选择之后,需要对不同的技术方案进行技术经济分析和评价。经济分析是技术改造可行性计划的重要组成部分,是项目决策的主要依据之一。技术改造的经济评价指标分为财务评价和国民经济评价,评价方法主要有总量法和增量法。

1) 总量法

总量法实际是以总量来衡量两种不同方案的绝对效果。该方法的特点有:

①不涉及费用和效益划分问题,也就是说有项目和无项目的费用和效益分别估算,不用划分。

②有项目和无项目情况相同部分的现金流量都给予考虑。若两方案收益相同,不能省略收入的现金流量,不能将原有资产略去。

③若由于有项目而造成原有资产的出售或部分出售,出售的收入视为现金流。

④因将原有资产视为投资,需对资产进行评估。资产评估较复杂,工作量较大。

⑤总量法优点能反映有无项目的相对经济效益和绝对经济效益。

⑥该方法不能揭示当存在其他投资机会时,是否进行技术改造。

2) 增量法

增量法是对技术改造投资所产生的增量效果进行评价的方法。在使用增量法进行分析过程当中一般采用如下几个步骤:

①有项目和无项目产生的增量现金流量;

②根据增量现金流量进行增量效益指标计算;

③根据增量效益指标的计算结果作出决策判断。

$$\Delta NPV = \sum (\Delta CI - \Delta CO)_t (1 + I_c)^{-t} \tag{10.1}$$

$$\sum (\Delta CI - \Delta CO)_t (1 + IRR)^{-t} = 0 \tag{10.2}$$

式中 ΔCI——增量现金流入;

ΔCO——增量现金流出;

$(\Delta CI - \Delta CO)_t$——第 t 年增量净现金流量。

若 $\Delta NPV \geq 0$ 或 $\Delta IRR \geq i_c$,得出进行技术改造比不进行技术改造好,但是否要改造,需要进一步探讨。

10.3 设备更新的经济分析

10.3.1 设备更新的概念及特点分析

1)设备更新的概念

设备更新有两种形式:原型更新和技术更新。

原型更新就是简单的更新,用结构相同的新设备更换由于有形磨损严重,在技术上不宜继续使用的设备;这样有利于减轻维修工作量,减少使用老设备的能源、维修费之处,但不具有更新技术的性质,因此,不产生技术进步。

技术更新是指用效能更高,性能更完善的先进设备去代替技术上和经济上不宜继续使用的陈旧设备。所谓设备更新,主要是指这一种方式,它是实现企业技术进步,提高经济效益的主要途径。

2)设备更新的特点分析

设备更新的中心内容是确定设备的经济寿命。生产设备的寿命,一般有以下几种不同的概念:

(1)自然寿命

自然寿命又称作物理寿命,是指设备从投入使用开始,直到因物质磨损而不能继续使用、报废为止所经历的全部时间。它主要是由设备的有形磨损所决定的。搞好设备的保养和维修,可以延长设备的自然寿命,但不能从根本上避免设备的磨损,因为随着设备使用时间的延长,设备不断老化,维修所支付的费用也逐渐增加,从而出现经济上不合理的使用阶段。

(2)技术寿命

设备的技术寿命就是指设备从投入使用到因技术落后而被淘汰所延续的时间。技术寿命包含两方面的含义:一方面,由于科学技术的迅速发展,对产品的质量和精度的要求越来越高;另一方面,由于不断涌现出技术上更先进、性能更完美的机械设备,这就使得原有设备虽还能继续使用,但不能保证产品的精度、质量和技术要求。由此可见,技术寿命主要是由设备的无形磨损所决定的,它一般比自然寿命要短,而且科学技术进步越快,技术寿命越短。

(3)经济寿命

设备经济寿命又称价值寿命,是指设备平均每年使用成本最低的年数,或设备从开始使用到创造最佳经济效益所经过的时间。换言之,是从经济角度来选择最佳使用年限。在设备更新分析中,经济寿命是确定设备最优更新期的主要依据。

10.3.2 设备经济寿命的确定

设备经济寿命的计算主要有两种方法:经济寿命的静态计算方法和经济寿命的动态计算方法。

1)经济寿命的静态计算方法

设 P 为设备购置费,C_j 为第 j 年的经营成本,n 为使用年限,L_n 为第 n 年末的残值,则 n

年内设备的总使用成本为:

$$TC_n = P - L_n + \sum_{j=1}^{n} C_j \tag{10.3}$$

n 年内设备的年平均使用成本为:

$$AC_n = \frac{TC_n}{n} = \frac{P - L_n}{n} + \frac{1}{n}\sum_{j=1}^{n} C_j \tag{10.4}$$

在所有的设备使用期限中,能使设备年等额总成本 AC_n 最低的那个使用期限就是设备的经济寿命。如果设备的经济寿命为 m 年,则 m 应满足如下不等式条件:

$$AC_m \leqslant AC_{m-1}, AC_m \leqslant AC_{m+1} \tag{10.5}$$

【例 10.1】某型号轿车购置费为 3 万元,在使用中有如表 10.1 所示的统计资料,如果不考虑资金的时间价值,试计算其经济寿命。

表 10.1 运行费用与年末残值数据

使用年度 t	1	2	3	4	5	6	7
t 年度运营成本/元	5 000	6 000	7 000	9 000	11 500	14 000	17 000
n 年末残值/元	15 000	7 500	3 750	1 875	1 000	1 000	1 000

【解】该型轿车在不同使用期限的年等额总成本见表 10.2。

表 10.2 不同使用期限年等额总成本　　　　　　　　　　　　　　　单位:元

使用期限 n	资产恢复成本 $P - L_n$	年等额资产恢复成本 $\dfrac{P - L_n}{n}$	年度运营成本 C_j	使用期限内运营成本累计 $\sum_{j=1}^{n} C_j$	年等额运营成本 $\dfrac{1}{n}\sum_{j=1}^{n} C_j$	年等额总成本 ⑦ = ③ + ⑥
①	②	③	④	⑤	⑥	⑦
1	15 000	15 000	5 000	5 000	5 000	20 000
2	22 500	11 250	6 000	11 000	5 500	16 750
3	26 250	8 750	7 000	18 000	6 000	14 750
4	28 125	7 031	9 000	27 000	6 750	13 781
5 *	29 000	5 800	11 500	38 500	7 700	13 500 *
6	29 000	4 833	14 000	52 500	8 750	13 583
7	29 000	4 143	17 000	69 500	9 929	14 072

" * "表示轿车经济寿命对应的年等额总成本。

由计算结果来看,该型号轿车使用 5 年时,其平均年度成本最低($AC_5 = 13\ 500$ 元),使用期限大于或小于 5 年时,其平均年度成本均大于 13 500 元,故该汽车的经济寿命为 5 年。

2)经济寿命的动态计算方法

当利率不为零时,计算经济寿命需考虑资金的时间价值。按照劣化增量均等的现金流量图设备在 n 年内的等额年总成本 AC_n 可按式(10.6)计算。

$$AC_n = P(A/P,i,n) - L_n(A/F,i,n) + C_1 + \lambda(A/G,i,n)$$

$$= [(P - L_n)(A/P,i,n) + L_n \times i] + [C_1 + \lambda(A/G,i,n)] \quad (10.6)$$

式中 $(P - L_n)(A/P,i,n) + L_n \times i$——等额年资产恢复成本；

$C_1 + \lambda(A/G,i,n)$——等额年运营成本。

等额年总成本 AC_n 更改为一般的计算式如下：

$$AC_n = TC_n(A/P,i,n)$$

$$= \left[P - L_n(P/F,i,n) + \sum_{j=1}^{n} C_j(P/F,i,j)\right](A/P,i,n) \quad (10.7)$$

式中 TC_n——设备在 n 年内的总成本现值。

【例10.2】某设备购置费为24 000元，第1年的设备运营费为8 000元，以后每年增加5 600元，设备逐年减少的残值如表10.3所示。设利率为12%，求该设备的经济寿命。

【解】根据式(10.5)，设备在使用年限内的等额年总成本计算如下：

$n = 1 \ AC_1 = (24\ 000 - 12\ 000)(A/P,12\%,1) + 12\ 000 \times i + 8\ 000 + 5\ 600(A/G,12\%,1)$
$\quad\quad = 12\ 000 \times 1.120\ 0 + 12\ 000 \times 0.12 + 8\ 000 + 5\ 600 \times 0 = 22\ 880(元)$

$n = 2 : AC_2 = (24\ 000 - 8\ 000)(A/P,12\%,2) + 8\ 000 \times i + 8\ 000 + 5\ 600(A/G,12\%,2)$
$\quad\quad = 16\ 000 \times 0.591\ 7 + 8\ 000 \times 0.12 + 8\ 000 + 5\ 600 \times 0.471\ 7 = 21\ 068(元)$

$n = 3 : AC_3 = (24\ 000 - 4\ 000)(A/P,12\%,3) + 4\ 000 \times i + 8\ 000 + 5\ 600(A/G,12\%,3)$
$\quad\quad = 20\ 000 \times 0.416\ 3 + 4\ 000 \times 0.12 + 8\ 000 + 5\ 600 \times 0.924\ 6 = 21\ 985(元)$

$n = 4 : AC_4 = (24\ 000 - 0)(A/P,12\%,4) + 0 \times i + 8\ 000 + 5\ 600(A/G,12\%,4)$
$\quad\quad = 24\ 000 \times 0.329\ 2 + 0 \times 0.12 + 8\ 000 + 5\ 600 \times 1.359\ 8 = 23\ 511(元)$

表10.3 设备经济寿命动态计算表 单位:元

第 j 年末	设备使用到第 n 年末的残值	年度运营成本	等额年资产恢复成本	等额年运营成本	等额年总成本
1	12 000	8 000	14 880	8 000	22 880
2	8 000	13 600	10 427	10 641	21 068
3	4 000	19 200	8 806	13 179	21 985
4	24 800	24 800	7 901	15 610	23 511

10.3.3 设备更新的决策方法

1)原型更新的决策方法

原型更新确定合理的更新期的方法有很多，常见的方法有两种：低劣化数值法和最小年费用法。

(1)低劣化数值法

低劣化数值法的目标是保证设备一次性投资和各年经营费用总和为最小。假定设备经过使用之后残值为0，并以 K_0 代表设备的原始价值，T 代表已使用的年数，则每年的设备费为

K_0/T。随着 T 的增长,按年平均的设备费将不断减少。若这种低劣化每年以 λ 的数值增加,则第 T 年的低劣化数值为 λT,每年的平均低劣化数值为:

$$\frac{\lambda + 2\lambda + \cdots + T\lambda}{T} = \left(\frac{T+1}{2}\right)\lambda \tag{10.8}$$

故逐年平均总费用 Y 为:

$$Y = \left(\frac{T+1}{2}\right)\lambda + \frac{K_0}{T} \tag{10.9}$$

要使设备费用最小,可令 $\dfrac{\mathrm{d}Y}{\mathrm{d}T} = 0$,则有

$$T = \sqrt{\frac{2K_0}{\lambda}} \tag{10.10}$$

【例10.3】某设备的原始价格为 6 000 元,每年低劣化增加值为 260 元,问:设备的最优更换期为几年?

【解】根据式(10.7)可知,设备的最佳更换期为:

$$T = \sqrt{\frac{2K_0}{\lambda}} = \sqrt{\frac{2 \times 6\,000}{260}} \approx 7(年)$$

(2)最小年费用法

若设备的低劣化值每年不是以等值增加,而是变化的,则应采用最小年费用法来进行设备合理更新期的计算分析。为了找出设备的最优试用期,需计算在整个使用期内各年消耗的平均费用,从中选出平均费用最小的一年,就是设备的最优使用年限。其计算方式与设备经济寿命的计算方式相同。

2)技术更新的决策方法

在对设备更新进行技术更新的分析时,往往还需要考虑税收对设备更新的影响,此时,更新收益率的计算公式为:

$$i_g = \frac{\Delta R - I}{\Delta K} \tag{10.11}$$

$$I = (R_{nc} + R_0 - A)b \tag{10.12}$$

式中　i_g——更新收益率;

ΔR——新增收益;

I——为第二年年初的税金及应付利息;

ΔK——新增投资;

R_{nc}——更先进的新设备相对于旧设备在第一年末收益的增加额和费用的少额合计;

R_0——旧设备再使用一年的设备总消耗;

A——新设备的年折旧额及应付利息;

b——企业新增加收入部分的税率。

由于这种方法给出的是投资收益率,因此可以用来确定各种设备更新的优先顺序。

本章小结

（1）设备的磨损。设备是企业生产的重要物质条件，企业为了进行生产，必须花费一定的投资，用以购置各种设备。设备购置后，无论是使用还是闲置，都会发生磨损。设备磨损分为有形磨损和无形磨损。有形和无形两种磨损都引起设备原始价值的贬值，这一点两者是相同的。不同的是，遭受有形磨损的设备，特别是有形磨损严重的设备，在修理之前，常常不能工作；而遭受无形磨损的设备，并不表现为设备实体的变化和损坏，即使无形磨损很严重，其固定资产物质形态却可能没有磨损，仍然可以使用，只不过继续使用它在经济上是否合算，需要分析研究。

（2）设备更新。设备更新，是指对在技术上或经济上不宜继续使用的设备，用新的设备更换或用先进的技术对原有设备进行局部或整体的改造；抑或是说以结构先进、技术完善、生产效率高、耗能少的新设备，来代替物质上无法继续使用，或经济上不宜继续使用的陈旧设备。

随着当今建筑业的发展，工程项目投资必然会形成大量固定资产，固定资产在生产和使用的过程中会产生磨损、效率减低和过时的现象。由此可见，设备更新对于提高生产效率、改进产品质量、促进技术进步等都起着重要的作用。设备更新有广义和狭义之分，前者指设备修理、设备更换、设备更新和设备现代化改装；后者仅指以结构更先进、技术更完善、生产效率更高的新设备去替换不能继续使用以及经济上不宜继续使用的旧设备。设备磨损分为有形磨损和无形磨损，其综合磨损决定着设备的经济寿命。设备的补偿分为技术补偿和经济补偿两种方式。设备通过修理、现代化改装和设备更新等实现其技术补偿，并通过低劣化数值法和最小年费用法来确定设备的经济寿命期。

（3）技术改造。技术改造与设备更新的分析与评价是技术经济分析方法的主要应用。技术改造的内容主要包括企业的设备和工具的更新改造、生产工艺的改革、新产品开发与老产品更新换代、原材料及各种消耗资料的综合利用及改进、生产组织与作业方案的调整及改善、企业管理手段与方法及劳动条件的改进与完善，以及相应的厂房建筑物等生产条件的扩大与改善等方面。技术改造的经济评价方法主要有总量法和增量法。

复习思考题

1. 联系实际，举例说明什么是设备的有形磨损、无形磨损？各有何特点？设备磨损的补偿形式有哪些？

2. 什么是设备的经济寿命？如何确定？

3. 什么是设备的更新？有哪几种方式？

4. 设备更新的决策方法有哪些？

5. 某厂压缩机的购置价为6 000元，第1年的运营成本为1 000元，以后每年以300元定额递增，压缩机使用1年后的余值为3 600元，以后每年以400元的定额递减，压缩机最大使用年限为8年。若基准收益率为15%，试用动态方法计算压缩机的寿命。

6. 某设备的原始价格为50 000元，每年低劣化增加值为680元。问设备的最优更新期为几年？

附　录
复利系数表

1% 的复利系数表

年份	一次支付		等额系列			
	终值系数	现值系数	年金终值系数	年金现值系数	资本回收系数	偿债基金系数
n	$F/P,i,n$	$P/F,i,n$	$F/A,i,n$	$P/A,i,n$	$A/P,i,n$	$A/F,i,n$
1	1.010	0.990 1	1.000	0.991 0	1.010 0	1.000 0
2	1.020	0.980 3	2.010	1.970 4	0.507 5	0.497 5
3	1.030	0.970 6	3.030	2.940 1	0.430 0	0.330 0
4	1.041	0.961 0	4.060	3.902 0	0.256 3	0.246 3
5	1.051	0.951 5	5.101	4.853 4	0.206 0	0.196 0
6	1.062	0.942 1	6.152	5.795 5	0.172 6	0.162 6
7	1.702	0.932 7	7.214	6.728 2	0.148 6	0.138 6
8	1.083	0.923 5	8.286	7.651 7	0.130 7	0.120 7
9	1.094	0.914 3	9.369	8.566 0	0.116 8	0.106 8
10	1.105	0.905 3	10.426	9.471 3	0.105 6	0.095 6
11	1.116	0.896 3	11.567	10.367 6	0.096 5	0.086 5
12	1.127	0.887 5	12.683	11.255 1	0.088 9	0.078 9
13	1.138	0.878 7	13.809	12.133 8	0.082 4	0.072 4
14	1.149	0.870 0	14.974	13.003 7	0.076 9	0.066 9
15	1.161	0.861 4	16.097	13.865 1	0.072 1	0.062 1
16	1.173	0.852 8	17.258	14.719 1	0.068 0	0.058 0
17	1.184	0.844 4	18.430	15.562 3	0.063 4	0.054 3
18	1.196	0.836 0	19.615	16.398 3	0.061 0	0.051 0
19	1.208	0.827 7	20.811	17.226 0	0.058 1	0.048 1
20	1.220	0.819 6	22.019	18.045 6	0.055 4	0.045 4
21	1.232	0.811 4	23.239	18.857 0	0.053 0	0.043 0
22	1.245	0.803 4	24.472	19.660 4	0.050 9	0.040 9
23	1.257	0.795 5	25.716	20.455 8	0.048 9	0.038 9
24	1.270	0.787 6	26.973	21.243 4	0.047 1	0.037 1

续表

年份	一次支付		等额系列			
	终值系数	现值系数	年金终值系数	年金现值系数	资本回收系数	偿债基金系数
n	$F/P,i,n$	$P/F,i,n$	$F/A,i,n$	$P/A,i,n$	$A/P,i,n$	$A/F,i,n$
25	1.282	0.779 8	28.243	22.023 2	0.045 4	0.035 4
26	1.295	0.772 1	29.526	22.795 2	0.043 9	0.033 9
27	1.308	0.764 4	30.821	23.559 6	0.042 5	0.032 5
28	1.321	0.756 8	32.129	24.316 5	0.041 1	0.031 1
29	1.335	0.749 4	33.450	25.065 8	0.039 9	0.029 9
30	1.348	0.741 9	34.785	25.807 7	0.038 8	0.028 8
31	1.361	0.734 6	36.133	26.542 3	0.037 7	0.027 7
32	1.375	0.727 3	37.494	27.269 6	0.036 7	0.026 7
33	1.389	0.720 1	38.869	27.989 7	0.035 7	0.025 7
34	1.403	0.713 0	40.258	28.702 7	0.034 8	0.024 8
35	1.417	0.705 0	41.660	29.408 6	0.034 0	0.024 0

3%的复利系数表

年份	一次支付		等额系列			
	终值系数	现值系数	年金终值系数	年金现值系数	资本回收系数	偿债基金系数
n	$F/P,i,n$	$P/F,i,n$	$F/A,i,n$	$P/A,i,n$	$A/P,i,n$	$A/F,i,n$
1	1.030	0.970 9	1.000	0.970 9	1.030 0	1.000 0
2	1.061	0.942 6	2.030	1.913 5	0.522 6	0.492 6
3	1.093	0.915 2	3.091	2.828 6	0.353 5	0.323 5
4	1.126	0.888 5	4.184	3.717 1	0.269 0	0.239 0
5	1.159	0.862 6	5.309	4.579 7	0.218 4	0.188 4
6	1.194	0.837 5	6.468	5.417 2	0.184 6	0.154 6
7	1.230	0.813 1	7.662	6.230 3	0.160 5	0.130 5
8	1.267	0.789 4	8.892	7.019 7	0.142 5	0.112 5
9	1.305	0.766 4	10.159	7.786 1	0.128 4	0.098 4
10	1.344	0.744 1	11.464	8.530 2	0.117 2	0.087 2
11	1.384	0.722 4	12.808	9.252 6	0.108 1	0.078 1
12	1.426	0.701 4	14.192	9.954 0	0.100 5	0.070 5
13	1.469	0.681 0	15.618	10.645 0	0.094 0	0.064 0
14	1.513	0.661 1	17.086	11.296 1	0.088 5	0.058 5
15	1.558	0.641 9	18.599	11.937 9	0.083 8	0.053 8
16	1.605	0.623 2	20.157	12.561 1	0.079 6	0.049 6
17	1.653	0.605 0	21.762	13.166 1	0.076 0	0.046 0
18	1.702	0.587 4	23.414	13.753 5	0.072 7	0.042 7
19	1.754	0.570 3	25.117	14.323 8	0.069 8	0.039 8
20	1.806	0.553 7	26.870	14.877 5	0.067 2	0.037 2
21	1.860	0.537 6	28.676	15.415 0	0.064 9	0.034 9
22	1.916	0.521 9	30.537	15.936 9	0.062 8	0.032 8
23	1.974	0.506 7	32.453	16.443 6	0.060 8	0.030 8
24	2.033	0.491 9	34.426	16.935 6	0.059 1	0.029 1
25	2.094	0.477 6	36.495	17.413 2	0.057 4	0.027 4
26	2.157	0.463 7	38.553	17.876 9	0.055 9	0.025 9
27	2.221	0.450 2	40.710	18.327 0	0.054 6	0.024 6

续表

年份	一次支付		等额系列			
	终值系数	现值系数	年金终值系数	年金现值系数	资本回收系数	偿债基金系数
n	$F/P,i,n$	$P/F,i,n$	$F/A,i,n$	$P/A,i,n$	$A/P,i,n$	$A/F,i,n$
28	2.288	0.437 1	42.931	18.764 1	0.053 3	0.023 3
29	2.357	0.424 4	45.219	19.188 5	0.052 1	0.022 1
30	2.427	0.412 0	47.575	19.600 5	0.051 0	0.021 0
31	2.500	0.400 0	50.003	20.000 4	0.050 0	0.020 0
32	2.575	0.388 3	52.503	20.388 8	0.049 1	0.019 1
33	2.652	0.377 0	55.078	20.765 8	0.048 2	0.018 2
34	2.732	0.366 1	57.730	21.131 8	0.047 3	0.017 3
35	2.814	0.355 4	60.462	21.487 2	0.046 5	0.016 5

4% 的复利系数表

年份	一次支付		等额系列			
	终值系数	现值系数	年金终值系数	年金现值系数	资本回收系数	偿债基金系数
n	$F/P,i,n$	$P/F,i,n$	$F/A,i,n$	$P/A,i,n$	$A/P,i,n$	$A/F,i,n$
1	1.040	0.961 5	1.000	0.961 5	1.040 0	1.000
2	1.082	0.924 6	2.040	1.886 1	0.530 2	0.490 2
3	1.125	0.889 0	3.122	2.775 1	0.360 4	0.320 4
4	1.170	0.854 8	4.246	3.619 9	0.275 5	0.235 5
5	1.217	0.821 9	5.416	4.451 8	0.224 6	0.184 6
6	1.265	0.790 3	6.633	5.242 1	0.190 8	0.150 8
7	1.316	0.759 9	7.898	6.002 1	0.166 6	0.126 6
8	1.396	0.730 7	9.214	6.738 2	0.148 5	0.108 5
9	1.423	0.702 6	10.583	7.435 1	0.134 5	0.094 5
10	1.480	0.675 6	12.006	8.110 9	0.123 3	0.083 3
11	1.539	0.649 6	13.486	8.760 5	0.114 2	0.074 2
12	1.601	0.624 6	15.036	9.385 1	0.106 6	0.066 6
13	1.665	0.600 6	16.627	9.985 7	0.100 2	0.060 2
14	1.732	0.577 5	18.292	10.563 1	0.094 7	0.054 7
15	1.801	0.555 3	20.024	11.118 4	0.090 0	0.050 0
16	1.873	0.533 9	21.825	11.652 3	0.085 8	0.045 8
17	1.948	0.513 4	23.698	12.165 7	0.082 2	0.042 2
18	2.026	0.493 6	25.645	12.659 3	0.079 0	0.039 0
19	2.107	0.474 7	27.671	13.133 9	0.076 1	0.036 1
20	2.191	0.456 4	29.778	13.509 3	0.073 6	0.033 6
21	2.279	0.438 8	31.969	14.029 2	0.071 3	0.031 3
22	2.370	0.422 0	34.248	14.451 1	0.069 2	0.029 2
23	2.465	0.405 7	36.618	14.856 9	0.067 3	0.027 3
24	2.563	0.390 1	39.083	15.247 0	0.065 6	0.025 6
25	2.666	0.375 1	41.646	15.622 1	0.064 0	0.024 0
26	2.772	0.306 7	44.312	15.982 8	0.062 6	0.022 6
27	2.883	0.346 8	47.084	16.329 6	0.061 2	0.021 2
28	2.999	0.333 5	49.968	16.663 1	0.060 0	0.020 0
29	3.119	0.320 7	52.966	16.987 3	0.058 9	0.018 9
30	3.243	0.308 3	56.085	17.292 0	0.057 8	0.017 8
31	3.373	0.296 5	59.328	17.588 5	0.056 9	0.016 9
32	3.508	0.285 1	62.701	17.873 6	0.056 0	0.016 0
33	3.648	0.274 1	66.210	18.147 7	0.055 1	0.015 1
34	3.794	0.263 6	69.858	18.411 2	0.054 3	0.014 3
35	3.946	0.253 4	73.652	18.664 6	0.036	0.013 6

<h3 style="text-align:center">5%的复利系数表</h3>

年份	一次支付		等额系列			
	终值系数	现值系数	年金终值系数	年金现值系数	资本回收系数	偿债基金系数
n	$F/P,i,n$	$P/F,i,n$	$F/A,i,n$	$P/A,i,n$	$A/P,i,n$	$A/F,i,n$
1	1.050	0.9524	1.000	0.9524	1.0500	1.000
2	1.103	0.9070	2.050	1.8594	0.5378	0.4878
3	1.158	0.8638	3.153	2.7233	0.3672	0.3172
4	1.216	0.8227	4.310	3.5460	0.2820	0.2320
5	1.276	0.7835	5.526	4.3295	0.2310	0.1810
6	1.340	0.7462	6.802	5.0757	0.1970	0.1470
7	1.407	0.7107	8.142	5.7864	0.1728	0.1228
8	1.477	0.6768	9.549	6.4632	0.1547	0.1047
9	1.551	0.6446	11.027	7.1078	0.1407	0.0907
10	1.629	0.6139	12.587	7.7217	0.1295	0.0795
11	1.710	0.5847	14.207	8.3064	0.1204	0.0704
12	1.796	0.5568	15.917	8.8633	0.1128	0.0628
13	1.886	0.5303	17.713	9.3936	0.1065	0.0565
14	1.980	0.5051	19.599	9.8987	0.1010	0.0510
15	2.079	0.4810	21.597	10.3797	0.0964	0.0464
16	2.183	0.4581	23.658	10.8373	0.0932	0.0432
17	2.292	0.4363	25.840	11.2741	0.0887	0.0387
18	2.407	0.4155	28.132	11.6896	0.0856	0.0356
19	2.527	0.3957	30.539	12.0853	0.0828	0.0328
20	2.653	0.3769	33.066	12.4622	0.0803	0.0303
21	2.786	0.3590	35.719	12.8212	0.0780	0.0280
22	2.925	0.3419	38.505	13.1630	0.0760	0.0260
23	3.072	0.3256	41.430	13.4886	0.0741	0.0241
24	3.225	0.3101	44.502	13.7987	0.0725	0.0225
25	3.386	0.2953	47.727	14.0940	0.0710	0.0210
26	3.556	0.2813	51.113	14.3753	0.0696	0.0196
27	3.733	0.2679	54.669	14.6340	0.0683	0.0183
28	3.920	0.2551	58.403	14.8981	0.0671	0.0171
29	4.116	0.2430	62.323	15.1411	0.0661	0.0161
30	4.322	0.2314	66.439	15.3725	0.0651	0.0151
31	4.538	0.2204	70.761	15.5928	0.0641	0.0141
32	4.765	0.2099	75.299	15.8027	0.0633	0.0133
33	5.003	0.1999	80.064	16.0026	0.0625	0.0125
34	5.253	0.1904	85.067	16.1929	0.0618	0.0118
35	5.516	0.1813	90.320	16.3742	0.0611	0.0111

6%的复利系数表

年份	一次支付		等额系列			
	终值系数	现值系数	年金终值系数	年金现值系数	资本回收系数	偿债基金系数
n	$F/P,i,n$	$P/F,i,n$	$F/A,i,n$	$P/A,i,n$	$A/P,i,n$	$A/F,i,n$
1	1.060	0.943 4	1.000	0.943 4	1.060 0	1.000
2	1.124	0.890 0	2.060	1.833 4	0.545 4	0.485 4
3	1.191	0.839 6	3.184	2.670 4	0.374 1	0.314 1
4	1.262	0.729 1	4.375	3.456 1	0.288 6	0.228 6
5	1.338	0.747 3	5.637	4.212 4	0.237 4	0.177 4
6	1.419	0.705 0	6.975	4.917 3	0.203 4	0.143 4
7	1.504	0.665 1	8.394	5.582 4	0.179 1	0.119 1
8	1.594	0.627 4	9.897	6.209 8	0.161 0	0.101 0
9	1.689	0.591 9	11.491	6.807 1	0.147 0	0.087 0
10	1.791	0.558 4	13.181	7.360 1	0.135 9	0.075 9
11	1.898	0.526 8	14.972	7.886 9	0.126 8	0.066 8
12	2.012	0.497 0	16.870	8.383 9	0.119 3	0.059 3
13	2.133	0.468 8	18.882	8.852 7	0.113 0	0.053 0
14	2.261	0.442 3	21.015	9.295 6	0.107 6	0.047 6
15	2.397	0.417 3	23.276	9.712 3	0.103 0	0.043 0
16	2.540	0.393 7	25.673	10.105 9	0.099 0	0.039 0
17	2.693	0.371 4	28.213	10.477 3	0.095 5	0.035 5
18	2.854	0.350 4	30.906	10.827 6	0.092 4	0.032 4
19	3.026	0.330 5	33.760	11.158 1	0.089 6	0.029 6
20	3.207	0.311 8	36.786	11.469 9	0.087 2	0.027 2
21	3.400	0.294 2	39.993	11.764 1	0.085 0	0.025 0
22	3.604	0.277 5	43.329	12.046 1	0.083 1	0.023 1
23	3.820	0.261 8	46.996	12.303 4	0.081 3	0.021 3
24	4.049	0.247 0	50.816	12.550 4	0.079 7	0.019 7
25	4.292	0.233 0	54.865	12.783 4	0.078 2	0.018 2
26	4.549	0.219 8	59.156	13.003 2	0.076 9	0.016 9
27	4.822	0.207 4	63.706	13.210 5	0.075 7	0.015 7
28	5.112	0.195 6	68.528	13.406 2	0.074 6	0.014 6
29	5.418	0.184 6	73.640	13.590 7	0.073 6	0.013 6
30	5.744	0.174 1	79.058	13.764 8	0.072 7	0.012 7
31	6.088	0.164 3	84.802	13.929 1	0.071 8	0.011 8
32	6.453	0.155 0	90.890	14.084 1	0.071 0	0.011 0
33	6.841	0.146 2	97.343	14.230 2	0.070 3	0.010 3
34	7.251	0.137 9	104.184	14.368 2	0.069 6	0.009 6
35	7.686	0.130 1	111.435	14.498 3	0.069 0	0.009 0

7%的复利系数表

年份	一次支付		等额系列			
	终值系数	现值系数	年金终值系数	年金现值系数	资本回收系数	偿债基金系数
n	$F/P, i, n$	$P/F, i, n$	$F/A, i, n$	$P/A, i, n$	$A/P, i, n$	$A/F, i, n$
1	1.070	0.934 6	1.000	0.934 6	1.070 0	1.000
2	1.145	0.873 4	2.070	1.808 0	0.553 1	0.483 1
3	1.225	0.816 3	3.215	2.623 4	0.381 1	0.311 1
4	1.311	0.762 9	4.440	3.387 2	0.295 2	0.225 2
5	1.403	0.713 0	5.751	4.100 2	0.243 9	0.173 9
6	1.501	0.666 4	7.153	4.766 5	0.209 8	0.139 8
7	1.606	0.622 8	8.645	5.389 3	0.185 6	0.115 6
8	1.718	0.528 0	10.260	5.971 3	0.167 5	0.097 5
9	1.838	0.543 9	11.978	6.515 2	0.153 5	0.083 5
10	1.967	0.508 4	13.816	7.023 6	0.142 4	0.072 4
11	2.105	0.475 1	15.784	7.498 7	0.133 4	0.063 4
12	2.252	0.444 0	17.888	7.942 7	0.125 9	0.055 9
13	2.410	0.415 0	20.141	8.357 7	0.119 7	0.049 7
14	2.597	0.387 8	22.550	8.745 5	0.114 4	0.044 4
15	2.759	0.362 5	25.129	9.107 9	0.109 8	0.039 8
16	2.952	0.338 7	27.888	9.446 7	0.105 9	0.035 9
17	3.159	0.316 6	30.840	9.763 2	0.102 4	0.032 4
18	3.380	0.295 9	33.999	10.059 1	0.099 4	0.029 4
19	3.617	0.276 5	37.379	10.335 6	0.096 8	0.026 8
20	3.870	0.258 4	40.996	10.594 0	0.094 4	0.024 4
21	4.141	0.241 5	44.865	10.835 5	0.092 3	0.022 3
22	4.430	0.225 7	49.006	11.061 3	0.090 4	0.020 4
23	4.741	0.211 0	53.436	11.272 2	0.088 7	0.018 7
24	5.072	0.197 2	58.177	11.469 3	0.087 2	0.017 2
25	5.427	0.184 3	63.249	11.653 6	0.085 8	0.015 8
26	5.807	0.172 2	68.676	11.825 8	0.084 6	0.014 6
27	6.214	0.160 9	74.484	11.986 7	0.083 4	0.013 4
28	6.649	0.150 4	80.698	12.137 1	0.082 4	0.012 4
29	7.114	0.140 6	87.347	12.277 7	0.081 5	0.011 5
30	7.612	0.131 4	94.461	12.409 1	0.080 6	0.010 6
31	8.145	0.122 8	102.073	12.531 8	0.079 8	0.009 8
32	8.715	0.114 8	110.218	12.646 6	0.079 1	0.009 1
33	9.325	0.107 2	118.933	12.753 8	0.078 4	0.008 4
34	9.978	0.100 2	128.259	12.854 0	0.077 8	0.007 8
35	10.677	0.093 7	138.237	12.947 7	0.077 2	0.007 2

8%的复利系数表

年份	一次支付		等额系列			
	终值系数	现值系数	年金终值系数	年金现值系数	资本回收系数	偿债基金系数
n	$F/P,i,n$	$P/F,i,n$	$F/A,i,n$	$P/A,i,n$	$A/P,i,n$	$A/F,i,n$
1	1.080	0.925 9	1.000	0.925 9	1.080 0	1.000 0
2	1.166	0.857 3	2.080	1.783 3	0.560 8	0.408 0
3	1.260	0.793 8	3.246	2.577 1	0.388 0	0.308 0
4	1.360	0.735 0	4.506	3.312 1	0.301 9	0.221 9
5	1.496	0.680 6	5.867	3.992 7	0.250 5	0.170 5
6	1.587	0.630 2	7.336	4.622 9	0.216 3	0.136 3
7	1.714	0.583 5	8.923	5.206 4	0.192 1	0.112 1
8	1.851	0.540 3	10.637	5.746 6	0.174 0	0.094 0
9	1.999	0.500 3	12.488	6.246 9	0.160 1	0.080 1
10	2.159	0.463 2	14.487	6.710 1	0.149 0	0.069 0
11	2.332	0.428 9	16.645	7.139 0	0.140 1	0.060 1
12	2.518	0.397 1	18.977	7.536 1	0.132 7	0.052 7
13	2.720	0.367 7	21.459	7.803 8	0.126 5	0.046 5
14	2.937	0.340 5	24.215	8.244 2	0.121 3	0.041 3
15	3.172	0.315 3	27.152	8.559 5	0.116 8	0.036 8
16	3.426	0.291 9	30.324	8.851 4	0.113 0	0.033 0
17	3.700	0.270 3	33.750	9.121 6	0.109 6	0.029 6
18	3.996	0.250 3	37.450	9.371 9	0.106 7	0.026 7
19	4.316	0.231 7	41.446	9.603 6	0.104 1	0.021 4
20	4.661	0.214 6	45.762	9.818 2	0.101 9	0.021 9
21	5.034	0.198 7	50.423	10.016 8	0.099 8	0.019 8
22	5.437	0.184 0	55.457	10.200 8	0.098 0	0.018 0
23	5.871	0.170 3	60.893	10.371 1	0.096 4	0.016 4
24	6.341	0.157 7	66.765	10.528 8	0.095 0	0.015 0
25	6.848	0.146 0	73.106	10.674 8	0.937	0.013 7
26	7.396	0.135 2	79.954	10.810 0	0.092 5	0.012 5
27	7.988	0.125 2	87.351	10.935 2	0.091 5	0.011 5
28	8.627	0.115 9	95.339	11.051 1	0.090 5	0.010 5
29	9.317	0.107 3	103.966	11.158 4	0.089 6	0.009 6
30	10.063	0.099 4	113.283	11.257 8	0.088 8	0.008 8
31	10.868	0.092 0	123.346	11.349 8	0.088 1	0.008 1
32	11.737	0.085 2	134.214	11.435 0	0.087 5	0.007 5
33	12.676	0.078 9	145.951	11.513 9	0.086 9	0.006 9
34	13.690	0.073 1	158.627	11.586 9	0.086 3	0.006 3
35	14.78 5	0.067 6	172.317	11.654 6	0.085 8	0.005 8

9%的复利系数表

年份	一次支付		等额系列			
	终值系数	现值系数	年金终值系数	年金现值系数	资本回收系数	偿债基金系数
n	$F/P,i,n$	$P/F,i,n$	$F/A,i,n$	$P/A,i,n$	$A/P,i,n$	$A/F,i,n$
1	1.090	0.917 4	1.000	0.917 4	1.090 0	1.000 0
2	1.188	0.841 7	2.090	1.759 1	0.568 5	0.478 5
3	1.295	0.772 2	3.278	2.531 3	0.395 1	0.305 1
4	1.412	0.708 4	4.573	3.239 7	0.308 7	0.218 7
5	1.539	0.649 9	5.985	3.889 7	0.257 1	0.167 1
6	1.677	0.596 3	7.523	4.485 9	0.222 9	0.132 9
7	1.828	0.547 0	9.200	5.033 0	0.198 7	0.108 7
8	1.993	0.501 9	11.028	5.534 8	0.180 7	0.090 7
9	2.172	0.460 4	13.021	5.995 3	0.166 8	0.076 8
10	2.367	0.422 4	15.193	6.417 7	0.155 8	0.065 8
11	2.580	0.387 5	17.560	6.805 2	0.147 0	0.057 0
12	2.813	0.355 5	20.141	7.160 7	0.139 7	0.049 7
13	3.066	0.326 2	22.953	7.486 9	0.133 6	0.043 6
14	3.342	0.299 3	26.019	7.786 2	0.128 4	0.038 4
15	3.642	0.274 5	29.361	8.060 7	0.124 1	0.034 1
16	3.970	0.251 9	33.003	8.312 6	0.120 3	0.030 3
17	4.328	0.231 1	36.974	8.543 6	0.117 1	0.027 1
18	4.717	0.212 0	41.301	8.755 6	0.114 2	0.024 2
19	5.142	0.194 5	46.018	8.950 1	0.111 7	0.021 7
20	5.604	0.178 4	51.160	9.128 6	0.109 6	0.019 6
21	6.109	0.163 7	56.765	9.202 3	0.107 6	0.017 6
22	6.659	0.150 2	62.873	9.442 4	0.105 9	0.015 9
23	7.258	0.137 8	69.532	9.580 2	0.104 4	0.014 4
24	7.911	0.126 4	76.790	9.706 6	0.103 0	0.013 0
25	8.623	0.116 0	84.701	9.822 6	0.101 8	0.011 8
26	9.399	0.106 4	93.324	9.929 0	0.100 7	0.010 7
27	10.245	0.097 6	102.723	10.026 6	0.099 7	0.009 7
28	11.167	0.089 6	112.968	10.116 1	0.098 9	0.008 9
29	12.172	0.082 2	124.135	10.198 3	0.098 1	0.008 1
30	13.268	0.075 4	136.308	10.273 7	0.097 3	0.007 3
31	14.462	0.069 2	149.575	10.342 8	0.096 7	0.006 7
32	15.763	0.063 4	164.037	10.406 3	0.096 1	0.006 1
33	17.182	0.058 2	179.800	10.464 5	0.095 6	0.005 6
34	18.728	0.053 4	196.982	10.517 8	0.095 1	0.005 1
35	20.414	0.049 0	215.711	10.568	0.094 6	0.004 6

10%的复利系数表

年份	一次支付		等额系列			
	终值系数	现值系数	年金终值系数	年金现值系数	资本回收系数	偿债基金系数
n	$F/P,i,n$	$P/F,i,n$	$F/A,i,n$	$P/A,i,n$	$A/P,i,n$	$A/F,i,n$
1	1.100	0.909 1	1.000	0.909 1	1.100 0	1.000 0
2	1.210	0.826 5	2.100	1.735 5	0.576 2	0.476 2
3	1.331	0.751 3	3.310	2.486 9	0.402 1	0.302 1
4	1.464	0.688 0	4.641	3.169 9	0.315 5	0.215 5
5	1.611	0.629 9	6.105	3.790	0.263 8	0.163 8
6	1.772	0.564 5	7.716	4.355 3	0.229 6	0.129 6
7	1.949	0.513 2	9.487	4.868 4	0.205 4	0.105 4
8	2.144	0.466 5	11.436	5.334 9	0.187 5	0.087 5
9	2.358	0.424 1	13.579	5.759 0	0.173 7	0.073 7
10	2.594	0.385 6	15.937	6.144 6	0.162 8	0.062 8
11	2.853	0.350 5	18.531	6.4951	0.154 0	0.054 0
12	3.138	0.318 6	21.384	6.813 7	0.146 8	0.046 8
13	3.452	0.289 7	24.523	7.103 4	0.140 8	0.040 8
14	3.798	0.263 3	27.975	7.366 7	0.135 8	0.035 8
15	4.177	0.239 4	31.772	7.6061	0.131 5	0.031 5
16	4.595	0.217 6	35.950	7.823 7	0.127 8	0.027 8
17	5.054	0.197 9	40.545	8.021 6	0.124 7	0.024 7
18	5.560	0.179 9	45.599	8.201 4	0.121 9	0.021 9
19	6,116	0.163 5	51.159	8.364 9	0.119 6	0.019 6
20	6.728	0.148 7	57.275	8.513 6	0.117 5	0.017 5
21	7.400	0.135 1	64.003	8.648 7	0.115 6	0.015 6
22	8.140	0.122 9	71.403	8.771 6	0.114 0	0.014 0
23	8.954	0.111 7	79.543	8.883 2	0.112 6	0.012 6
24	9.850	0.101 5	88.497	8.984 8	0.111 3	0.011 3
25	10.835	0.092 3	98.347	9.077 1	0.110 2	0.010 2
26	11.918	0.083 9	109.182	9.161 0	0.109 2	0.009 2
27	13.110	0.076 3	121.100	9.237 2	0.108 3	0.008 3
28	14.421	0.069 4	134.210	9.306 6	0.107 5	0.007 5
29	15.863	0.063 0	148.631	9.369 6	0.106 7	0.006 7
30	17.449	0.057 3	164.494	9.426 9	0.106 1	0.006 1
31	19.194	0.052 1	181.943	9.479 0	0.105 5	0.005 5
32	21.114	0.047 4	201.138	9.526 4	0.105 0	0.005 0
33	23.225	0.043 1	222.252	9.569 4	0.104 5	0.004 5
34	25.548	0.039 2	245.477	9.608 6	0.104 1	0.004 1
35	28.102	0.035 6	271.024	9.644 2	0.103 7	0.003 7

12%的复利系数表

年份	一次支付		等额系列			
	终值系数	现值系数	年金终值系数	年金现值系数	资本回收系数	偿债基金系数
n	$F/P,i,n$	$P/F,i,n$	$F/A,i,n$	$P/A,i,n$	$A/P,i,n$	$A/F,i,n$
1	1.120	0.892 9	1.000	0.892 9	1.120 0	1.000 0
2	1.254	0.797 2	2.120	1.690 1	0.591 7	0.471 7
3	1.405	0.711 8	3.374	2.401 8	0.416 4	0.296 4
4	1.574	0.635 5	4.779	3.037 4	0.329 2	0.209 2
5	1.762	0.567 4	6.353	3.604 8	0.277 4	0.157 4
6	1.974	0.506 6	8.115	4.111 4	0.243 2	0.123 2
7	2.211	0.452 4	10.089	4.563 8	0.219 1	0.099 1
8	2.476	0.403 9	12.300	4.967 6	0.201 3	0.081 3
9	2.773	0.360 6	14.776	5.328 3	0.187 7	0.067 7
10	3.106	0.322 0	17.549	5.650 2	0.177 0	0.057 0
11	3.479	0.287 5	20.655	5.937 7	0.168 4	0.048 4
12	3.896	0.256 7	24.133	6.194 4	0.161 4	0.041 4
13	4.364	0.229 2	28.029	6.423 6	0.155 7	0.035 7
14	4.887	0.204 6	32.393	6.628 2	0.150 9	0.030 9
15	5.474	0.182 7	37.280	6.810 9	0.146 8	0.026 8
16	6.130	0.163 1	42.752	6.974 0	0.143 4	0.023 4
17	6.866	0.145 7	48.884	7.119 6	0.140 5	0.020 5
18	7.690	0.130 0	55.750	7.249 7	0.137 9	0.017 9
19	8.613	0.116 1	63.440	7.365 8	0.135 8	0.015 8
20	9.646	0.103 7	72.052	7.469 5	0.133 9	0.013 9
21	10.804	0.092 6	81.699	7.562 0	0.132 3	0.012 3
22	12.100	0.082 7	92.503	7.644 7	0.130 8	0.010 8
23	13.552	0.073 8	104.603	7.718 4	0.129 6	0.009 6
24	15.179	0.065 9	118.155	7.784 3	0.128 5	0.008 5
25	17.000	0.058 8	133.334	7.843 1	0.127 5	0.0075
26	19.040	0.052 5	150.334	7.895 7	0.126 7	0.006 7
27	21.325	0.046 9	169.374	7.942 6	0.125 9	0.005 9
28	23.884	0.041 9	190.699	7.984 4	0.125 3	0.005 3
29	26.750	0.037 4	214.583	8.021 8	0.124 7	0.004 7
30	29.960	0.033 4	421.333	8.055 2	0.124 2	0.004 2
31	33.555	0.029 8	271.293	8.085 0	0.123 7	0.003 7
32	37.582	0.026 6	304.848	8.111 6	0.123 3	0.003 3
33	42.092	0.023 8	342.429	8.135 4	0.122 9	0.002 9
34	47.143	0.021 2	384.521	8.156 6	0.122 6	0.002 6
35	52.800	0.018 9	431.664	8.175 5	0.122 3	0.002 3

15%的复利系数表

年份	一次支付		等额系列			
	终值系数	现值系数	年金终值系数	年金现值系数	资本回收系数	偿债基金系数
n	$F/P,i,n$	$P/F,i,n$	$F/A,i,n$	$P/A,i,n$	$A/P,i,n$	$A/F,i,n$
1	1.150	0.869 6	1.000	0.869 6	1.150 0	1.000 0
2	1.323	0.756 2	2.150	1.625 7	0.615 1	0.465 1
3	1.521	0.657 5	3.473	2.283 2	0.438 0	0.288 0
4	1.749	0.571 8	4.993	2.855 0	0.350 3	0.200 3
5	2.011	0.497 2	6.742	3.352 2	0.298 3	0.148 3
6	2.313	0.432 3	8.754	3.784 5	0.264 2	0.114 2
7	2.660	0.375 9	11.067	4.160 4	0.240 4	0.090 4
8	3.059	0.326 9	13.727	4.487 3	0.222 9	0.072 9
9	3.518	0.284 3	16.786	4.771 6	0.209 6	0.059 6
10	4.046	0.247 2	20.304	5.018 8	0.199 3	0.049 3
11	4.652	0.215 0	24.349	5.233 7	0.191 1	0.041 1
12	5.350	0.186 9	29.002	5.420 6	0.184 5	0.034 5
13	6.153	0.165 2	34.352	5.583 2	0.179 1	0.029 1
14	7.076	0.141 3	40.505	5.724 5	0.174 7	0.024 7
15	8.137	0.122 9	47.580	5.847 4	0.171 0	0.021 0
16	9.358	0.106 9	55.717	5.954 2	0.168 0	0.018 0
17	10.761	0.092 9	65.075	6.047 2	0.165 4	0.015 4
18	12.375	0.080 8	75.836	6.128 0	0.163 2	0.012 3
19	14.232	0.070 3	88.212	6.198 2	0.161 3	0.011 3
20	16.367	0.061 1	102.444	6.259 3	0.159 8	0.009 8
21	18.822	0.053 1	118.810	6.312 5	0.158 4	0.008 4
22	21.645	0.046 2	137.632	6.358 7	0.157 3	0.007 3
23	24.891	0.040 2	159.276	6.398 8	0.156 3	0.006 3
24	28.625	0.034 9	184.168	6.433 8	0.155 4	0.005 4
25	32.919	0.030 4	212.793	6.464 2	0.154 7	0.004 7
26	37.857	0.026 4	245.712	6.490 6	0.154 1	0.004 1
27	43.535	0.023 0	283.569	6.513 5	0.153 5	0.003 5
28	50.066	0.020 0	327.104	6.533 5	0.153 1	0.003 1
29	57.575	0.017 4	377.170	6.550 9	0.152 7	0.002 7
30	66.212	0.015 1	434.745	6.566 0	0.152 3	0.002 3
31	76.144	0.013 1	500.957	6.579 1	0.152 0	0.002 0
32	87.565	0.011 4	577.100	6.590 5	0.151 7	0.001 7
33	100.700	0.009 9	664.666	6.600 5	0.151 5	0.001 5
34	115.805	0.008 6	765.365	6.609 1	0.151 3	0.001 3
35	133.176	0.007 5	881.170	6.616 6	0.151 1	0.001 1

20%的复利系数表

年份	一次支付		等额系列			
	终值系数	现值系数	年金终值系数	年金现值系数	资本回收系数	偿债基金系数
n	$F/P,i,n$	$P/F,i,n$	$F/A,i,n$	$P/A,i,n$	$A/P,i,n$	$A/F,i,n$
1	1.200	0.833 3	1.000	0.833 3	1.2000	1.000 0
2	1.440	0.684 5	2.200	1.527 8	0.654 6	0.454 6
3	1.728	0.578 7	3.640	2.106 5	0.474 7	0.274 7
4	2.074	0.482 3	5.368	2.588 7	0.386 3	0.196 3
5	2.488	0.401 9	7.442	2.990 6	0.334 4	0.134 4
6	2.986	0.334 9	9.930	3.325 5	0.300 7	0.100 7
7	3.583	0.279 1	12.916	3.604 6	0.277 4	0.077 4
8	4.300	0.232 6	16.499	3.837 2	0.260 6	0.060 6
9	5.160	0.193 8	20.799	4.031 0	0.248 1	0.048 1
10	6.192	0.161 5	25.959	4.192 5	0.238 5	0.038 5
11	7.430	0.134 6	32.150	4.327 1	0.231 1	0.031 1
12	8.916	0.112 2	39.581	4.439 2	0.225 3	0.025 3
13	10.699	0.093 5	48.497	4.532 7	0.220 6	0.020 6
14	12.839	0.077 9	59.196	4.610 6	0.216 9	0.016 9
15	15.407	0.064 9	72.035	4.765 5	0.213 9	0.013 9
16	18.488	0.054 1	87.442	4.729 6	0.211 4	0.011 4
17	22.186	0.045 1	105.931	4.774 6	0.209 5	0.009 5
18	26.623	0.037 6	128.117	4.812 2	0.207 8	0.007 8
19	31.948	0.031 3	154.740	4.843 5	0.206 5	0.006 5
20	38.338	0.026 1	186.688	4.869 6	0.205 4	0.005 4
21	46.005	0.021 7	225.026	4.891 3	0.204 5	0.004 5
22	55.206	0.018 1	271.031	4.909 4	0.203 7	0.003 7
23	66.247	0.015 1	326.237	4.924 5	0.203 1	0.003 1
24	79.497	0.012 6	392.484	4.937 1	0.202 6	0.002 6
25	95.396	0.010 5	471.981	4.947 6	0.202 1	0.002 1
26	114.475	0.008 7	567.377	4.956 3	0.201 8	0.001 8
27	137.371	0.007 3	681.853	4.963 6	0.201 5	0.001 5
28	164.845	0.006 1	819.223	4.969 7	0.201 2	0.001 2
29	197.814	0.005 1	984.068	4.974 7	0.201 0	0.001 0
30	237.376	0.004 2	1 181.882	4.978 9	0.200 9	0.000 9
31	284.852	0.003 5	1 419.258	4.982 5	0.200 7	0.000 7
32	341.822	0.002 9	1 704.109	4.985 4	0.200 6	0.000 6
33	410.186	0.002 4	2 045.931	4.987 8	0.200 5	0.000 5
34	492.224	0.002 0	2 456.118	4.989 9	0.200 4	0.000 4
35	590.668	0.001 7	2 948.341	4.991 5	0.200 3	0.000 3

25%的复利系数表

年份	一次支付		等额系列			
	终值系数	现值系数	年金终值系数	年金现值系数	资本回收系数	偿债基金系数
n	$F/P,i,n$	$P/F,i,n$	$F/A,i,n$	$P/A,i,n$	$A/P,i,n$	$A/F,i,n$
1	1.250	0.800 0	1.000	0.800 0	1.250 0	1.000 0
2	1.156	0.640 0	2.250	1.440 0	0.694 5	0.444 5
3	1.953	0.512 0	3.813	1.952 0	0.512 3	0.262 3
4	2.441	0.409 6	5.766	2.361 6	0.423 5	0.173 5
5	3.052	0.327 7	8.207	2.689 3	0.371 9	0.121 9
6	3.815	0.262 2	11.259	2.951 4	0.338 8	0.088 8
7	4.678	0.209 7	15.073	3.161 1	0.316 4	0.066 4
8	5.960	0.167 8	19.842	3.328 9	0.300 4	0.050 4
9	7.451	0.134 2	25.802	3.463 1	0.288 8	0.038 8
10	9.313	0.107 4	33.253	3.570 5	0.280 1	0.030 1
11	11.642	0.085 9	42.566	3.656 4	0.273 5	0.023 5
12	14.552	0.068 7	54.208	3.725 1	0.268 5	0.018 5
13	18.190	0.055 0	68.760	3.780 1	0.264 6	0.014 6
14	22.737	0.044 0	86.949	3.824 1	0.261 5	0.011 5
15	28.422	0.035 2	109.687	3.859 3	0.259 1	0.009 1
16	35.527	0.028 2	138.109	3.887 4	0.257 3	0.007 3
17	44.409	0.022 5	173.636	3.909 9	0.255 8	0.005 8
18	55.511	0.018 0	218.045	3.928 0	0.254 6	0.004 6
19	69.389	0.014 4	273.556	3.942 4	0.253 7	0.003 7
20	86.736	0.011 5	342.945	3.953 9	0.252 9	0.002 9
21	108.420	0.009 2	429.681	3.963 1	0.252 3	0.002 3
22	135.525	0.007 4	538.101	3.970 5	0.251 9	0.001 9
23	169.407	0.005 9	673.626	3.976 4	0.251 5	0.001 5
24	211.758	0.004 7	843.033	3.981 1	0.251 1	0.001 2
25	264.698	0.003 8	1 054.791	3.984 9	0.251 0	0.001 0
26	330.872	0.003 0	1 319.489	3.987 9	0.250 8	0.000 8
27	413.590	0.002 4	1 650.361	3.990 3	0.250 6	0.000 6
28	516.988	0.001 9	2 063.952	3.992 3	0.250 5	0.000 5
29	646.235	0.001 6	2 580.939	3.993 8	0.250 4	0.000 4
30	807.794	0.001 2	3 227.174	3.995 1	0.250 3	0.000 3
31	1 009.742	0.001 0	4 034.968	3.996 0	0.250 3	0.000 3
32	1 262.177	0.000 8	5 044.710	3.996 8	0.250 2	0.000 2
33	1 577.722	0.000 6	6 306.887	3.997 5	0.250 2	0.000 2
34	1 972.152	0.000 5	7 88.609	3.998 0	0.250 1	0.000 1
35	2 465.190	0.000 4	9 856.761	3.998 4	0.250 1	0.000 1

30%的复利系数表

年份	一次支付		等额系列			
	终值系数	现值系数	年金终值系数	年金现值系数	资本回收系数	偿债基金系数
n	$F/P,i,n$	$P/F,i,n$	$F/A,i,n$	$P/A,i,n$	$A/P,i,n$	$A/F,i,n$
1	1.300	0.769 2	1.000	0.769 2	1.300 0	1.000 0
2	1.690	0.591 7	2.300	1.361 0	0.734 8	0.434 8
3	2.197	0.455 2	3.990	1.816 1	0.550 6	0.250 6
4	2.856	0.350 1	6.187	2.166 3	0.461 6	0.161 6
5	3.713	0.269 3	9.043	2.435 6	0.410 6	0.110 6
6	4.827	0.207 2	12.756	2.642 8	0.378 4	0.078 4
7	6.275	0.159 4	17.583	2.802 1	0.356 9	0.056 9
8	8.157	0.122 6	23.858	2.924 7	0.341 9	0.041 9
9	10.605	0.094 3	32.015	3.019 0	0.332 1	0.031 2
10	13.786	0.072 5	42.620	3.091 5	0.323 5	0.023 5
11	17.922	0.055 8	65.405	3.147 3	0.317 7	0.017 7
12	23.298	0.042 9	74.327	3.190 3	0.313 5	0.013 5
13	30.288	0.033 0	97.625	3.223 3	0.310 3	0.010 3
14	39.374	0.025 4	127.913	3.248 7	0.307 8	0.007 8
15	51.186	0.019 5	167.286	3.268 2	0.306 0	0.006 0
16	66.542	0.015 0	218.472	3.283 2	0.304 6	0.004 6
17	86.504	0.011 6	285.014	3.294 8	0.303 5	0.003 5
18	112.455	0.008 9	371.518	3.303 7	0.302 7	0.002 7
19	146.192	0.006 9	483.973	3.310 5	0.302 1	0.002 1
20	190.050	0.005 3	630.165	3.315 8	0.301 6	0.001 6
21	247.065	0.004 1	820.215	3.319 9	0.301 2	0.001 2
22	321.184	0.003 1	1 067.280	3.323 0	0.300 9	0.000 9
23	417.539	0.002 4	1 388.464	3.325 4	0.300 7	0.000 7
24	542.801	0.001 9	1 806.003	3.327 2	0.300 6	0.000 6
25	705.641	0.001 4	2 348.803	3.328 6	0.300 4	0.000 4
26	917.333	0.001 1	3 054.444	3.329 7	0.300 3	0.000 3
27	1 192.533	0.000 8	3 971.778	3.330 5	0.300 3	0.000 3
28	1 550.293	0.000 7	5 164.311	3.331 2	0.300 2	0.000 2
29	2 015.381	0.000 5	6 714.604	3.331 7	0.300 2	0.000 2
30	2 619.996	0.000 4	8 729.985	3.332 1	0.300 1	0.000 1
31	3 405.994	0.000 3	11 349.981	3.332 4	0.300 1	0.000 1
32	4 427.793	0.000 2	14 755.975	3.332 6	0.300 1	0.000 1
33	5 756.130	0.000 2	19 183.768	3.332 8	0.300 1	0.000 1
34	7 482.970	0.000 1	24 939.899	3.332 9	0.300 1	0.000 1
35	9 727.860	0.000 1	32 422.868	3.333 0	0.300 0	0.000 0

<h3 style="text-align:center">35%的复利系数表</h3>

年份	一次支付		等额系列			
	终值系数	现值系数	年金终值系数	年金现值系数	资本回收系数	偿债基金系数
n	$F/P,i,n$	$P/F,i,n$	$F/A,i,n$	$P/A,i,n$	$A/P,i,n$	$A/F,i,n$
1	1.350 0	0.740 7	1.000 0	0.740 4	1.350 0	1.000 0
2	1.822 5	0.548 7	2.350 0	1.289 4	0.775 5	0.425 5
3	2.460 4	0.406 4	4.172 5	1.695 9	0.589 7	0.239 7
4	3.321 5	0.301 1	6.632 9	1.996 9	0.500 8	0.150 8
5	4.484 0	0.223 0	9.954 4	2.220 0	0.450 5	0.100 5
6	6.053 4	0.165 2	14.438 4	2.385 2	0.419 3	0.069 3
7	8.172 2	0.122 4	20.491 9	2.507 5	0.398 8	0.048 8
8	11.032 4	0.090 6	28.664 0	2.598 2	0.384 9	0.034 9
9	14.893 7	0.067 1	39.696 4	2.665 3	0.375 2	0.025 2
10	20.106 6	0.049 7	54.590 2	2.715 0	0.368 3	0.018 3
11	27.149 3	0.036 8	74.697 6	2.751 9	0.363 4	0.013 4
12	36.644 2	0.027 3	101.840 6	2.779 2	0.359 8	0.009 8
13	49.469 7	0.020 2	138.484 8	2.799 4	0.357 2	0.007 2
14	66.784 1	0.015 0	187.954 4	2.814 4	0.355 3	0.005 3
15	90.158 5	0.011 1	254.738 5	2.825 5	0.353 9	0.003 9
16	121.713 9	0.008 2	344.897 0	2.833 7	0.352 9	0.002 9
17	164.313 8	0.006 1	466.610 9	2.839 8	0.352 1	0.002 1
18	221.823 6	0.004 5	630.924 7	2.844 3	0.351 6	0.001 6
19	299.461 9	0.003 3	852.748 3	2.847 6	0.351 2	0.001 2
20	404.273 6	0.002 5	1 152.210 3	2.850 1	0.350 9	0.000 9
21	545.769 3	0.001 8	1 556.483 8	2.851 9	0.350 6	0.000 6
22	736.788 6	0.001 4	2 102.253 2	2.853 3	0.350 5	0.000 5
23	994.664 6	0.001 0	2 839.041 8	2.854 3	0.350 4	0.000 4
24	1 342.797	0.000 7	3 833.706 4	2.855 0	0.350 3	0.000 3
25	1 812.776	0.000 6	5 176.503 7	2.855 6	0.350 2	0.000 2
26	2 447.248	0.000 4	6 989.280 0	2.856 0	0.350 1	0.000 1
27	3 303.785	0.000 3	9 436.528 0	2.856 3	0.350 1	0.000 1
28	4 460.110	0.000 2	12 740.313	2.856 5	0.350 1	0.000 1
29	6 021.148	0.000 2	17 200.422	2.856 7	0.350 1	0.000 1
30	8 128.550	0.000 1	23 221.570	2.856 8	0.350 0	0.000 0
31	10 973.54	0.000 1	31 350.120	2.856 9	0.350 0	0.000 0
32	14 814.28	0.000 1	42 323.661	2.856 9	0.350 0	0.000 0
33	19 999.28	0.000 1	57 137.943	2.857 0	0.350 0	0.000 0
34	26 999.03	0.000 0	77 137.223	2.857 0	0.350 0	0.000 0
35	36 448.69	0.000 0	104 136.25	2.857 1	0.350 0	0.000 0

40%的复利系数表

年份	一次支付		等额系列			
	终值系数	现值系数	年金终值系数	年金现值系数	资本回收系数	偿债基金系数
n	$F/P,i,n$	$P/F,i,n$	$F/A,i,n$	$P/A,i,n$	$A/P,i,n$	$A/F,i,n$
1	1.400	0.714 3	1.000	0.714 3	1.400 1	1.000 1
2	1.960	0.510 3	2.400	1.224 5	0.816 7	0.416 7
3	2.744	0.365 4	4.360	1.589 0	0.629 4	0.229 4
4	3.842	0.260 4	7.104	1.849 3	0.540 8	0.140 8
5	5.378	0.186 0	10.946	2.035 2	0.491 4	0.091 4
6	7.530	0.132 9	16.324	2.168 0	0.461 3	0.061 3
7	10.541	0.094 9	23.853	2.262 9	0.442 0	0.042 0
8	14.758	0.067 8	34.395	2.330 6	0.429 1	0.029 1
9	20.661	0.048 5	49.153	2.379 0	0.420 4	0.020 4
10	28.925	0.034 6	69.814	2.413 6	0.414 4	0.014 4
11	40.496	0.024 7	98.739	2.438 3	0.410 2	0.010 2
12	56.694	0.017 7	139.234	2.456 0	0.407 2	0.007 2
13	79.371	0.012 6	195.928	2.468 6	0.405 2	0.005 2
14	111.120	0.009 0	275.299	2.477 5	0.403 7	0.003 7
15	155.568	0.006 5	386.419	2.484 0	0.402 6	0.002 6
16	217.794	0.004 6	541.986	2.488 6	0.401 9	0.001 9
17	304.912	0.003 3	759.780	2.491 8	0.401 4	0.001 4
18	426.877	0.002 4	1 064.691	2.494 2	0.401 0	0.001 0
19	597.627	0.001 7	1 491.567	2.495 9	0.400 7	0.000 7
20	836.678	0.001 2	2 089.195	2.497 1	0.400 5	0.000 5
21	1 171.348	0.000 9	2 925.871	2.497 9	0.400 4	0.000 4
22	1 639.887	0.000 7	4 097.218	2.498 5	0.400 3	0.000 3
23	2 295.842	0.000 5	5 373.105	2.499 0	0.400 2	0.000 2
24	3 214.178	0.000 4	8 032.945	2.499 3	0.400 2	0.000 2
25	4 499.847	0.000 3	11 247.110	2.499 5	0.400 1	0.000 1
26	6 299.785	0.000 2	15 746.960	2.499 7	0.400 1	0.000 1
27	8 819.695	0.000 2	22 046.730	2.499 8	0.400 1	0.000 1
28	12 347.570	0.000 1	30 866.430	2.499 8	0.400 1	0.000 1
29	17 286.590	0.000 1	43 213.990	2.499 9	0.400 1	0.000 1
30	24 201.230	0.000 1	60 500.580	2.499 9	0.400 1	0.000 1

45%的复利系数表

年份	一次支付		等额系列			
	终值系数	现值系数	年金终值系数	年金现值系数	资本回收系数	偿债基金系数
n	$F/P,i,n$	$P/F,i,n$	$F/A,i,n$	$P/A,i,n$	$A/P,i,n$	$A/F,i,n$
1	1.450 0	0.689 7	1.000 0	0.690	1.450 00	1.000 00
2	2.102 5	0.475 6	2.450	1.165	0.858 16	0.408 16
3	3.048 6	0.328 0	4.552	1.493	0.669 66	0.219 66
4	4.420 5	0.226 2	7.601	1.720	0.581 56	0.131 56
5	6.409 7	0.156 0	12.022	1.867	0.533 18	0.083 18
6	9.294 1	0.107 6	18.431	1.983	0.504 26	0.054 26
7	13.476 5	0.074 2	27.725	2.057	0.486 07	0.036 07
8	19.540 9	0.051 2	41.202	2.109	0.474 27	0.024 27
9	28.334 3	0.035 3	60.743	2.144	0.466 46	0.016 46
10	41.084 7	0.024 3	89.077	2.168	0.461 23	0.011 23
11	59.572 8	0.016 8	130.162	2.158	0.457 68	0.007 68
12	86.380 6	0.011 6	189.735	2.196	0.455 27	0.005 27
13	125.251 8	0.008 0	267.115	2.024	0.453 26	0.003 62
14	181.615 1	0.005 5	401.367	2.210	0.452 49	0.002 49
15	263.341 9	0.003 8	582.982	2.214	0.451 72	0.001 72
16	381.845 8	0.002 6	846.324	2.216	0.451 18	0.001 18
17	553.676 4	0.001 8	1 228.170	2.218	0.450 81	0.000 81
18	802.830 8	0.001 2	1 781.846	2.219	0.450 56	0.000 56
19	1 164.104 7	0.000 9	2 584.677	2.220	0.450 39	0.000 39
20	1 687.951 8	0.000 6	3 748.782	2.221	0.450 27	0.000 27
21	2 447.530 1	0.000 4	5 436.743	2.221	0.450 18	0.000 18
22	3 548.918 7	0.000 3	7 884.246	2.222	0.450 13	0.000 13
23	5 145.932 1	0.000 2	11 433.182	2.222	0.450 09	0.000 09
24	7 461.601 5	0.000 1	16 579.115	2.222	0.450 06	0.000 06
25	10 819.322	0.000 1	24 040.716	2.222	0.450 04	0.000 04
26	15 688.017	0.000 1	34 860.038	2.222	0.450 03	0.000 03
27	22 747.625	0.000 0	50 548.056	2.222	0.450 02	0.000 02
28	32 984.056		73 295.681	2.222	0.450 01	0.000 01
29	47 826.882		106 279.74	2.222	0.450 01	0.000 01
30	69 348.978		154 106.62	2.222	0.450 01	0.000 01

<h4 style="text-align:center">50%的复利系数表</h4>

年份	一次支付		等额系列			
	终值系数	现值系数	年金终值系数	年金现值系数	资本回收系数	偿债基金系数
n	$F/P,i,n$	$P/F,i,n$	$F/A,i,n$	$P/A,i,n$	$A/P,i,n$	$A/F,i,n$
1	1.500 0	0.666 7	1.000	0.667	1.500 00	1.000 00
2	2.250 0	0.444 4	2.500	1.111	0.900 00	0.400 00
3	3.375 0	0.296 3	4.750	1.407	0.710 53	0.210 53
4	5.062 5	0.197 5	8.125	1.605	0.623 03	0.123 08
5	7.593 8	0.131 7	13.188	1.737	0.575 83	0.075 83
6	11.390 6	0.087 8	20.781	1.824	0.548 12	0.048 12
7	17.085 9	0.058 5	32.172	1.883	0.531 08	0.031 08
8	25.628 9	0.039 0	49.258	1.922	0.520 30	0.020 30
9	38.443 4	0.026 0	74.887	1.948	0.513 35	0.013 35
10	57.665 0	0.017 3	113.330	1.965	0.508 82	0.008 82
11	86.497 6	0.011 6	170.995	1.977	0.505 85	0.005 85
12	129.746 3	0.007 7	257.493	1.985	0.503 88	0.003 88
13	194.619 5	0.005 1	387.239	1.990	0.502 58	0.002 58
14	291.929 3	0.003 4	581.859	1.993	0.501 72	0.001 72
15	437.893 9	0.002 3	873.788	1.995	0.501 14	0.001 14
16	656.840 8	0.001 5	1311.682	1.997	0.500 76	0.000 76
17	985.261 3	0.001 0	1968.523	1.998	0.500 51	0.000 51
18	1 477.891 9	0.000 7	2953.784	1.999	0.500 34	0.000 34
19	2 216.837 8	0.000 5	4431.676	1.999	0.500 23	0.000 23
20	3 325.256 7	0.000 3	6648.513	1.999	0.500 15	0.000 15
21	4 987.885 1	0.000 2	9973.770	2.000	0.500 10	0.000 10
22	7 481.827 6	0.000 1	14961.655	2.000	0.500 07	0.000 07
23	11 222.742	0.000 1	22443.483	2.000	0.500 04	0.000 04
24	16 834.112	0.000 1	33666.224	2.000	0.500 03	0.000 03
25	25 251.168	0.000 0	50500.337	2.000	0.500 02	0.000 02

主要参考文献

[1] Leland Blank，Anthony Tarquin. 工程经济学[M]. 胡欣悦，李从东，汤勇力，译. 6 版. 北京：清华大学出版社，2010.

[2] 时思. 工程经济学[M]. 2 版. 北京：科学出版社，2012.

[3] 刘晓君，刘洪玉. 工程经济学[M]. 2 版. 北京：中国建筑工业出版社，2007.

[4] 顾圣平. 工程经济学[M]. 北京：中国水利水电出版社，2010.

[5] 于立君，郝利光. 工程经济学[M]. 2 版. 北京：机械工业出版社，2010.

[6] 全国一级建造师执业资格证考试用书编写委员会. 建设工程经济[M]. 3 版. 北京：中国建筑工业出版社，2011.

[7] 郭伟. 工程经济学[M]. 北京：化学工业出版社，2011.

[8] 刘晓君. 工程经济学[M]. 北京：中国建筑工业出版社，2008.

[9] 全国注册咨询工程师（投资）资格考试参考教材编写委员会. 项目决策分析与评价（2012 版）[M]. 北京：中国计划出版社，2011.

[10] 戴大双. 现代项目管理[M]. 北京：高等教育出版社，2004.

[11] 公路建设项目经济评价方法与参数[M]. 北京：中国计划出版社，2010.

[12] 中国国际工程咨询公司. 投资项目经济咨询评估指南[M]. 北京：中国经济出版社，1998.

[13] 本书编写组. 投资项目可行性研究指南[M]. 北京：中国电力出版社，2002.

[14] 国家建筑材料工业标准定额总站. CECA/GC1—2007 建设项目投资估算编审规程[S]. 北京：中国计划出版社，2007.

[15] 全国工程造价执业资格考试培训教材编审组. 工程造价计价与控制[M]. 北京：中国计划出版社，2009.

[16] 中华人民共和国建设部. 市政工程投资估算编制办法[M]. 北京：中国计划出版社，2007.